Thomas Mirow / Hrsg.

Perspektivwechsel: Wie wir gesehen werden und was von uns erwartet wird

Berichte zur Lage der Nation

MURMANN

Druckprodukt mit finanziellem
Klimabeitrag
ClimatePartner.com/12752-1803-1001

Zum Ausgleich für die entstandene CO_2-Emission bei der Produktion dieses Buches unterstützen wir die Bereitstellung von effizienten Kochöfen in Sambia. Die verbesserten Kochöfen verbrauchen zwei Drittel weniger Brennmaterial und verringern so nicht nur den CO_2-Ausstoß, sondern auch die Rodung der lokalen Wälder. Durch die bessere Luftqualität in den Räumen werden Atemwegserkrankungen verringert, und Familien können Zeit und Geld sparen, da weniger Brennmaterial benötigt wird.

Bibliografische Information der Deutschen Nationalbibliothek
Die Deutsche Nationalbibliothek verzeichnet diese Publikation in der Deutschen Nationalbibliografie; detaillierte bibliografische Daten sind im Internet über http://dnb.de abrufbar.

Lektorat: Evelin Schultheiß, Kirchwalsede
Druck und Bindung: Steinmeier GmbH & Co. KG, Deiningen
Printed in Germany

ISBN 978-3-86774-856-8

Besuchen Sie unseren Webshop: www.murmann-verlag.de
Ihre Meinung zu diesem Buch interessiert uns!
Zuschriften bitte an info@murmann-publishers.de
Den Newsletter des Murmann Verlages können Sie anfordern unter newsletter@murmann-publishers.de

INHALTSVERZEICHNIS

Zu diesem Buch

Von Thomas Mirow

Warum sich der Blick über den Tellerrand lohnt

Deutschland ist nicht der Mittelpunkt der Welt, aber es hat mit deutlichem Abstand die meisten Einwohner sowie die stärkste Wirtschaft in Europa – und den Ruf einer gefestigten, liberalen Demokratie. Angesichts epochaler Umbrüche sieht es sich heute stark wachsenden, nicht selten auch widersprüchlichen Erwartungen ausgesetzt, im Innern wie von außen.

Die Bundesrepublik Deutschland ist eine eindrucksvolle Erfolgsgeschichte. In atemberaubender Geschwindigkeit gelang der Wiederaufbau zerbombter Städte und zerstörter Infrastruktur. Ein »Wirtschaftswunder« schuf schon in den 1950er-Jahren bescheidenen Wohlstand und das solide Fundament für die Errichtung eines leistungsfähigen Sozialstaats. Millionen deutsche beziehungsweise deutschstämmige Flüchtlinge und Vertriebene wurden in weniger als einer Generation erfolgreich integriert. Eine beständig fortschreitende europäische Einigung versprach Frieden und Freiheit. Trotz der furchtbaren Naziverbrechen, trotz Holocaust und Zweitem Weltkrieg wuchs

Deutschland innerhalb weniger Jahrzehnte zu einem weithin geachteten Mitglied der internationalen Völkerfamilie heran.

Schließlich gelang sogar eine Wiedervereinigung der beiden deutschen Staaten, die auch die meisten Deutschen selbst kaum noch für möglich gehalten hatten. Aus der bis dahin international eher zurückhaltend auftretenden, im Innern vergleichsweise homogenen »Bonner Republik« entstand nun allerdings ein ungleich komplexeres, vielfältigeres und zugleich gewichtigeres Land – ein Land zudem, das wieder an der Schnittstelle zwischen dem westlichen und dem östlichen Europa liegt.

Eurokrise und Inflation, Pandemie und Ukraine-Krieg, ein von Digitalisierung und Klimakrise befeuerter, tiefer wirtschaftlicher Strukturwandel haben unsere Gesellschaft im neuen Jahrhundert erneut durchgeschüttelt. Und die internationale Nachkriegsordnung, in die gerade Deutschland ökonomisch wie politisch fest – und vorteilhaft! – eingebettet war, löst sich zusehends auf. Während die Trump-Regierung und das neoimperiale Putin-Regime, auf je eigene Weise, die Grundlagen der europäischen Friedensarchitektur fundamental infrage stellen, gelingt es der Volksrepublik China in vielen anderen Teilen der Welt – Südostasien, Lateinamerika, Afrika –, Lücken zu füllen, die sich durch den Rückzug der USA in eine isolationistische MAGA-Sphäre aufgetan haben.

In Deutschland selbst sind die Verhältnisse ebenfalls sehr viel unübersichtlicher geworden. Populistische Kräfte bedrängen auch hier mit zunehmendem Erfolg die lange Zeit stabilen Kräfte der Mitte. Die in den Nachkriegsjahrzehnten in hoher Geschwindigkeit aufgebaute Infrastruktur ist heute vielfach sanierungsbedürftig. Wichtige Grundlagen des ökonomischen Erfolgs unseres Landes stehen infrage. Die rapide wachsenden Kosten der Sozialstaatlichkeit lassen sich immer schwerer nachhaltig finanzieren.

Und wieder hat unser Land Millionen neuer Bürgerinnen und Bürger angezogen, aus anderen Staaten Europas, aus der früheren Sowjetunion, zuletzt vor allem aus der Ukraine, sowie aus dem Nahen und Mittleren Osten. Diesmal hatten viele, die gekommen sind, zu Deutschland zuvor keinerlei Bezug. Sie brachten stattdessen ihre eigene Kultur mit. Unsere Sprache war ihnen fremd – und ist es für manche selbst nach vielen Jahren des Aufenthalts geblieben. Sie haben Deutschland vielfältiger gemacht, jünger, vitaler. Ihr Beitrag zum Funktionieren unseres Gemeinwesens, auch zu seinem Wohlstand, ist unübersehbar. Aber auch die Anforderungen an Integration und soziale Sicherungssysteme sind mit der neuerlichen umfangreichen Zuwanderung stark gestiegen. Wohnungsmarkt und Bildungsangebote stoßen vielerorts an ihre Grenzen.

Ausmaß und Geschwindigkeit all dieser Veränderungen und Umbrüche verunsichern und verbittern viele Menschen in unserem Land nachhaltig. Sie meinen, dramatische Fehlentwicklungen festzustellen, sehnen sich zurück nach vermeintlich besseren Zeiten, verlieren das Vertrauen in die Handlungsfähigkeit des Staates und entziehen einstmaligen »Volksparteien« ihre Stimme. Das gesellschaftliche Klima ist deutlich rauer geworden. Die Bereitschaft, andere legitime Standpunkte als den eigenen zu akzeptieren, hat auch in der demokratischen Mitte abgenommen.

Deutschlands Nachbarn und Partnern ist dies nicht verborgen geblieben. Zahlreiche, vielfach recht kritische Berichte der vergangenen Monate in ausländischen Leitmedien, etwa aus Anlass der Fußball-EM 2024, mündeten in der Feststellung, dies sei nicht mehr das – vielfach bestaunte, manchmal auch belächelte – Deutschland, das man zu kennen glaubte. Berichte führender internationaler Medien über die zurückliegenden Wahlen belegen zugleich, dass hiesige politische Umbrüche noch immer besonders aufmerksam beobachtet werden: Rechtspopulistische und rechtsextreme Wahlerfolge wecken global vor dem Hintergrund unserer Geschichte noch einmal deutlich größere Besorgnisse als vergleichbare Entwicklungen in anderen westlichen Demokratien.

Zeiten der Verunsicherung und des Selbstzweifels sind allzu oft auch Zeiten der – unproduktiven – Selbstbespiegelung. Debatten verlaufen dann nach verfestigten Mustern und verhelfen nicht zu neuen Einsichten. Deshalb haben wir uns für den im Titel dieses Buches angesprochenen »Perspektivwechsel« entschieden. Es ist die Empfehlung, dem Spiegel, den uns andere vorhalten, Beachtung zu schenken, denn oft werden grundstürzende gesellschaftliche und politische Veränderungen von außen früher erkannt, genauer diagnostiziert und in einen erklärenden größeren Kontext eingeordnet.

In Ergänzung zu den *Berichten zur Lage der Nation* des Jahres 2024 *(Die Deutschen – Wer wir sind. Wer wir sein wollen.)* haben wir für diesen neuen, sechsten Band unserer Reihe herausragende Kennerinnen und Kenner Deutschlands aus wichtigen Partnerländern gebeten, die Entwicklung der Bundesrepublik in den vergangenen Jahren zu analysieren und zu beschreiben, wie sie auf unsere Zukunft blicken.

Und wir wollten Deutsche zu Wort kommen lassen, die mit ihren Familien neu hierhergekommen sind und deshalb mit ganz eigenen kulturellen und gesellschaftlichen Erfahrungen auf Deutschland schauen.

Wichtig war uns, diese aktuellen Betrachtungen unseres Landes zunächst geschichtlich einzuordnen. Dies unternimmt in seinem einleitenden, tiefschürfenden Beitrag *Jörn Leonhard*, ein führender Historiker unseres Landes. Mit einer umfassenden Rückschau, die auch auf das 18. und 19. Jahrhundert zurückgreift, legt er die Wurzeln unserer Beziehungen zu den führenden Partnerstaaten Frankreich, Großbritannien und die USA frei. Das auf diese Weise zusammengefügte Panorama zeigt, welche langen Linien das Verhältnis zu diesen

Ländern bis heute prägen, aber auch, wie tiefgreifend der Wandel ist, den wir gegenwärtig erleben.

Daran schließen sich *Pascale Hugues'* jahrzehntelange Nahbeobachtungen zunächst der Bonner, dann der Berliner Republik an. In einem sehr persönlich gehaltenen Beitrag schildert die langjährige Korrespondentin aus Frankreich ihre Wahrnehmung der Höhen und Tiefen der Wiedervereinigung und deren Auswirkungen auf die politische Grundstimmung in Deutschland. Manches, was die Bundesrepublik lange ausgezeichnet hat, stabile politische Institutionen, eine gut funktionierende öffentliche Infrastruktur, stehen heute infrage. Ihr Fazit: »Mehr als andere Völker müssen die Deutschen heute ihre Zukunft neu definieren.«

Die polnische Wissenschaftlerin *Karolina Wigura* und ihr Kollege *Jarosław Kuisz*, beide professionelle Beobachter Deutschlands, schauen auf unser Land aus der Perspektive einer Nation, die von den geschichtlichen Ereignissen und Traumata nicht allein des 20. Jahrhunderts bis heute tief geprägt ist und deshalb ein sehr besonderes Verhältnis insbesondere zu ihrem westlichen Nachbarn hat. Zumal vor dem Hintergrund des Krieges in der Ukraine sind die Erwartungen enorm – die Ängste allerdings ebenso, etwa wenn es darum geht, wie viel auch militärisch unterlegte Führung gewünscht wird.

Olga Grjasnowa, eine deutsche Schriftstellerin der jüngeren Generation (geboren in Baku, Aserbaidschan, damals noch Sowjetunion), blickt in ihrem Essay aus osteuropäischer – und jüdischer – Sicht auf die schwierige Identitätsbildung einer beachtlich großen Minderheit in unserem Land. Sie beschreibt dabei einen Spannungsbogen, der von der Erfahrung der eigenen Herkunft zum Wunsch einer gelingenden Assimilation reicht – und natürlich auch den besonders tiefen Einschnitt umfasst, der für diese Menschen in unserem Land der Krieg in der Ukraine bedeutet.

Daniel Ziblatt, renommierter Autor, Politikwissenschaftler und Demokratieforscher aus Harvard, USA, und langjähriger Kenner unseres Landes, vergleicht die Herausforderungen der Demokratie in seinem Land mit denen bei uns. Stabile staatliche Institutionen und eine lebendige deutsche Zivilgesellschaft lassen ihn hoffen, dass sich die liberale Demokratie bei uns widerständiger zeigen könnte als gegenwärtig in den USA, wenngleich die wachsende Stärke der AfD, insbesondere in Ostdeutschland, diesen Optimismus nicht unberührt lässt. Entschieden plädiert er dafür – wiederum vor dem Hintergrund aktueller Erfahrungen in Amerika –, die Universitäten des Landes als Horte freier, unabhängiger Forschung und Lehre zu schützen.

Wie sehr sich auch die deutsche Gesellschaft selbst in den vergangenen Jahrzehnten verändert hat, schildert eindrücklich *Florence Brokowski-Shekete*, eine in Deutschland aufgewachsene Autorin und Pädagogin nigerianischer Herkunft, die sehr systematisch reflektiert, wie es war und ist, als – wie sie es formuliert – »Schwarze« Deutsche in unserem Land aufzuwachsen, sich mit unterschiedlichen Identitäten und den daraus resultierenden ambivalenten Wahrnehmungen von Zugehörigkeit auseinanderzusetzen.

Die beiden Italiener, *Paolo Valentino*, führender Journalist des *Corriere de la Sera*, und *Giuseppe Vita*, seit Jahrzehnten in Deutschland tätiger Unternehmer, legen in ihrem Text einen besonderen Akzent auf die wirtschaftliche Entwicklung in der Bundesrepublik. Sie beschreiben Stärken und Schwächen Deutschlands aus dem Blickwinkel eines anderen wichtigen europäischen Industriestaats, der mit dem unseren ökonomisch dicht verwoben ist, und analysieren die Aussichten für das künftige Zusammenwirken der führenden europäischen Industrienationen.

Individuelle Erfolgsgeschichten können mitunter exemplarisch bezeugen, welche Potenziale ein Land zu bieten hat, wenn man sie nur erkennt und kraftvoll nutzt. Ein leuchtendes Beispiel hierfür sind die herausragenden Forscher und Unternehmer *Özlem Türeci* und *Uğur Şahin*. Gegen manche Widerstände haben sie als Kinder türkischer Zuwanderer mit der Gründung des Pharmaunternehmens BioNTech (und der dadurch möglich gewordenen schnellen Entwicklung eines Coronaimpfstoffs) deutsche Industriegeschichte geschrieben. Was sie anlässlich der Verleihung des diesjährigen Deutschen Nationalpreises durch unsere Stiftung über ihren Werdegang zu berichten hatten und wie *Bundeskanzler Friedrich Merz* und die erfolgreiche Unternehmerin *Nicola Leibinger* dies in den Kontext der aktuellen Lage unseres Landes einordneten, haben wir deshalb diesem Band als zentrales Kapitel angefügt.

Ein gemeinsames Fazit der Beiträge zu ziehen, fällt schwer. Fragen nach dem, wer und wie »die Deutschen« heute sind, was unser Land im Kern ausmacht, sind heute weitaus schwieriger zu beantworten als noch vor 30 Jahren. Und doch werden wir gerade *wegen* des schnellen Wandels den Diskurs über unsere nationale Identität weiterführen müssen, um sowohl den Zusammenhalt der Gesellschaft und damit das Fundament unserer liberalen Demokratie als auch die Handlungsfähigkeit des Staates im Innern und nach außen sicherzustellen.

In allen westlichen Gesellschaften erscheint vielen die Zukunft gegenwärtig wenig verlockend und in vielerlei Hinsicht höchst unbestimmt, ja unsicher. Allerorten vergiften radikalisierte Debatten und mehr oder weniger ausgeprägte Kulturkämpfe das gesellschaftliche Klima. Zugleich wächst der Wunsch nach sinnstiftender Orientierung. Die Beiträge unserer Autorinnen und Autoren zeigen, wie sehr sich dies auch in der Betrachtung Deutschlands niederschlägt. Sie setzen sich kritisch mit den Entwicklungen bei uns auseinander, bringen aber auch die großen Erwartungen an Deutschland zum Ausdruck, als liberales, der Demokratie verpflichtetes, weltoffenes und wirtschaftlich immer noch potentes Land – und als einer der nicht mehr sehr zahlreichen Staaten, die weiter auf den Wert einer freiheitlichen, regelbasierten internationalen Ordnung setzen.

Diese Hoffnungen nicht zu enttäuschen, sollte uns alle Anstrengungen wert sein.

Den Autorinnen und Autoren danke ich herzlich für ihre gehaltvollen Beiträge, Dr. Agata Klaus, der Geschäftsführerin unserer Stiftung, für die intensive Betreuung des gesamten Projekts, unseren Partnern beim Murmann Verlag für die stetige, engagierte verlegerische Unterstützung und ganz besonders Martin Klingst, der auch in diesem Jahr mit seiner gründlichen und dabei stets respektvollen Redaktionstätigkeit wieder maßgeblich zum Entstehen dieses Bandes beigetragen hat.

Deutschland von außen: Europäische und transatlantische Wahrnehmungen in historischer Perspektive

Von Jörn Leonhard

1. Einleitung

Seine Lebenserinnerungen *Fünf Deutschland und ein Leben* leitete der deutsch-amerikanische Historiker Fritz Stern 2006 mit einer Anekdote ein: »Als Charles de Gaulle im Winter 1944/45 zum ersten Mal nach Russland reiste, besuchte er auch Stalingrad, den Schauplatz des weitesten Vorstoßes und der größten Niederlage der deutschen Wehrmacht. Im Ersten Weltkrieg war de Gaulle im Kampf gegen die Deutschen bei Verdun verwundet worden und über zwei Jahre in ihrer Gefangenschaft gewesen, und im Zweiten Weltkrieg war er der führende General der Français Libres. Wie man erzählt, soll er in den Ruinen von Stalingrad gegenüber einem Begleiter geäußert haben: ›Quel peuple!‹ Der Dolmetscher erkundigte sich: ›Meinen Sie die Russen?‹ ›Nein‹, sagte de Gaulle, ›die Deutschen.‹«

Das »lakonische Urteil des Generals an diesem Ort der Zerstörung« sage, so Stern weiter, »viel über das deutsche Drama des letzten Jahrhunderts, das er klar erfasste. Er sprach von einem ›Volk‹, das zwischen 1870 und 1939 sein Land dreimal angegriffen hatte, dessen Macht das historische Europa zerrüttete und beinahe zerstört hatte und das für ein in der Geschichte Europas beispielloses Völkermordverbrechen verantwortlich war. Ihm war aber auch bewusst, dass die Deutschen mit ihrer enormen Kreativität für den Wiederaufbau Europas nach dem Krieg unverzichtbar sein würden.« De Gaulle habe, so Stern, »die tiefe Zwiespältigkeit« erkannt, »die der Größe Deutschlands eigen ist«.[1]

Die von Stern nicht zufällig ausgewählte Erzählung beleuchtete nicht nur das deutsch-französische Verhältnis, ein Wechselspiel aus Nähe und Distanz, Faszination und Abstoßung, Annäherung und Konflikt. Sie beschrieb ebenso die komplizierten Beziehungen zwischen Deutschland und den beiden wichtigsten europäischen Mächten Frankreich und Großbritannien sowie dem seit dem Ende des 19. Jahrhunderts immer wichtigeren transatlantischen Machtzentrum, den Vereinigten Staaten.

Dieser Essay skizziert Leitmotive und Veränderungen in den Wahrnehmungen Deutschlands durch diese drei Gesellschaften. In ihnen formte sich vor dem Hintergrund älterer Deutschlandbilder seit der Mitte des 19. Jahrhunderts zunächst der Blick auf den neuen Nationalstaat von 1871 und seine dynamische politische, wirtschaftliche und kulturelle Entwicklung bis zum Ausbruch des Ersten Weltkriegs. Es folgten die Gewalterfahrungen von zwei Weltkriegen mit ihren katastrophalen Auswirkungen, die auch über 1945 hinaus französische, britische und amerikanische Sichtweisen prägten.

Doch die zweifache Katastrophe des deutschen Nationalstaates in den Jahren 1918 und 1945 befreite die Beziehungsgeschichten zwischen Deutschen, Franzosen, Briten und US-Amerikanern auch von zahlreichen konfliktverschärfenden Erbschaften. Und sie ebnete damit den Weg in ganz andere Wahrnehmungsmuster seit dem Ende des Zweiten Weltkriegs.

Für diesen Wandel standen und stehen vor allem zwei Ereignisse: die Eingliederung Deutschlands in den europäischen Integrationsprozess *und* die Verankerung der Deutschen im europäisch-transatlantischen Westen, der sowohl eine Wertegemeinschaft ist als auch ein Raum äußerer Sicherheit, auch wenn diese Kontur des Westens gegenwärtig verblasst. Dieser Essay fragt außerdem danach, welche historischen Kontexte für die Wahrnehmungen Deutschlands seit dem 19. Jahrhundert konstitutiv waren. Wie sich aus dieser jeweiligen Sicht von außen eigene Beziehungsgeschichten entwickelten. Und welche daraus abgeleiteten Leitmotive bis in unsere eigene Gegenwart reichen.[2]

2. Faszination und Abstoßung, Emotion und Kalkül: Französische Deutschland- und deutsche Frankreichbilder

Die Beziehung zwischen Frankreich und Deutschland hat in der neueren und neuesten Geschichte Europas eine geradezu konstitutive Bedeutung.[3] Sie entstand über Jahrhunderte als eine miteinander verwobene Konflikt- und Beziehungsgeschichte und mündete im langen 19. und kurzen 20. Jahrhundert in eine von Kriegen geprägte Gewaltgeschichte.

Zugleich aber empfand man einander auch immer als Vorbild und Motor fortschrittlicher Entwicklungen, etwa hinsichtlich der weitreichenden Folgen der Französischen Revolution und der napoleonischen Institutionen auf Deutschland oder der Bedeutung des preußisch-deutschen Bildungssystems in der Phase nach der Niederlage Frankreichs im Deutsch-Französischen Krieg 1870/71. Der gegenseitige Vergleich verband Fremdwahrnehmung und Selbstbild miteinander, und der französische Blick auf Deutschland verriet zugleich auch immer etwas über Frankreich und die Franzosen.

Die wechselseitigen Wahrnehmungen waren über weite Strecken von einer besonderen Ambivalenz aus Konflikt und Faszination, Abgrenzung und Transfer gekennzeichnet. Diese Elemente schlossen sich keinesfalls aus, sondern standen immer wieder komplementär zueinander und bedingten sich. Insofern ist die deutsch-französische Geschichte eine »histoire croisée«, die sich nicht allein aus dem Vergleich isolierter Geschichten, sondern erst aus einem verdichteten Beziehungsgeflecht, aus gegenseitigen Bezügen und Rückkopplungen erschließt.

Die deutsch-französische Geschichte ist eine »histoire croisée«, die sich erst aus einem verdichteten Beziehungsgeflecht, aus gegenseitigen Bezügen und Rückkopplungen erschließt.

Das »Alte Reich«, dieser Verbund aus geistlichen und weltlichen Fürstentümern, Reichsstädten und anderen Territorialherrschaften, die unter der formellen Oberhoheit des römisch-deutschen Kaisers im Heiligen Römischen Reich Deutscher Nation zusammengeschlossen waren, markierte in den französischen Politikkonzeptionen seit dem 17. Jahrhundert ein territoriales Vorfeld, das aufgrund seiner Schwäche zahlreiche militärische Interventionen motivierte. Dieses Vorfeld reichte gebietsmäßig auch weit über das Konzept der »limites naturels« unter Ludwig XIV. hinaus, wonach Frankreich das Recht beanspruchte, sich zum Zwecke seiner besseren militärischen Verteidigung bis an seine natürlichen geografischen Grenzen, im Westen zum Beispiel bis an den Rhein, auszudehnen.

Doch die gegenseitige Perzeption beschränkte sich nicht auf den bloßen militärischen Antagonismus, wie die intensive französische Auseinandersetzung mit dem neuartigen Effizienzkriterium des preußisch-friderizianischen Staates im 18. Jahrhundert dokumentierte.[4] Die Französische Revolution und die nachfolgende Herrschaft Napoleons verdichteten und beschleunigten die gegenseitige Beziehungsgeschichte. Französische Aristokraten, die in die benachbarten deutschen Territorien emigriert waren, betonten wahlweise entweder die Rückständigkeit der politischen, wirtschaftlichen und sozialen Lage jenseits des Rheins oder die deutsche Gastfreundschaft und die Solidarität zwischen den Adligen beider Gesellschaften.[5]

Aus deutscher Perspektive war die Auseinandersetzung mit den französischen Revolutionsphasen seit 1789 mit der Erfahrung verknüpft, dass und wie sich Revolution und kriegerische Machtexpansion miteinander verbanden.[6] Der deutsche Blick auf die politischen Möglichkeiten Frankreichs nach der von Napoleon erzwungenen Auflösung des Heiligen Römischen Reichs richtete sich dabei nicht allein auf die von Napoleon initiierte Schaffung des Rheinbundes und das Ziel, auf diesem Wege abhängige Machtbeziehungen zu etablieren. Er war umfassender und bezog sich auch auf den Export fortschrittlicher Revolutionserrungenschaften wie vor allem den Code civil ein, Napoleons bürgerliches Gesetzbuch, ohne den sich die Geschichte des reformorientierten »Dritten Deutschland« in den ehemaligen Rheinbundstaaten jenseits von Preußen und Österreich nach 1815 nicht erfassen lässt.

»Am Anfang war Napoleon« – mit diesem programmatischen Satz am Beginn seiner deutschen Geschichte des 19. Jahrhunderts hat der 1992 verstorbene Historiker Thomas Nipperdey den deutschen Blick auf Frankreich prägnant eingefangen. Er verwies darauf, dass das Spannungsfeld von Reform und Revolution für die Vielfalt der deutschen Erfahrungsräume erst durch die intensive Auseinandersetzung mit Frankreich wichtig wurde.[7] Das galt für ein breites Spektrum von historischen Prozessen: von der Staatsbildung und territorialen Flurbereinigung nach 1806 über den Komplex des Schulden-, Steuer- und Militärstaats sowie der bürgerlichen Rechtskultur bis zum Zusammenhang zwischen politischer Teilhabeforderung und antifranzösisch imprägnierter Nationenbildung bis 1815 – und weit darüber hinaus.[8]

In den Kontext von Revolution und Napoleon fiel auch das für eine lange Zeit einflussreiche Buch der Madame de Staël *De l'Allemagne*, das im Schlüsseljahr 1813 erschien. Darin unterschied sie im eigenwilligen Rückgriff auf ältere Motive der Klimageschichte zwischen einem klimatisch wärmeren katholisch-traditionalistischen Süden, der ihr träge und immobil erschien und dem sie unterstellte, den wirtschaftlichen Fortschritt zu behindern, und einem kühleren protestantischen Norden mit Pressefreiheit und einem insgesamt höheren kulturellen Niveau. Der Pluralismus und die binäre Struktur der Deutschlandbilder spiegelten sich auch in ihrem Blick auf Preußen, das für de Staël eine militaristische und philosophische Dimension hatte.[9]

Obwohl sich die deutsch-französische Beziehungsgeschichte bis 1815 und erneut seit den 1860er-Jahren unter dem Eindruck von Gewalterfahrungen und dichotomisch zugespitzten Positionierungen entwickelte, blieb immer auch Raum für andere Vorstellungen. Exemplarisch zeigte sich das an der Katastrophe des friderizianischen Preußen, das in der Doppelschlacht von Jena und Auerstedt 1806 gegen das napoleonische Frankreich unterging.

Daraus entwickelte sich ein spezifischer Zusammenhang von Kriegsniederlage und Reformimpuls, der sich mit dem Krieg von 1870/71 auf französischer Seite wiederholen sollte. Niederlagen wirkten hier jeweils geradezu als Zwang, sich mit dem Anderen zu beschäftigen, weil man von ihm lernen musste, um zukunftsfähig zu bleiben. So argumentierte der preußische Staatskanzler Hardenberg in seinem Rigaer Memorandum nach der Niederlage von Jena 1806 mit Blick auf Frankreich für eine preußische »Revolution im guten Sinne des Wortes«.[10] Nach der französischen Niederlage von 1871 wiederum argumentierte der Schriftsteller und Historiker Ernest Rénan, dass die Niederlage von Sedan das französische Gegenstück zu

Jena werden müsse, um die Regeneration der französischen Gesellschaft zu ermöglichen.[11]

Für viele Zeitgenossen wirkte Frankreich wie ein europäisches Laboratorium politischer Legitimationsmodelle, auf die sich andere immer wieder beziehen und zu denen sie sich immer wieder neu verhalten mussten.

Das lange 19. Jahrhundert blieb immer wieder vom französischen Revolutionszyklus 1789 – 1830 – 1848 – 1871 geprägt, weil Frankreich für viele Zeitgenossen wie ein europäisches Laboratorium politischer Legitimationsmodelle wirkte. Hier ließen sich Entwicklungsunterschiede erfassen, auf die sich andere immer wieder beziehen und zu denen sie sich immer wieder neu verhalten mussten, sei es in Adaptionsversuchen oder in programmatischen Absetzungen.

So stand Frankreich 1848 beispielhaft für die Möglichkeiten und Gefährdungen einer sozialen Republik, 1851 für das zweite bonapartistische Experiment, das im Zweiten Kaiserreich mündete, und 1870/71 für das latente Ineinandergreifen von äußerer Krise und innerem Umbruch im Bürgerkrieg der Pariser Commune. Bei allen Blicken auf die sektorale Fortschrittlichkeit des jeweils anderen wurden Deutschland und Frankreich – zumal seit den deutschen Kriegen zur Schaffung des kleindeutschen Nationalstaates in den 1860er-Jahren – bellizistisch verwobene Gesellschaften.

Nur so erklärten sich sowohl die Suggestionskraft der geschichtspolitischen Verbindungslinien, die in beiden Gesellschaften zwischen den Kriegen der Revolution und Napoleons bis 1815 und dem Konflikt 1870/71 gezogen wurden, als auch die Fixierung auf den antizipierten Krieg der Zukunft in den Jahren seit 1900.

Für die politische Kultur der Dritten Französischen Republik (1870–1940) wurde die Erinnerung an die an das Deutsche Reich verlorenen

Provinzen Elsass und Lothringen zu einer Selbstversicherung. Die Zuspitzung des Gegensatzes zwischen den französischen »Ideen von 1789« und den deutschen »Ideen von 1914« zu Beginn des Ersten Weltkriegs wäre ohne diese Vorgeschichte nicht zu erklären.[12]

Aus französischer Sicht markierte vor allem Jacques Bainvilles *Geschichte zweier Völker* von 1915 den Versuch, Deutschland und Frankreich historisch und hinsichtlich ihrer zivilisatorischen Position voneinander abzugrenzen.[13] Die Gewalterfahrungen und die Frage nach der aktuellen Relevanz historischer Unterschiede blieben ein Kristallisationspunkt für zeitgenössische Selbstpositionierungen beider Gesellschaften. Der Konflikt zwischen den Brüdern Thomas und Heinrich Mann, zwischen dem 1915 erschienenen »Zola«-Essay des frankophilen Heinrich und den »Betrachtungen eines Unpolitischen« von Thomas aus dem Jahr 1918, zwischen der Orientierung am westeuropäischen Politik- und Demokratiemodell und dem Beharren auf einem vermeintlich antipolitischen Rückzug auf Kultur und Mittellage Deutschlands wäre ohne den Hintergrund der Auseinandersetzung mit Frankreich unvorstellbar gewesen.[14]

Die Gewalterfahrungen und die Frage nach historischen Unterschieden blieben ein Kristallisationspunkt für zeitgenössische Selbstpositionierungen der französischen wie der deutschen Gesellschaft.

Wie stark der Moment der Niederlage von 1871 in der französischen Politik nachwirkte, zeigte sich 1919 im Kontext der Pariser Friedenskonferenz. Weder der 18. Januar 1919, der Tag, an dem die Verhandlungen begannen, noch der Tag der Unterzeichnung des Versailler Friedensvertrags, der 28. Juni 1919, waren rein zufällig gewählte Daten. Letzterer sollte an die Schüsse von Sarajevo am 28. Juni 1914 erinnern, in deren Folge der Erste Weltkrieg ausgebrochen war. Ersterer bezog sich auf den 18. Januar 1871, als im Spiegelsaal des Schlosses von Versailles, am historischen Zentralort des monarchischen Frankreich also, das Deutsche Kaiserreich proklamiert worden und der deutsche Nationalstaat entstanden war.

Beides entsprach der von Anfang an geschichtspolitisch stark aufgeladenen Bezugnahme Frankreichs auf die besonderen deutsch-französischen Konflikte. Aus französischer Perspektive war der Erste Weltkrieg ein deutsches Verbrechen an der Menschheit, und die Friedenskonferenz von Versailles sollte als Welttribunal die notwendige Konsequenz aus dem angeblichen Verhängnis des deutschen Nationalstaates und seines aggressiv-militaristischen Charakters ziehen.[15]

Grund dafür war eine äußerst schmerzliche Erfahrung der französischen Politik: 1871 hatte der preußisch-deutsche Sieg zunächst jede Chance auf eine französische Hegemonialstellung in Kontinentaleuropa geraubt. Diese war jedoch das Ziel der französischen Politik von Ludwig XIV. über Napoleon I. bis zu den Visionen seines Neffen Napoleon III. gewesen.

Was nun im Januar 1919 Frankreichs damaliger Staatspräsident Raymond Poincaré auf der Konferenz von Versailles als eine geschichtsnotwendige Korrektur im Namen universalistischer Prinzipien definierte, eröffnete nach dem Ende des Weltkrieges die Gelegenheit, an Frankreichs ältere Konzeption der Vormachtstellung anzuknüpfen. Doch überdeckte man diese Hoffnung mit einer anderen Erzählung: Das aus einem Krieg gegen Frankreich 1871 entstandene Deutsche Kaiserreich sei Ursprung einer deutschen Gewaltkultur gewesen, die direkt in den Weltkrieg von 1914 geführt habe.

Der Konferenzort Versailles und der bewusste Beginn der Verhandlungen am 18. Januar 1919 unterstrichen also die aus französischer Sicht negative historische Kontinuität der bellizistischen Ursprünge des preußisch-deutschen Nationalstaates: von seiner Gründung 1871 über den Weltkriegsbeginn im Sommer 1914 bis zum Kriegsende im Herbst 1918. Erst der Sieg der Alliierten und der Vereinigten Staaten über das Deutsche Kaiserreich habe diese verhängnisvolle Traditionslinie unterbrechen können.[16]

Bereits Ende Oktober hatte Frankreichs Außenminister Stéphen Pichon das Leitmotiv hinter der Wahl von Versailles als Verhandlungsort mit der programmatischen Widmung des Schlosses »à toutes les gloires de la France« so formuliert: »Auf unserem Territorium, in Versailles, vor den Toren unserer Hauptstadt, hat Deutschland den Grundstock für seine Weltherrschaft gelegt, die es durch die Vernichtung der Freiheit der Völker aufbaute. Sollte sich nicht dort, gleichsam als Sinnbild des Triumphes der Gerechtigkeit, der Kongress versammeln, dessen wichtigster Grundsatz das Recht der Völker auf Selbstbestimmung sein wird?«[17]

Genau hier knüpfte auch Staatspräsident Poincaré in seiner Eröffnungsrede in Paris am 18. Januar 1919 an. Die Gründung des Deutschen Kaiserreiches 1871 nannte er die Gründung eines Kriegsreichs, und er zählte historische Fehlentwicklungen auf, die es jetzt auf der Konferenz zu korrigieren gelte. Diese Mobilisierung der Geschichte zur Stigmatisierung des Gegners bildete für Poincaré den eigentlichen Ausgangspunkt der Friedenskonferenz und legitimierte sie. »Vor 48 Jahren, genau auf den Tag am 18. Januar 1871«, so Poincaré damals, »wurde das Deutsche Reich von einer Invasionsarmee im Schloss von Versailles ausgerufen. Es empfing seine erste Weihe durch den Raub zweier französischer Provinzen. Es war somit befleckt schon in seinem Ursprung, und durch den Fehler seiner Gründer trug es in sich den Todeskeim. In Ungerechtigkeit geboren, hat es in Schmach geendet. Sie sind versammelt, um das Übel gutzumachen, das es angerichtet hat, und um seine Wiederkehr zu verhüten. Sie halten in Ihren Händen die Zukunft der Welt.«[18]

Doch letztlich überlebte der deutsche Nationalstaat von 1871 das Ende des Weltkriegs, den Untergang der Hohenzollern sowie die Bestimmungen der Pariser Friedenskonferenz, weil sich Großbritannien und die Vereinigten Staaten einer territorialen Zerschlagung Deutschlands entgegenstellten. Sie wünschten weder eine »Rheinbündisierung« noch eine von Frankreich unterstützte Erosion der territorialen Integration der neuen deutschen Republik durch Separatismus-Bewegungen.

Frankreichs Blick auf Deutschland blieb in den 1920er- und 1930er-Jahren ganz wesentlich von ungelösten Sicherheitsproblemen bestimmt.

Am Ende blieb Frankreichs Blick auf Deutschland in den 1920er- und 1930er-Jahren ganz wesentlich von ungelösten Sicherheitsproblemen bestimmt. Das zeigte sich zunächst in den Versuchen, bis zur Eskalation der Ruhr-Besetzung im Jahr 1923 die in Versailles 1919 nicht erreichten Ziele doch noch zu verwirklichen, und setzte sich danach in der Annäherung zwischen beiden Ländern im Sinne einer Sicherheitspartnerschaft fort.

Dank des persönlichen Vertrauensverhältnisses zwischen dem deutschen Außenminister Gustav Stresemann und seinem französischen Amtskollegen Aristide Briand wurden 1925 die Locarno-Verträge unterzeichnet. Der Argwohn gegenüber Deutschland aber blieb, und 1929, nach Stresemanns Tod, beschloss die französische Führung, den längst gefassten Plan einer Verteidigungslinie in die Tat umzusetzen, ein unter dem Namen Maginot-Linie bekannt gewordenes gigantisches System aus Festungen, Bunkern und unterirdischen Anlagen zur Abwehr eines neuen deutschen Angriffs. Den Krieg der Zukunft stellte man sich im Kern als Wiederholung der Schlacht von Verdun 1916 vor, was die fehlende Vorbereitung Frankreichs auf den deutschen Überfall, den Krieg von 1940, mit erklärte.[19]

Dennoch gab es neben den Motiven der deutschen Verbitterung, der ungelösten französischen Sicherheitslage und den vielfältigen Revanchismen auf beiden Seiten immer wieder auch positive Rekurse, wurde oft zwischen der konfliktbeladenen hohen Politik und guten individuellen Erfahrungen unterschieden. So hielt André Gide, französischer Schriftsteller und späterer Träger des Literaturnobelpreises, in seinem Tagebuch um 1918/19 fest: »Die nationalen Parteien diesseits und jenseits der Grenze übertreffen sich gegenseitig in der Betonung der Verschiedenheit von Temperament und Geisteshaltung, die nach ihrer Ansicht eine Verständigung zwischen Deutschen und Franzosen unmöglich machen soll. Verschiedenheiten gibt es ganz gewiss … Allerdings glaube ich, dass diese Unterschiede nicht so sehr prinzipiell und angeboren sind, sondern vielmehr durch die Erziehung in der Familie, den Unterricht in der Schule und schließlich durch die Presse eifrig glorifiziert werden … Es gibt heute für die Völker wie für die Individuen keinen verhängnisvolleren Irrtum als zu glauben, dass man auch ohne die andern auskommen könne. Alles, was die Interessen Frankreichs und Deutschlands auseinanderbringt, ist für beide Länder gleichermaßen unheilbringend, wohltätig alles, was dazu beiträgt, diesen Interessen eine gemeinsame Richtung zu geben«.[20]

Ähnliche Motive prägten Jules Romains' Buch *Le couple France-Allemagne*, in dem er 1934 argumentierte, dass beide Länder trotz aller Unterschiede aufgrund der geopolitischen Situation aufeinander angewiesen seien, um den Frieden in Europa gemeinsam zu sichern. Auch Jean Renoirs Film *La Grande Illusion* von 1937 versuchte die Spirale von historischen Belastungen und emotionalen Zuspitzungen nationaler Gegensätze zu überwinden, indem er die Geschichte von zwei Adligen aus beiden Ländern erzählte, die im Laufe der Erzählung Gemeinsamkeiten entdeckten und daraus ein tieferes Verständnis für den jeweils anderen entwickelten.[21]

An diese Motive knüpfte 1945 ebenso das Werk des Historikers Joseph Rovan *Zwei Völker, eine Zukunft* an. Als programmatischer Gegenentwurf zu Jacques Bainvilles *Geschichte zweier Völker* von 1915 versuchte Rovan, aus den traumatischen Erfahrungen zweier Weltkriege den Zwang zur Kooperation abzuleiten.[22] Die eigene Position erst durch den Bezug zum anderen zu markieren, ist bis heute Merkmal und Leitmotiv der deutsch-französischen Beziehungsliteratur geblieben. Das illustriert auch der Titel des von Robert Picht, Vincent Hoffmann-Martinot, René Lasserre und Peter Theiner 1997 herausgegebenen Sammelbands *Fremde Freunde. Deutsche und Franzosen vor dem 21. Jahrhundert.*[23]

Die eigene Position erst durch den Bezug zum anderen zu markieren, ist bis heute Merkmal und Leitmotiv der deutsch-französischen Beziehungsliteratur geblieben.

Begreift man die chronologische Grenze von 1944/45 als Scharnier der deutsch-französischen Beziehungsgeschichte, dann verdeutlicht das Ende des Weltkriegs auch die Unterschiede der Kriegserfahrungen und deren Konsequenzen: Frankreich prägte ein prekärer Siegerstatus sowie das doppelte Trauma der Niederlage von 1940 und des Vichy-Regimes, Deutschland – und zwar seine beiden Teilstaaten – hingegen die Katastrophengeschichte des deutschen Nationalstaats im 20. Jahrhundert.[24]

Mehr noch: Frankreich hielt nach der Demütigung von 1940 und dem prekären Siegerstatus am Anspruch nationalstaatlicher Souveränität sowie am Doppelstatus von kontinentaleuropäischer Großmacht und Kolonialmacht fest. Dahinter stand vor allem die Erfahrung, dass der französische Nationalstaat seit dem deutschen Überfall 1940 nicht nur in seinem Kolonialreich überlebt hatte, sondern auch von dort zurückerobert wurde, was auch den besonders schmerzhaften Prozess der Dekolonisierung erklärt.[25]

Demgegenüber arrangierten sich beide deutsche Teilstaaten in je eigener Weise mit ihrer Semi-Souveränität. Für Ost-Deutschland bedeutete sie politische, militärische und wirtschaftliche Abhängigkeit von der Sowjetunion. Für West-Deutschland wurde seit den 1950er-Jahren der allmähliche Transfer nationalstaatlicher Souveränität zugunsten einer westeuropäischen Integration zur Leitlinie, einerseits um den Bruch mit der Vergangenheit zu markieren, andererseits um Legitimität sowie innen-, außen- und deutschlandpolitische Handlungsoptionen für den neuen Staat zu erlangen. Die Ungleichzeitigkeit des post-nationalstaatlichen Deutschland wiederholte sich zugespitzt 1989/90.

Nach den bitteren Erfahrungen von zwei verheerenden Weltkriegen trat an die Stelle von politischer Rivalität, Hegemonialstreben und kriegerischen Konflikten eine in ihren Wirkungen und angesichts der historischen Belastungen einzigartige Phase intensivierter Annäherung und Kooperation zwischen Deutschland und Frankreich. Sie stand auch im Zeichen einer geschichtspolitisch akzentuierten Aussöhnung. Diese Überwindung des historischen Konflikts zwischen Frankreich und Deutschland nach 1945 vollzog sich zugleich vor einem besonderen politischen und internationalen Hintergrund. Dazu zählten die traumatischen Erfahrungen des Nationalsozialismus in Deutschland und der Vichy-Vergangenheit in Frankreich, dann, nach 1945, die Bedingungen des Kalten Krieges, die französische Dekolonisation und der Wandel des Großmachtstatus, die deutsche Teilung und die europäische Integration.[26]

Der am 22. Januar 1963 in Paris unterzeichnete Élysée-Vertrag zwischen Präsident Charles de Gaulle und Bundeskanzler Konrad Adenauer markierte den Höhepunkt einer ersten, frühen Phase dieser veränderten Beziehung. Dieser Vertrag, abgeschlossen ein Jahr nach den Evian-Verträgen, mit denen die Dekolonisierung Algeriens unwiderruflich geworden war, eröffnete beiden Ländern die Chance neuer Handlungsspielräume. Die beginnende Kooperation im Zeichen historischer Aussöhnung fand in Adenauer und de Gaulle als Repräsentanten ihrer von der gemeinsamen Gewaltgeschichte geprägten Generation einen sichtbaren Ausdruck.

An die Stelle von politischer Rivalität, Hegemonialstreben und kriegerischen Konflikten trat eine einzigartige Phase intensivierter Annäherung und Kooperation zwischen Deutschland und Frankreich, die auch im Zeichen einer geschichtspolitisch akzentuierten Aussöhnung stand.

Aber die symbolische Dimension ging weit darüber hinaus und verweist schon damit auf einen besonderen Zusammenhang von Nationen und Emotionen. Ins Gedächtnis gerufen sei hier der Soziologe Norbert Elias, der den Wandel von Affekten, Emotionen und Verhaltensweisen in das Blickfeld der Historiker rückte, aber und vor allem auch Max Weber und seine Aufforderung, die »Gemeinschafts- und Solidaritätsempfindungen« für die Nation in ihren jeweiligen Ursprüngen, Entstehungskontexten und im Handeln der Beteiligten zu rekonstruieren und zu erklären.[27]

Die emotionale und symbolische Aufladung des Politischen trat in der deutsch-französischen Beziehungsgeschichte mindestens in der offiziellen Inszenierung immer deutlicher hervor. Der Élysée-Vertrag war dabei nur ein Teil einer bewusst inszenierten Annäherung zwischen beiden Gesellschaften. Erinnert sei in diesem Zusammenhang an den programmatischen Versöhnungsgottesdienst in der französischen Krönungskathedrale von Reims am 8. Juli 1962. Er war der Zeremonie der Vertragsunterzeichnung nicht zufällig vorangestellt.

Um das Zeitalter der ideologischen Extreme und die Exzesse der verflochtenen Gewaltgeschichten zu überwinden, wurde der katholische Universalismus im Zeichen von Abendland, Alteuropa und Karl dem Großen zu einem entscheidenden Referenzpunkt. Für die Aussöhnung und Annäherung beider Länder bedurfte es jedenfalls mehr als nur eines diplomatischen Vertragswerks. Insofern waren die Personalisierung und Visualisierung der neuen Politik auch eine Antwort auf diese besondere Herausforderung in zunehmend medial integrierten Gesellschaften.

Nicht zufällig denken und kommunizieren wir die Beziehungsgeschichte zwischen Deutschland und Frankreich in suggestiven Paarbeziehungen: Briand/Stresemann, de Gaulle/Adenauer, Giscard/Schmidt, Mitterrand/Kohl. Bis heute sind irritierte Reaktionen an der Tagesordnung, wenn diese Sichtweise, wenn dieses Paradigma an seine Grenzen gerät und die emotionale Komplexitätsreduzierung nicht mehr funktioniert.

Nur auf dieser Grundlage kann man nachvollziehen, warum sich die kritische Veränderung in der wechselseitigen Beziehung und deren Wahrnehmung in einem einzigen Wort widerspiegeln lässt. Frankreichs ehemaliger Präsident François Hollande fasste den weiten Weg von den in ihrer Wirkung hoch emotionalisierten, generationsspezifischen Politikerpaaren der deutsch-französischen Beziehungsgeschichte hin zur vermeintlichen Normalisierung, zur Entemotionalisierung dieses Beziehungsgefüges in einem Wort zusammen: »Utile«, nützlich, lautete nach einem EU-Gipfeltreffen seine trocken-lakonische Antwort auf die Frage, wie er denn die Zusammenarbeit mit Deutschland einschätze.

Dieses Beispiel verweist aber auf einen grundlegenderen Aspekt: Der konkrete Inhalt des Élysée-Vertrags von 1963, von der Etablierung ständiger Konsultation und dauerhafter Zusammenarbeit in der Außen-, Verteidigungs-, Wirtschafts-, Entwicklungs-, Kulturpolitik sowie vor allem in der Schul- und Jugendpolitik über die Vereinbarung regelmäßiger Treffen der Staats- und Regierungschefs sowie der Minister für Äußeres, Verteidigung und Jugendfragen bis hin zur Gründung des Deutsch-Französischen Jugendwerks, verfestigte im europäischen Vergleich eine Sonderbeziehung zwischen beiden Staaten.

Die symbolische Ergänzung des Vertrages am 22. Januar 1988 durch François Mitterrand und Helmut Kohl in einem Zusatzprotokoll sah die Errichtung eines deutsch-französischen Rates für Verteidigung und Sicherheit sowie eines Finanz- und Wirtschaftsrates zur engeren Koordination dieser Politikbereiche vor. Doch stets blieben diese institutionellen Aspekte von besonderen, symbolischen Inszenierungen des Politischen begleitet. Die ikonografischen Bilder von de Gaulle und Adenauer in der Kathedrale von Reims 1962 ergänzte 1988 das Treffen zwischen Mitterrand und Kohl am deutsch-französischen Schicksalsort von Verdun.

Dass der Mauerfall 1989 ausgerechnet im Jahr des 200-jährigen Jubiläums der Französischen Revolution stattfand, erlaubte es vielen Franzosen, die Revolution der Ostdeutschen zunächst in einen großen historischen und gesamteuropäischen Zusammenhang einzuordnen. Aber schon bald mischten sich neue Ängste in die euphorischen Reaktionen, und am 16. November 1989 fragte das Nachrichtenmagazin *Nouvel Observateur*, ob man wieder Angst »vor den neuen Deutschen« haben müsse.

Der Mauerfall und der plötzlich mögliche Weg zur deutschen Einheit stellte die Politik der geschichtspolitischen Emotionen zwischen Bonn und Paris jedenfalls auf eine Probe, wie auch der demonstrative Staatsbesuch des französischen Staatspräsidenten Mitterrand in Ost-Berlin am 20. Dezember 1989 dokumentierte.[28] Zahlreiche französische Beobachter zogen damals Parallelen zu 1871. So wies der ehemalige

Außenminister Jean-François Poncet darauf hin, dass man nicht wissen könne, ob Deutschland das Europa Bismarcks oder das von Jean Monnet wolle, eines der deutschen Vorherrschaft oder eines gleichberechtigter Staaten.

Auch der Hauptstadtumzug von Bonn nach Berlin schien solche tief sitzenden Ängste zu befeuern. Das begeisterte Echo in der französischen Öffentlichkeit auf die Rede des deutschen Außenministers Joschka Fischer, die er im Mai 2000 an der Berliner Humboldt-Universität hielt und in der er sich emphatisch zur deutschen Politik im Rahmen der europäischen Integration bekannte und die Alternative zwischen entweder Vertiefung oder Erweiterung der EU zu überwinden suchte, bewies, dass es durchaus möglich war, Befürchtungen gegenüber Deutschland zu entschärfen.[29] Allerdings zeigt die verständliche Enttäuschung darüber, dass Deutschland seinerseits ähnlich begeisterte Reaktionen auf die europapolitische Rede von Präsident Emmanuel Macron vermissen ließ, auch eine strukturelle Labilität der Beziehungen.

3. Konkurrenz, Rivalität und Vergleich: Britische Deutschlandbilder seit dem 19. Jahrhundert

In einem Text über die Zeit um 1870 und das weitverbreitete Bild von Deutschland und den Deutschen in Großbritannien bemerkte der britische Jurist und Historiker Frederic William Maitland 1911, dass es damals üblich gewesen sei, die Deutschen als »unpraktische, verträumte, sentimentale Wesen« darzustellen, »die mit sanften blauen Augen in eine Wolke aus Musik, Metaphysik und Tabakrauch blicken«.[30] Maitlands Beschreibung des romantischen Charakters der Deutschen stand für eine Interpretation, die in der ersten Hälfte des Jahrhunderts die komplexe politische Realität Deutschlands weitgehend ausblendete und auf ein unpolitisches, zeitlich entrücktes Land rekurrierte, wie es zumal in der Rheinromantik auftrat. In den Worten des Dichters Robert Browning glich das Deutschland des frühen 19. Jahrhunderts »einer hohen, alten, malerischen, unregelmäßigen Stadt«.[31]

Diese Vorstellungen veränderten sich mit der Gründung des Nationalstaates 1871. Neben das Bild eines idealistischen, philosophischen und gleichsam verträumten Landes trat im Laufe der kommenden Jahrzehnte der Eindruck eines aggressiven, materialistischen und imperialistischen Militärstaats. Hier deutete sich eine Spaltung des britischen Deutschlandbildes an, das in die britische Vorstellung von »two Germanies« mündete.[32]

Neben das Bild eines idealistischen, philosophischen und verträumten Deutschlands trat der Eindruck eines aggressiven, materialistischen und imperialistischen Militärstaats – womit sich eine Spaltung des britischen Deutschlandbildes andeutete.

Die Gründung des Kaiserreichs stabilisierte aus der Sicht der britischen Eliten zwar die Situation auf dem Kontinent, indem sie das Machtvakuum in der Mitte Europas beendete. Doch bedeutete sie zugleich eine tektonische Verschiebung der überkommenen Gleichgewichtsvorstellung, von der Großbritannien besonders betroffen schien. Für den britischen Premierminister Benjamin Disraeli waren die Ereignisse von 1870/71 nichts weniger als eine »deutsche Revolution, ein größeres politisches Ereignis als die Französische Revolution des letzten Jahrhunderts«, einer Revolution von oben mit weitreichenden Folgen für das künftige Machtgleichgewicht in Europa.[33]

Demgegenüber gehörte die Sympathie vieler Briten zunächst eher dem durch die Niederlage gedemütigten Frankreich. Die Bemerkung des britischen Diplomaten Henry Lytton Bulwer spiegelte nach 1871 eine weitverbreitete Ansicht wider: »Europa hat eine Herrin verloren und einen Herrn bekommen«.[34]

Doch bis in die 1880er-Jahre konnte von einem echten deutsch-britischen Antagonismus keine Rede sein. Vielmehr setzte man in London lange Zeit auf eine Annäherung, zumal der zukünftige Kaiser, Kronprinz Friedrich, und seine Frau Vicky, Tochter der britischen Königin Victoria, eine liberale Orientierung des kleindeutschen Nationalstaates zu versprechen schienen. Vor dem Hintergrund des britischen Selbstbildes einer Pax Britannica, der Aufrechterhaltung des Status quo und des traditionellen Ziels eines europäischen Machtgleichgewichts konnte sich keine ausgeprägte Rivalität entwickeln, solange Deutschland in den Grenzen der von Bismarck idealisierten »saturierten« Macht ohne weitere expansive Ambitionen blieb.

Im Juli 1875 erklärte Außenminister Lord Derby, dass es keine gegensätzlichen Interessen zwischen Großbritannien und Deutschland gebe, und im September 1876 beschrieb die britische Zeitung *Times* die offene Zukunft der deutsch-britischen Beziehungen: »Wir sind nicht neidisch auf das neue Reich. Innerhalb seiner eigenen Grenzen wünschen wir ihm jeden Erfolg. Aber wir haben das Gefühl, dass eine enorme Macht zum Guten oder zum Bösen etwas plötzlich in unserer Mitte entstanden ist, und wir beobachten aufmerksam die Anzeichen für ihren Charakter und ihre Absichten.«[35]

Der dramatische Wandel der britischen Wahrnehmung Deutschlands setzte Ende der 1880er-Jahre ein, als sich die deutschen Kolonialbestrebungen intensivierten und nach dem frühen Tod Friedrichs III. mit Wilhelm II. ein Kaiser auf den Thron gelangte, der sehr bald auf einen Konfrontationskurs gegenüber London einschwenkte. Nach Bismarcks erzwungenem Rücktritt 1890 fehlten gegenüber den impulsiven außenpolitischen Initiativen Wilhelms II. wirksame Gegengewichte. Von der Krüger-Depesche 1896 über den forcierten Flottenbau ab 1897 bis zur *Daily Telegraph*-Affäre 1908 und den beiden Marokko-Krisen erschien Deutschland in der britischen Presse und in der britischen politischen Elite nun immer öfter als Emporkömmling und gefährlicher Störfaktor in den internationalen Beziehungen.[36]

Für James Garvin, den Herausgeber der Zeitschrift *The Outlook*, erschien das Deutsche Reich um 1900 nicht mehr als eine gemäßigte kontinentaleuropäische Macht, wie von Bismarck avisiert, sondern drohte als »unersättliche Macht« seine Nachbarn zu gefährden.[37] Charakteristisch fiel das Urteil des britischen Außenministers Edward Grey aus, der 1906 betonte, dass man zwar die dynamische industrielle Entwicklung und das Organisationstalent Deutschlands bewundere, aber besorgt auf die von Deutschland ausgehende Unruhe blicke, die Grey den »von Bismarck hinterlassenen Trümmern« zuschrieb.[38]

Aber wie im Falle Frankreichs existierten neben den kritischen Wahrnehmungen in den Jahrzehnten nach 1871 auch andere Leitmotive des britischen Deutschlandbilds. Nach der Gründung des Kaiserreichs nahm das britische Interesse an der weiteren deutschen Entwicklung in dem Maße zu, in dem der Dreiklang aus industriellem, militärischem und politischem Wettbewerb und dem damit einhergehenden Vergleichsdruck immer stärker wurde.

Seine britischen Leser erschreckte der Journalist Ernest Williams mit seinem 1896 publizierten Buch *Made in Germany*. In der Einleitung betonte er, dass die industrielle Vorherrschaft Großbritanniens sich immer mehr in einen Mythos verwandele, ohne dass man in der englischen Öffentlichkeit die Konsequenzen dieser Entwicklung begreife.[39] Für Williams diente das Bild Deutschlands als führende Nation des wissenschaftlichen und industriellen Fortschritts als Folie für seine Kritik am relativen Zurückfallen und am Statusverlust Großbritanniens.

Aufgrund der deutschen Erfolge in den Naturwissenschaften und der Hochschulbildung löste das deutsche Modell der Anwendung »wissenschaftlicher Methoden« in Großbritannien eine intensive Diskussion über die »nationale Effizienz« aus. Viele britische Beobachter würdigten die besondere Modernität Deutschlands.[40] 1911 betonte der in Oxford lehrende Historiker A. J. Carlyle, dass die beherrschende Stellung Deutschlands in Philosophie, Wissenschaft und Literatur so mächtig geworden sei, dass gerade die begabtesten Studenten inzwischen Deutsch lernten und an deutsche Universitäten strebten.[41]

Ein ähnlich faszinierter britischer Blick auf den Rivalen zeigte sich auch in den Debatten über die Einführung einer Sozialversicherung, die Reichskanzler Bismarck in Deutschland forciert hatte, um die Sozialdemokraten zu schwächen und die Industriearbeiter in den Nationalstaat von 1871 zu integrieren. Auch hier war Deutschland ein Modell für britische Diskussionen. Der spätere Premierminister David Lloyd George reiste 1908 als Mitglied einer Royal Commission nach Deutschland, um die Organisation der deutschen Sozialpolitik vor Ort zu studieren.[42]

In der britischen Bewunderung für Wissenschaft, Universitäten und Sozialgesetzgebung fungierte Deutschland als Vorbild, das zwar nicht kopiert, aber ernst genommen werden musste.

In der britischen Bewunderung für Wissenschaft, Universitäten und Sozialgesetzgebung fungierte Deutschland als Vorbild, das zwar nicht kopiert, aber zumindest ernst genommen werden musste. Dabei lagen Vergleich, implizite Kritik an den britischen Strukturen und Angst vor einem starken deutschen Konkurrenten eng beieinander, zumal viele dieser Politikfelder auch mit der Frage der Vorbereitung auf einen möglichen künftigen Krieg verknüpft wurden.

Aus politischer Sicht verwies schon 1908 der spätere britische Premierminister Winston Churchill gegenüber dem damaligen Premier H. H. Asquith auf eine spezifische deutsche Modernität. Nicht zuletzt durch seine moderne Sozialpolitik, so Churchill, habe Deutschland es geschafft, sich nicht nur für den Krieg, sondern auch für den Frieden zu wappnen, während Großbritannien allein für die Politik organisiert sei. Nicht zufällig empfahl er, einen großen Teil des »Bismarckianismus« auf das britische Industriesystem zu übertragen.[43] Dennoch blieben solche Blicke auf Deutschland in den Jahren vor 1914 auf eine vergleichsweise kleine akademische und politische Elite beschränkt, während in der britischen Öffentlichkeit und zumal der Populärliteratur das Stereotyp des potenziellen deutschen Angreifers dominierte.[44]

Der Ausbruch des Ersten Weltkrieges 1914 führte in Großbritannien wie in den USA zu einer massiven Verschlechterung des Deutschlandbildes, das mit dem Zweiten Weltkrieg 1939 seinen Tiefpunkt erreichen sollte.[45] Im Kulturkrieg der Intellektuellen, der die militärische Auseinandersetzung ab 1914 begleitete, avancierte Großbritannien mit seiner industriellen Leistungskraft und seiner Weltmachtstellung für viele Deutsche zum eigentlichen Hauptgegner.

Der Ausbruch des Ersten Weltkrieges 1914 führte in Großbritannien wie in den USA zu einer massiven Verschlechterung des Deutschlandbildes, das mit dem Zweiten Weltkrieg 1939 seinen Tiefpunkt erreichen sollte.

Aus britischer Sicht hingegen erschien der Krieg gegen den preußisch-deutschen Autoritarismus als zivilisatorische Mission. So verglich der Bischof von London die britischen Soldaten mit Jesus Christus, die einen heiligen Krieg für Freiheit, Ehre und Ritterlichkeit führten.[46] Viele britische Intellektuelle erkannten in dem Krieg einen Kampf zwischen Gut und Böse und betonten, man führe Krieg gegen den preußischen Militarismus. Zugleich unterschied man zwischen dem autokratischen Regime und dem deutschen Volk.

Wiederum waren Fremdbild und Selbstbild eng miteinander verflochten. Der führende britische Historiker A. L. Smith hob hervor, dass erst der Krieg eine nationale Einheit als emotionale Kohärenz schaffe, er offenbare die eigentlichen Grundlagen der modernen Nation, nämlich die Gemeinschaft von Lebenden, Toten und Ungeborenen.[47] Wie in Deutschland spielten Universitätsprofessoren eine entscheidende Rolle in diesem Kulturkrieg, der eine ganze Reihe von langfristig wirkenden Stereotypen hervorbrachte.

Führende Historiker der Universität Oxford, von der Kaiser Wilhelm II. noch 1907 einen Ehrendoktor erhalten hatte, publizierten mit ihrem Essay *We Are at War. Great Britain's Case* bereits 1914 eine Replik auf die Erklärungen der deutschen Hochschullehrer.[48] Sie hoben auf die deutsche Staatsphilosophie in der Tradition Hegels ab, in der sie eine gefährliche Idealisierung des Staates erkannten, die sich in der Geschichte des Deutschen Reichs seit 1871 schließlich mit dem Militarismus preußischer Prägung verbunden habe. Diese demonstrative Abkehr von den deutschen philosophischen Traditionen bot den Oxforder Historikern zugleich eine Argumentationsgrundlage, um das Selbstbild der politisch-parlamentarischen Freiheit Großbritanniens und der eigenen Rechtsordnung der »rule of law« zu artikulieren.[49]

Nach dem Ende des Ersten Weltkrieges bemühte sich Großbritannien auf der Pariser Friedenskonferenz darum, die viel weiter gehenden französischen Ziele, die auf eine Zerschlagung des deutschen Nationalstaates von 1871 hinausgelaufen wären, einzudämmen. In seinem Fontainebleau-Memorandum vom Frühjahr 1919 warnte der britische Premier Lloyd George vor einer Demütigung der neuen deutschen Republik, die das Land in die Arme der sowjetischen Bolschewiki treiben könne.

Britische Politiker forderten früh eine Integration der Weimarer Republik in den Völkerbund, und seit Ende der 1920er-Jahre verstärkte sich die britische Kritik an der mit dem Versailler Vertrag verbundenen Nachkriegsordnung.[50] Die durch den Krieg neu entstandenen Probleme des britischen Empire in Indien und im Nahen Osten führten dazu, dass die britische Politik auf eine ausgewogene europäische Friedensordnung setzte, was einen Ausgleich mit dem Deutschen Reich nahelegte. Während in Frankreich mindestens bis 1923 ein eigener Revisionismus dominierte, kamen im Vereinigten Königreich Forderungen auf nach einem »Changing Versailles« und einer Entlastung Deutschlands von den übertriebenen Hypotheken des Versailler Vertrags. Exemplarisch dafür war die Argumentation des Ökonomen John Maynard Keynes, der den Friedensschluss aus wirtschaftlicher Perspektive hart kritisierte. Auch viele Liberale und Labour-Anhänger sprachen von einem »Karthago-Frieden«.

Von hier aus entwickelte sich gerade bei vielen Konservativen bis in die späten 1930er-Jahre ein wieder positiveres Deutschlandbild, das an die Idee der »two Germanies« anknüpfte und mit dem man einen umfassenden Ausgleich zwischen deutschen Interessen auf dem europäischen Kontinent und britischen Einflusszonen in der Welt anstrebte.[51] Diese Haltung trug erheblich zum sogenannten »appeasement«, der Beschwichtigungspolitik der britischen Regierung gegenüber der nationalsozialistischen Aggressionspolitik, bei.[52]

Aber sie provozierte auch scharfe Kritik. So lehnte der zunächst politisch isolierte Winston Churchill Konzessionen gegenüber einem auf einen Krieg zusteuernden Deutschland ab. Und der britische Diplomat Robert Vansittart spitzte noch vor der Erfahrung des »Blitzkrieges« und der Bombardierung britischer Städte antideutsche Stereotype polemisch zu und analysierte zugleich den aggressiven Grundtenor des Nationalsozialismus. Deutschland müsse, so Vansittart, politisch, militärisch und wirtschaftlich eingedämmt werden. Nicht »conciliation«, sondern »containment«, lautete sein Credo.[53]

Angesichts der britischen Kriegserfahrungen beherrschten solche Deutschlandbilder auch zunächst die Phase nach 1945. Das für Mitglieder der britischen Kontrollkommission in Deutschland entworfene Memorandum »The German Character«, das die Grundlage für die geplante Umerziehung der Deutschen bilden sollte, hob allerdings weniger auf klassische Stereotype wie den Militarismus preußischer Prägung ab, sondern stellte übertriebene Fügsamkeit, Unterwürfigkeit und Obrigkeitshörigkeit der Deutschen gegenüber dem »Vater Staat« in den Vordergrund.

Dabei schienen Herrschaftsstreben und Untertanengeist zwei Seiten einer Medaille zu sein. Besonderen Einfluss gewann vor diesem Hintergrund die den Deutschen unterstellte Neigung zu Extremen, so zum Beispiel A. J. P. Taylors Darstellung in seinem Werk *The Course of German History* von 1945. Deutschland kenne, so der britische Historiker, weder Maß noch Mitte und habe in seiner Geschichte niemals so etwas wie Normalität hervorgebracht. »Deutsch« erschien als Synonym für eine Abfolge historischer Extreme, sei es Frömmigkeit, Empfindsamkeit oder kriegerische Aggression.[54]

»Deutsch« erschien als Synonym für eine Abfolge historischer Extreme, sei es Frömmigkeit, Empfindsamkeit oder kriegerische Aggression.

Einige dieser Bilder des deutschen Charakters schafften es bis in das berühmte Geheimprotokoll vom 24. März 1990. Darin wurden die Ergebnisse des von der damaligen Premierministerin Margaret Thatcher einberufenen Treffens von Deutschland-Experten festgehalten; sie waren zusammengekommen, um über die britische Antwort auf die bereits absehbare deutsche Wiedervereinigung zu beraten. Im Memorandum war von der »mangelnden Sensibilität der Deutschen den Gefühlen anderer gegenüber« die Rede, von »Selbstbezogenheit«, einem »starken Hang zu Selbstmitleid« und dem »Verlangen, geliebt zu werden«. Ebenso sprach Thatcher in ihren 1993 veröffentlichten Memoiren von der Skepsis vieler Briten gegenüber einer Nation, die in ihren Augen »auf unberechenbare Weise zwischen Aggression und Selbstzweifeln« schwanke.[55]

Auch seit der Wiedervereinigung erkennt man im britischen Blick auf Deutschland noch den Nachhall der Erzählung von »two Germanies«.[56] So schrieb David Marsh, Bonner Chefkorrespondent der *Financial Times*, 1991 in seinem Buch *Deutschland im Aufbruch* von einer regelrechten Janusköpfigkeit und einem Pluralismus der Deutschlandbilder, in denen neben der Ordnungsliebe und Disziplin auch der Hang zur Überorganisiertheit und zum grüblerischen Selbstmitleid stünden.

Die zunächst in den politischen Eliten verbreitete Angst vor einem »Vierten Reich« mutierte in den 1990er-Jahren allerdings zu einer ausgeprägten Skepsis gegenüber dem »kranken Mann Europas«, der unter Reformstau und wirtschaftlichen Krisen litt. Diese britische Wahrnehmung war allerdings nicht frei von Genugtuung darüber, den selbsterklärten Primus Europas wirtschaftlich überholt zu haben.[57]

Im Blick zurück relativieren sich allerdings die historischen Rhythmen solcher Wahrnehmungsmuster. Der Deutsch-Britische Freundschaftsvertrag vom Juli 2025, gut fünf Jahre nach dem Inkrafttreten des Brexits, kennzeichnet eine neue Phase. Angesichts des russischen Angriffskrieges auf die Ukraine und der Erosion der transatlantischen Sicherheitskooperation spricht nach Jahrzehnten der Bewunderung, Konkurrenz und Rivalität viel für eine neue Partnerschaft zwischen Deutschland und Großbritannien, nämlich als Teil der Suche nach einer neuen gemeinsamen europäischen Sicherheitsordnung.

4. Von der entfernten Verwandtschaft zum Auslaufen der transatlantischen Sicherheitsgarantie: Amerikanische Wahrnehmungen Deutschlands

Um 1900 und in den Jahren vor Ausbruch des Ersten Weltkriegs betonten deutsche wie amerikanische Zeitgenossen immer wieder strukturelle Ähnlichkeiten zwischen beiden Mächten. Das Deutsche Reich wie die Vereinigten Staaten erschienen am Ende des 19. Jahrhunderts als neue aufsteigende Akteure der internationalen Politik, die seit den 1890er-Jahren auch dezidiert imperiale Ambitionen verfolgten.

Darüber hinaus trugen beide Gesellschaften mit ihren modernen Industrien maßgeblich zur Entwicklung globaler Märkte bei. 1890 betonte der deutsch-amerikanische Schriftsteller August Julius Langbehn das gemeinsame Muster kontinentaler Expansion beider Staaten. »Nordamerika ist eine niederdeutsche Siedelung nach Westen«, schrieb er, »Preußen eine solche nach Osten hin.« Gerade die wirtschaftliche Dynamik falle ins Auge, wenn man beide Gesellschaften beobachte. »Rastloser Geschäftsgeist« kennzeichne »den Anwohner der Spree wie den des Hudson«, in beiden Gesellschaften zeige »sich ein Hasten und Jagen nach mannigfachen Bildungserlebnissen«, und selbst Berlin als neue Hauptstadt des deutschen Nationalstaats von 1871 sei »nordamerikanisch« darin, »dass ein bedeutender Bruchtheil seiner Einwohnerschaft stets aus Zugewanderten bestehe«.[58]

In den populären amerikanischen Wahrnehmungen Deutschlands dominierten zahlreiche Stereotypen die an französische und britische Deutschlandbilder erinnerten.[59] Der deutsch-amerikanische Psychologe Hugo Münsterberg fasste solche Vorstellungen um 1900 prägnant zusammen: »Dem Amerikaner war der Deutsche ein schlecht angezogener, unsauberer, manierloser Philister, ein schwerfälliger und engherziger Pedant, der Freude nur an Pfeife, Bier und Skat hat, Parademarsch übt und im Bureaukratismus verknöchert, um des Geldes wegen heiratet, die Frauen als Dienstmagd oder als Spielzeug missbraucht, nach oben servil, nach unten brutal ist, den Schutzmann fürchtet, mit seinem Nächsten im Zank lebt und jeden Fortschritt hasst. Dem Deutschen aber war der Yankee ein flegelhafter Geselle, der im öffentlichen Leben die Korruption, im wirtschaftlichen jeden Schwindel gutheißt, dem Dollar und der Sensation nachjagt, ein Barbar in Wissenschaft und Kunst, ein bigotter Heuchler, der Tabak kaut und sein Hauptvergnügen an Lynchgerichten findet.«[60]

In den politischen und wissenschaftlichen Eliten dagegen fiel der Blick auf Deutschland weitaus differenzierter aus. Und wie in Frankreich und Großbritannien entwickelte sich auch in den Vereinigten Staaten nach 1871 ein positiv konnotierter Deutschland-Diskurs, der auf die Moderne und die Reformkraft des neuen Nationalstaates rekurrierte.[61] Er bezog sich auf die sozialen Probleme der Industrialisierung, die rasante Urbanisierung und die um sich greifende Massenarmut.

Wie in Frankreich und Großbritannien entwickelte sich auch in den Vereinigten Staaten nach 1871 ein positiv konnotierter Deutschland-Diskurs, der auf die Moderne und die Reformkraft des neuen Nationalstaates rekurrierte.

Viele Liberale in den Vereinigten Staaten sahen sich vor der Herausforderung, die klassische liberale Agenda individueller Freiheit angesichts dramatisch veränderter Umstände fortzuentwickeln.[62] Obwohl der traditionelle Fokus des britischen Liberalismus auf Freihandel und möglichst uneingeschränkte Marktkräfte auch in den Vereinigten Staaten weiterhin ein wichtiger Orientierungspunkt war, entwickelte sich dort ebenfalls eine Variante des sozialen Liberalismus, die sich stark an Deutschland anlehnte.

Amerikanische Intellektuelle wie John Commons, Richard Ely und Edward Ross hielten zwar an den Grundwerten der individuellen Freiheit, Chancengleichheit und sozialen Gerechtigkeit fest. Aber im Gegensatz zu einer älteren Generation stellten sie die traditionelle staatskritische Ausrichtung infrage und befürworteten einen proaktiven und interventionistischen Staat. Dabei verwiesen sie demonstrativ auf den sozialen Liberalismus in Deutschland, wie er von Adolph Wagner, Gustav Schmoller und Ludwig von Brentano sowie im 1872 gegründeten »Verein für Sozialpolitik« vertreten wurde.

Die pragmatischen und zugleich wissenschaftlich fundierten Konzepte einer progressiven Sozialpolitik in der deutschen Nationalökonomie übten erheblichen Einfluss auf die amerikanischen Liberalen aus. So vertrat die Generation von Ely und Ross mit Verweis auf Deutschland das Ziel grundlegender sozialer Reformen, moderater staatlicher Eingriffe und wirtschaftlicher Regulierung, versuchte aber zugleich, sie mit den traditionellen amerikanischen Werten wie dem sozialen Christentum und dem organischen Republikanismus zu verknüpfen.

Auch die Generation amerikanischer Liberaler, die sich zwischen 1901, dem Jahr der Amtseinführung von Präsident Theodore Roosevelt, und 1918 als sogenannte »Progressivists« auf eine Neuformulierung des amerikanischen Liberalismus konzentrierte, schaute immer wieder auf Deutschland als Inkubationsraum der Moderne, vor allem wenn es darum ging, die Vereinigten Staaten als moderne Industrienation fortzuentwickeln und soziale Integration zu ermöglichen.

Dass die Vereinigten Staaten ein neues Gleichgewicht zwischen Staat und Gesellschaft benötigten, kennzeichnete insbesondere das Denken von Herbert Croly, Sprecher einer Gruppe progressiver Intellektueller, zu denen auch Walter Lippman und Walter Weyl gehörten, die 1914 die Wochenzeitung *New Republic* als Organ des progressiven Liberalismus gründeten. Croly diagnostizierte angesichts von Kartellbildungen und Korruption eine grundlegende Krise des amerikanischen Versprechens individueller Freiheit und wirtschaftlichen Wohlstands.

Bei der Suche nach Verbesserungen der sozialen Lage breiter Schichten bot sich Bismarcks Politik ab 1871 an. Für Croly schloss die Dynamik des neuen deutschen Nationalstaats eine Politik des Laissez-faire und zügelloser Marktkräfte aus. In seinen Augen war es Deutschland gelungen, die Industriearbeiter zu integrieren und damit die Basis für eine unabhängige Wirtschaftsmacht zu schaffen. Zugleich erkannte er in Preußen als dem Kern des deutschen Nationalstaates das Vorbild eines Staates, in dem wissenschaftliche Fachkompetenz und industrielle Effizienz Hand in Hand gingen.

Die Beziehungen zwischen den Vereinigten Staaten und Deutschland waren seit Ende des 19. Jahrhunderts von enger gegenseitiger Beobachtung geprägt, die immer neue Definitionen des eigenen Selbstbildes beschleunigte.

Die Beziehungen zwischen den Vereinigten Staaten und Deutschland waren seit dem Ausgang des 19. Jahrhunderts von einer immer enger werdenden gegenseitigen Beobachtung geprägt. Dieser stetige Vergleich beschleunigte immer wieder neue Definitionen des eigenen Selbstbildes. So entstanden Phasen der Annäherung wie der Distanzierung.

Dieser Prozess begann in den 1890er-Jahren und stand in einem Zusammenhang mit imperialen Expansionen, der Hochindustrialisierung und Urbanisierung, der Ausdifferenzierung politischer Massenmärkte, aber auch neuer Kommunikationsformen und wirtschaftlicher Globalisierung in den Jahren vor Ausbruch des Ersten Weltkrieges. Der zum Teil ausgeprägten Faszination in den USA für die Innovationskraft Deutschlands vor 1914 folgten während Weltkriegen und später im Kalten Krieg gegenüber der DDR ein scharfer Wettlauf und Antagonismus.[63]

Nach dem Ersten Weltkrieg und nachdem der US-Senat dem Versailler Vertrag und damit auch dem Beitritt der Vereinigten Staaten zum Völkerbund seine Zustimmung verweigert hatte, zogen sich die USA gleichwohl politisch nicht einfach aus Europa zurück. Ihre wirtschaftliche Macht und ihr fiskalischer Einfluss waren weiterhin enorm, wie unter anderem der Dawes-Plan, der Young-Plan oder das Hoover-Moratorium unterstrichen.

Anders als nach 1918 waren die USA nach dem Zweiten Weltkrieg in der Lage, Westeuropa wirtschaftlich zu unterstützen und die neu gegründete Bundesrepublik politisch, kulturell und schließlich auch militärisch in den Westen zu integrieren.

Dennoch gab es einen großen Unterschied zwischen der Nachkriegszeit nach 1918 und jener nach 1945. Im Zeichen des aufziehenden Kalten Krieges, vor dem Hintergrund des New Deal, einem gewaltigen staatlich finanzierten Wirtschaftsprogramm unter US-Präsident Franklin D. Roosevelt, und der massiven Expansion des amerikanischen »superstate« im Zweiten Weltkrieg waren die USA nach dem Zweiten Weltkrieg anders als nach 1918 in der Lage, Westeuropa wirtschaftlich zu unterstützen und die neu gegründete Bundesrepublik politisch, kulturell und schließlich auch militärisch in den Westen zu integrieren.

Luftbrücke und Währungsreform, Marshall-Plan, Wiederbewaffnung und NATO-Mitgliedschaft wurden so zu Kennzeichen einer transatlantischen Sonderbeziehung. In diesem besonderen Verhältnis waren die Demokratisierung der Deutschen im westdeutschen Teilstaat, der doppelte Stabilitätserfolg der bundesdeutschen Kanzlerdemokratie und der sozialen Marktwirtschaft sowie die Garantie der äußeren Sicherheit eng miteinander verwoben und konnten gedeihen.

Im Laufe der Geschichte hatten viele Amerikaner die unterschiedlichen deutschen Anläufe zu einer nationalen Einheit begrüßt: Sei es im Zeichen der Revolution von 1848/49, nach deren Scheitern viele Deutsche in den USA Exil und eine neue Heimat fanden, oder unter der kleindeutsch-preußischen Führung 1871 oder nach Weltkrieg und deutscher Teilung erneut 1989/90.

Die Aussicht auf nationale Einheit, Freiheit und Selbstbestimmung der Deutschen nach dem Fall der Mauer führte in den USA nicht nur zu wirkungsvoller politischer Flankierung des Wiedervereinigungsprozesses durch das Weiße Haus und Präsident George H. Bush, sondern auch zu einer großen Welle ehrlicher Empathie und Mitfreude vieler Amerikaner. Das Jahr 1989 markierte außerdem das allmähliche Ende des Kalten Krieges und der amerikanischen Prämisse der doppelten Eindämmung: »To keep the Soviets out, the Americans in, the Germans down«.

Die Freude der Amerikaner über den historischen Umbruch von 1989 war beherrscht von der großen Hoffnung auf ein wiedervereinigtes Deutschland als eine Art Mimikry, ein Ebenbild der USA auf dem europäischen Kontinent.

Die Freude der Amerikaner über den historischen Umbruch war außerdem beherrscht von der großen Hoffnung auf ein wiedervereinigtes Deutschland als eine Demokratie westlich-transatlantischer Prägung, als eine Art Mimikry, ein Ebenbild der USA auf dem europäischen Kontinent.

Diese stark idealisierende Vorstellung sah in diesem wiedervereinigten Deutschland einen freiheitlichen, friedlichen, föderal verfassten, protestantisch geprägten Staat ohne europäisch-kontinentale oder gar globale Expansionsambitionen, der die welthistorische Mission der USA, die globale Entfaltung und Ausdehnung von Demokratie und Freiheit, unterstützen sollte. Fremd- und Selbstwahrnehmung waren hier besonders eng miteinander verknüpft und reihten sich aus amerikanischer Sicht nahtlos ein in das ungebrochene Fortschrittsnarrativ sowie den politisch konnotierten Providentialismus.

Bereits im 19. Jahrhundert hegten die Vereinigten Staaten große Sympathien für Nationen, die noch keinen eigenen Staat bildeten, wie etwa Griechenland, Italien, Polen oder Irland. Diese Linie setzte sich unter US-Präsident Woodrow Wilson ab 1917 fort und beschleunigte ein Jahr später das Ende der autoritären Imperien auf dem europäischen Kontinent.

Vor diesem Hintergrund hing der amerikanische Blick auf Deutschland wesentlich davon ab, ob dieser deutsche Staat diesem Idealtypus entsprach oder nicht. Darum fiel 1918 das Urteil noch negativ aus, und erst die allmählich entstehende demokratische Republik Weimars besiegelte die aus Sicht der USA absolut geschichtsnotwendige Überwindung des wilhelminischen Autoritarismus.

Nach dem Zweiten Weltkrieg konnte es für die USA angesichts der Opfer und Verbrechen des Nationalsozialismus und der Schoah keinen klassischen Friedensvertrag mehr mit Deutschland geben, sondern nur die bedingungslose Kapitulation, ein »unconditional surrender« des Deutschen Reichs.[64] Das Jahr 1945 markierte daher nicht nur das Ende des nationalsozialistischen Regimes, sondern auch klassischer deutscher Staatlichkeit.

Doch im Kern – und im Gegensatz vor allem zu Frankreich – stellten die Vereinigten Staaten zu keinem Zeitpunkt, weder 1918 noch nach 1945 noch 1989/90, die Idee eines geeinten, demokratisch verfassten, wirtschaftlich prosperierenden und selbstbestimmten Deutschland infrage, wenn man von der kurzen Episode des amerikanischen Morgenthau-Plans im Zweiten Weltkrieg absieht, der eine Agrarisierung Deutschlands vorgesehen hatte.[65]

Das Jahr 1945 markierte daher nicht nur das Ende des nationalsozialistischen Regimes, sondern auch klassischer deutscher Staatlichkeit.

Erschütterungen der deutsch-amerikanischen Beziehungen und der von ihnen geprägten Wahrnehmungsmuster ereigneten sich zunächst im Laufe der Auseinandersetzungen mit den amerikanischen Kriegen nach 1945, vor allem in Korea und Vietnam, dann während der erbitterten Debatte um die atomare Nachrüstung ab dem Ende der 1970er-Jahre und schließlich im Streit über den US-Krieg gegen den Irak 2003 mit allen seinen Folgen.[66]

Die hier entstehende Kluft zwischen Deutschland und den Vereinigten Staaten kommentierte der liberal-konservative amerikanische Publizist Robert Kagan mit dem suggestiven Bild, dem zufolge die Amerikaner »vom Mars«, die Europäer hingegen »von der Venus« stammten: Gingen die Amerikaner zumal seit der Erfahrung von 9/11 von einem Blick auf die Welt als Kampf aller gegen alle aus, so Kagan, schienen viele Europäer, zumal die Deutschen, selbstverliebt, machtvergessen und dem Kant'schen Ideal eines universellen Friedens durch Vernunft verschrieben. Zugespitzt ließen sich die Gegensätze zwischen Amerika und Europa danach so beschreiben: Selbstbehauptung statt Untergang, Realitätssinn statt Friedensutopie, Macht statt Ohnmacht.[67]

Im starken Kontrast zur Epoche um 1900 wirken Deutschland und die Vereinigten Staaten heute nicht mehr wie entfernte Verwandte mit strukturellen Analogien. Ein Grund der gewachsenen Differenz ist die Erosion des traditionellen Selbstbildes der USA als Garant der transatlantischen Sicherheitsstruktur. Der gegenwärtige

Fokus amerikanischer Interessen richtet sich weit mehr auf den Pazifikraum und eine künftige Auseinandersetzung mit China, was mit einer relativen Statusabwertung Europas einhergeht.

Strukturelle Unterschiede kommen hinzu: Während Europa immer säkularer wird, sind die USA heute das am meisten religiös geprägte westliche Industrieland, und im Gegensatz zu den rapide alternden europäischen Gesellschaften ist die demografische Entwicklung in den USA noch immer vergleichsweise dynamisch. Allerdings sinkt dort angesichts starker Einwanderung aus Mittel- und Südamerika sowie aus Asien der Anteil der weißen Bevölkerung.

Sämtliche Analysen amerikanischer Wahrnehmungen Deutschlands finden derzeit im Kontext einer neuartigen Krise der Demokratie statt. Obwohl viele deutsche und amerikanische Industriezweige nach wie vor tief miteinander verflochten sind, obwohl die amerikanische Populärkultur in Europa noch immer äußerst präsent und neue, internetbasierte Technologien aus den USA hochrelevant sind, gibt es keine selbstverständliche Fortschreibung des nach 1945 entwickelten Beziehungsmusters.

Sämtliche Analysen amerikanischer Wahrnehmungen Deutschlands finden derzeit im Kontext einer neuartigen Krise der Demokratie statt.

Jedenfalls kann spätestens seit der zweiten Präsidentschaft von Donald Trump von einer selbstverständlichen Partnerschaft im Zeichen des liberalen Verfassungsstaates, der parlamentarischen Teilhabe und der Garantie von äußerer Sicherheit keine Rede mehr sein. Dazu gehört allerdings auch, dass eine rein »deutsche Position« oder dezidiert »deutsche Interessen« ohne Weiteres kaum mehr auszumachen sind. Sie müssen heute in den Prozess der europäischen Integration eingeordnet werden.

Der amerikanische Blick auf Deutschland ist darum immer zugleich auch ein Blick auf Europa. Er wird einerseits geformt durch die Spannung zwischen nationaler Souveränität und kontrovers diskutierten Souveränitätstransfers innerhalb der EU und andererseits durch die weitgehend unbeschränkte Handlungsmacht der USA.[68] Zudem bildet die Deutschlandpolitik nur einen Teil eines größeren Zusammenhangs, und das heißt: nur einen Teil des amerikanischen Blicks auf Europa. Daher war und ist der amerikanische Blick auf Deutschland und die Deutschen immer eng verknüpft mit amerikanischen Urteilen über England, Frankreich oder Russland.

5. Ausblick: Der Blick auf Deutschland und die Zukunft des Westens

Französische, britische und amerikanische Blicke auf Deutschland waren seit dem 19. Jahrhundert niemals statisch. Sie erschöpften sich auch nicht in bloßer wechselseitiger Wahrnehmung. Die politische Dimension einer solchen Imagologie, also der Erforschung von Bildern, die eine Kultur von der anderen hat, ergab und ergibt sich vielmehr aus der Verflechtung von Fremd- und Eigenbildern. Denn jede Aussage über Deutschland und die Deutschen legte zugleich auch Selbsteinschätzungen der französischen, britischen oder amerikanischen Beobachter offen.

Jede Aussage über Deutschland und die Deutschen legte zugleich auch Selbsteinschätzungen der französischen, britischen oder amerikanischen Beobachter offen.

Es waren und sind darum dieser Konnex und diese Wechselwirkung, die entscheidend zur kollektiven Identifikation von Gesellschaften, Staaten oder Nationen beitragen. Bilder des jeweils anderen waren und sind eingebettet in komplexe Verflechtungsgeschichten, in denen Faszination und Abstoßung, Rivalität und Vergleich immer wieder einander überlagerten.[69]

Obwohl sich die in diesem Essay untersuchten Wahrnehmungen nicht auf ein einziges Leitmotiv reduzieren lassen, fallen gleichwohl vier Muster und Kennzeichen auf, weil sie sich historisch als besonders langlebig erwiesen haben und zum Teil bis in die Gegenwart reichen. *Erstens:* der Umgang mit der »deutschen Frage«, also mit den deutschen Anläufen zu nationalstaatlicher Einheit 1848 und 1871, sowie die damit verbundene Frage nach der Zukunft des deutschen Nationalstaates nach den Kriegsenden 1918 und 1945 sowie nach der Wiedervereinigung 1989/90. Gerade letztere rief in den europäischen Gesellschaften, vor allem in Frankreich und Großbritannien im Gegensatz zu den USA, wieder alte Ängste wach vor einer wenn auch nicht mehr hegemonialen, so doch potenziell dominanten Position Deutschlands in der Mitte des Kontinents.

Zweitens: In Frankreich, in Großbritannien und auch in den Vereinigten Staaten entwickelten sich charakteristische Doppelnarrative und binäre Wahrnehmungen, wie sie exemplarisch in Madame de Staëls Unterscheidung zwischen katholischem Süden und protestantischem Norden oder in der britischen Vorstellung der »two Germanies« auftraten.

Mit diesen Zuschreibungen ließen sich die für viele Zeitgenossen widersprüchlichen Erfahrungen mit Deutschland artikulieren, sei es die Spannung zwischen Autoritarismus und Modernismus, zwischen Militarismus und Reformmodell – Erfahrungen, die auch den Blick auf Preußen prägten. Dazu zählte zum einen die Differenz zwischen deutscher Führung und den Deutschen als fehlgeleitetem Volk, zum anderen die Unterscheidung zwischen Deutschland und Preußen nach 1945.

In gewisser Weise passt dazu auch der Diskurs über das seit den 1950er-Jahren und erst recht nach 1989 neu thematisierte Missverhältnis zwischen Deutschlands wirtschaftlichem Potenzial und politischer Machtposition einerseits und seiner fehlenden militärischen Verantwortung andererseits. Die lange Zeit dominierende Konzentration der Deutschen auf ihr Selbstbild als demokratische Gesellschaft und friedlicher Handelsstaat hing eng mit dem Anspruch zusammen, die Lehren aus der eigenen Katastrophengeschichte im frühen 20. Jahrhundert zu ziehen.

Drittens: Bei allen hier skizzierten Konvergenzen lassen sich immer auch spezifische Akzente und Eigenheiten diagnostizieren. Die bilaterale Beziehungsgeschichte zwischen Deutschen und Franzosen ist weit stärker von emotionalen Konnotationen, Bildern und Symbolen geprägt als jene zwischen Deutschen und Briten oder zwischen Deutschen und Amerikanern. Das zeigt sich auch in der besonderen Intensität des gegenseitigen Vergleichs, der Rivalitäten und Konflikte, die zunächst in zwei verheerende Weltkriege, aber danach in eine spannungsreiche Geschichte von Annäherung und Versöhnung mündeten.

Die öffentliche und mediale Erwartung besonderer Gesten und symbolischer Kommunikation bildet für die deutsch-französischen Beziehungen bis heute ein Leitmotiv. Je komplizierter und vielgestaltiger sich der europäische Integrationsprozess entwickelt, je unübersichtlicher die internationalen Beziehungen nach dem Ende des Kalten Krieges und im Zeichen neuer globaler Konflikte sind, desto größer scheint zuweilen das Bedürfnis nach einer Form der emotionalen Selbstversicherung und einer bilateralen Personalisierung von Politik zu sein. Die besondere Aufladung der deutsch-französischen Beziehung mit solchen Erwartungen steht in einem bemerkenswerten Kontrast zur dominierenden Kraft der europäischen Integration, die weniger auf Personen, Bilder und suggestive Gesten setzt, sondern mehr auf bürokratische, von exekutiven Institutionen bestimmte Prozesse.

Viertens: Nach den aggressiven globalen und kontinentalen Expansionsversuchen Deutschlands im 20. Jahrhundert spielt schließlich die nach 1945 gelungene Einbindung Deutschlands in das europäische Projekt eine entscheidende Rolle. Diese Einbindung dämpfte letztlich auch die Befürchtungen vor einer von Deutschland noch einmal ausgehenden Gefahr im Kontext des Umbruchs von 1989/90.

Daraus resultiert allerdings auch ein neues Problem: Was nach all den gewaltigen Veränderungen heute noch der europäische und transatlantische »Westen« sein kann, ist zumindest höchst unsicher geworden. Es ist darum kein Zufall, dass angesichts der globalen Konflikte und der sicherheitspolitischen Neuorientierung der Vereinigten Staaten in Richtung Pazifik die Debatte um Europas Zukunft und die Wertegemeinschaft des Westens als normatives Projekt immer stärker wird.

Die Rückkehr des Krieges in Europa infolge des russischen Angriffs auf die Ukraine ist vor diesem Hintergrund eine mehrfache Zäsur. Vor allem für die Bundesrepublik sind seit dem 24. Februar 2022 gleich mehrere Sicherheiten verloren gegangen. Das betrifft zunächst das Selbstbild der Bundesrepublik als pazifistischer Handelsstaat und als Brücke zwischen West und Ost, als Akteur mit einer historischen Sonderbeziehung zwischen Berlin und Moskau.

Diese Sonderrolle war im Deutschen Kaiserreich nach 1871 sowie nach dem Ersten Weltkrieg vor allem durch eine negative deutsche Politik gegenüber Polen gekennzeichnet und nach 1918 zunächst von der Logik jener geprägt, die sich vom Völkerbund ausgeschlossen sahen. Schon im Vertrag von Rapallo, 1922 zwischen dem Deutschen Reich und der Russischen Sozialistischen Föderativen Sowjetrepublik geschlossen, spielten sowohl ökonomische Motive eine Rolle als auch das Bestreben, den Raum zwischen Berlin und Moskau als Interessenzone untereinander aufzuteilen und neue Staaten höchstens als Akteure mit eingeschränkter Souveränität zu behandeln. Die Folgen waren katastrophal, wie der Hitler-Stalin-Pakt von 1939 zeigte.

> **Das Leitmotiv der pazifistischen deutschen Handelsrepublik ließ sich nach dem Ende des Kalten Krieges nahtlos mit dem Anspruch auf eine besondere Friedensdividende verknüpfen. Doch diese Position ist spätestens seit dem Ukraine-Krieg haltlos geworden.**

Die deutsche Nachkriegspolitik mit dem Ziel, Stabilität in Europa durch wirtschaftliche Verflechtung mit Russland zu erlangen, verband ökonomische Motive mit der Moralität historischer Verantwortung. Dieses Leitmotiv der pazifistischen deutschen Handelsrepublik ließ sich auch nach dem Ende des Kalten Krieges nahtlos mit dem Anspruch auf eine besondere Friedensdividende verknüpfen. Doch diese Position ist spätestens seit dem Ukraine-Krieg haltlos geworden.

Diese Zäsur betrifft aber auch ganz direkt das zentrale Projekt der europäischen Integration – und damit einen entscheidenden Faktor, der es nach der Erfahrung von zwei Weltkriegen gestattete, Deutschland und den Deutschen anders zu begegnen als noch nach 1871, 1918 oder unmittelbar nach 1945. Angesichts der Erschöpfung nach zwei Weltkriegen gelang es, den historischen Konfliktraum Kontinentaleuropas dauerhaft zu befrieden.

Dieser europäische Prozess erlaubte es, nach 1945 zunächst die Bundesrepublik einzubinden, dann in den 1970er-Jahren den Übergang Griechenlands, Spaniens und Portugals von autoritär-diktatorischen Regimes in stabile Demokratien zu ermöglichen und schließlich ab 1989 viele ost- und südosteuropäische Staaten in diese Ordnung zu integrieren und damit endlich den Kalten Krieg friedlich und mit einer positiven Zukunftsverheißung zu beenden.

Doch ebenfalls seit den 1990er-Jahren wurden auch die Grenzen dieses großen Friedensprojekts nach außen und innen immer sichtbarer. Sie zeigten sich in der neuen weltweiten Systemkonkurrenz autoritärer und populistischer Regime, in den Krisen um den Austritt Großbritanniens aus der Europäischen Union, in den Konflikten um die Anwendung demokratischer und rechtsstaatlicher Normen in Polen und Ungarn und schließlich in den neuen Gewalträumen im ehemaligen Jugoslawien, im Nahen Osten, in Nordafrika und schließlich in der Ukraine.

Die vielen Geflüchteten seither verbinden die äußeren mit den inneren Krisen der Europäischen Union, denn der Umgang mit ihnen ist ein Testfall für die Glaubwürdigkeit der Demokratien. Damit gerät auch die Selbstinterpretation des europäisch-transatlantischen Westens unter Druck: sei es durch die Erschütterung der liberalen Fortschrittsidee, die noch 1989/90 das Ende der Geschichte einzuläuten schien und nun mit einem neuen Zivilisationsbruch herausgefordert ist, sei es durch die Erosion regelbasierter internationaler Beziehungen.[70]

Damit aber stehen wir in der Gegenwart vor ganz neuen Herausforderungen, vor einer neuen geschichtlichen Konstellation, aus der sich auch neue Blicke auf Deutschland ergeben werden. Die Erwartung und das dringende Verlangen nach einer europäisch eingebetteten Führungsrolle Deutschlands in der Sicherheitspolitik sind ein Beweis dafür.

Anmerkungen

1 Fritz Stern: *Fünf Deutschland und ein Leben* (Englisch: 2006), München 2007, S. 9; vgl. Jörn Leonhard: »Nationen und Emotionen nach dem Zeitalter der Extreme – Deutschland und Frankreich im 20. Jahrhundert«, in: Ders. (Hg.), *Vergleich und Verflechtung. Deutschland und Frankreich im 20. Jahrhundert*, Berlin 2015, S. 7–8.

2 Günter Trautmann (Hg.): *Die häßlichen Deutschen? Deutschland im Spiegel des westlichen und östlichen Nachbarn*, Darmstadt 1991; Frank Bajohr und Christoph Strupp (Hg.): *Fremde Blicke auf das »Dritte Reich«: Berichte ausländischer Diplomaten über Herrschaft und Gesellschaft in Deutschland 1933–1945*, Göttingen 2011, S. 38–69; Konrad Jarausch, Harald Wenzel und Karin Goihl (Hg.): *Different Germans, many Germanies. New Transantlantic Perspectives*, New York 2017.

3 Vgl. im Folgenden Leonhard: *Nationen und Emotionen*, S. 8–25; Peter Götz: »Wandlungen im Deutschlandbild der Franzosen«, in: Jürgen Olbert (Hg.): *Gesammelte Aufsätze zur Frankreichkunde*, Frankfurt/M. 1977, S. 276–282; Franz Knipping und Ernst Weisenfeld (Hg.): *Eine ungewöhnliche Geschichte. Deutschland-Frankreich seit 1870*, Bonn 1988.

4 Isabel Deflers: »Faszination oder Abstoßung? Bilder des preußischen Militärs im Ausland«, in: Bernd Sösemann und Gregor Vogt-Spira (Hg.): *Friedrich der Große in Europa. Geschichte einer wechselvollen Beziehung*, 2 Bde., Stuttgart 2012, hier: Bd. 2, S. 256–270.

5 Joseph Jurt: »Frankreich«, in: Klaus Stierstorfer (Hg.): *Deutschlandbilder im Spiegel anderer Nationen. Literatur – Presse – Film – Funk – Fernsehen*, Reinbek 2003, S. 75–98, hier: S. 76.

6 Helmut Berding, Etienne François und Hans-Peter Ullmann (Hg.): *Deutschland und Frankreich im Zeitalter der Französischen Revolution*, Frankfurt/M. 1989.

7 Thomas Nipperdey: *Deutsche Geschichte 1800–1866. Bürgerwelt und starker Staat*, München 1983, S. 11.

8 Jörn Leonhard: »Staatsbildung und Reformpolitik: Reitzenstein und Montgelas – Eine Doppelbiographie«, in: Armin Kohnle, Frank Engehausen, Frieder Hepp und Carl-Ludwig Fuchs (Hg.): *»... so geht hervor ein' neue Zeit«. Die Kurpfalz im Übergang an Baden 1803. Begleitband zur Ausstellung im Kurpfälzischen Museum Heidelberg*, Ubstadt-Weiher 2003, S. 73–86.

9 Germaine de Staël: *De l'Allemagne*, Paris 1813; Jurt, Frankreich, S. 76.

10 Karl Freiherr von Hardenberg: »Über die Reorganisation des Preußischen Staats, verfaßt auf höchsten Befehl Sr. Majestät des Königs«, Riga, 12. September 1807, zitiert nach: Georg Winter: *Die Reorganisation des Preußischen Staates unter Stein und Hardenberg*, 1. Teil: Allgemeine Behördenreform, Bd. 1, Leipzig 1931, S. 302–363, hier: S. 305–306.

11 Ernest Renan: *La réforme intellectuelle et morale*, Paris 1871, 2. Aufl. 1872, 4. Aufl. 1875; Jörn Leonhard: *Bellizismus und Nation. Kriegsdeutung und Nationsbestimmung in Europa und den Vereinigten Staaten 1750–1914*, München 2008, S. 563–570.

12 Jörn Leonhard: »›Ihr seid besiegt noch vor der Niederlage‹. Der Erste Weltkrieg als Konflikt intellektueller Selbst- und Fremdbestimmungen«, in: *lendemains* 39 (2014), S. 153–174, sowie Ders.: *Die Büchse der Pandora. Geschichte des Ersten Weltkriegs*, 5. Aufl. München 2014, S. 236–250.

13 Jacques Bainville: *Histoire de deux peuples. La France et l'Empire Allemand*, Paris 1915.

14 Heinrich Mann: »Zola«, in: Ders.: *Essays und Publizistik*, Bd. 2: Oktober 1904 bis Oktober 1918, hg. von Manfred Hahn unter Mitarbeit von Anne Flierl und Wolfgang Klein, Bielefeld 2012, S. 147–208; Thomas Mann: »Betrachtungen eines Unpolitischen«, in: Ders.: *Große Kommentierte Frankfurter Ausgabe*, Bd. 12/1, hg. von Hermann Kurzke, Frankfurt/M. 2009; Jörn Leonhard: *Die Büchse der Pandora. Geschichte des Ersten Weltkriegs*, 5. Aufl. München 2015, S. 416–419.

15 Jörn Leonhard: »Von Versailles nach Versailles: Kontinuität und Umbruch zwischen der Reichsgründung 1871 und dem Weltkriegsende 1918/19«, in: Holger Afflerbach und Ulrich Lappenküper (Hg.): *1918 – das Ende des Bismarck-Reiches?*, Paderborn 2021, S. 15–40.

16 Verena Steller: *Diplomatie von Angesicht zu Angesicht. Diplomatische Handlungsformen in den deutsch-französischen Beziehungen 1870–1919*, Paderborn 2011, S. 439.

17 Zitiert nach: Jean-Claude Allain: »Das Schloß von Versailles«, in: Horst Möller und Jacques Morizet (Hg.): *Franzosen und Deutsche. Orte der gemeinsamen Geschichte*, München 1996, S. 59–77, hier: S. 65.

18 Raymond Poincaré: »Rede zur Eröffnung der Pariser Friedenskonferenz«, in: *Schulthess' Europäischer Geschichtskalender*, hg. von Wilhelm Strobel, Bd. 60/2, München 1923, S. 453–457, hier: S. 457; Jörn Leonhard: *Der überforderte Frieden. Versailles und die Welt*, 2. Aufl. München 2019, S. 662.

19 Ebd., S. 1155–1162; Peter Friedemann: »Das Deutschlandbild der Zwischenkriegszeit in ausgewählten Organen der französischen Arbeiterpresse«, in: *Francia* 20/3 (1993), S. 37–60.

20 André Gide: *Gesammelte Werke in zwölf Bänden*, hier: Bd. 2, Stuttgart 2012, S. 649.

21 Jules Romains: *Le couple France-Allemagne*, Paris 1934; Jurt, Frankreich, S. 82.

22 Joseph Rovan: *Zwei Völker – eine Zukunft. Deutsche und Franzosen an der Schwelle des 21. Jahrhunderts*, München 1986 (Neuausgabe der Originalausgabe 1945).

23 Robert Picht, Vincent Hoffmann-Martinot, René Lasserre und Peter Theiner: *Fremde Freunde. Deutsche und Franzosen vor dem 21. Jahrhundert*, München 1997.

24 Jörn Leonhard: »Mythisierung und Mnesie – Das Bild Philippe Pétains im Wandel der politisch-historischen Kultur Frankreichs seit 1945«, in: Georg Christoph Berger Waldenegg und Francisca Loetz (Hg.): *Führer der extremen Rechten. Das schwierige Verhältnis der Nachkriegsgeschichtsschreibung zu ›großen Männern‹ der eigenen Vergangenheit*, Zürich 2006, S. 109–129; Klaus Manfrass (Hg.): *Paris – Bonn. Eine dauerhafte Bindung schwieriger Partner. Beiträge zum deutsch-französischen Verhältnis in Kultur, Wirtschaft und Politik seit 1949*, Sigmaringen 1984.

25 Jörn Leonhard: »Transformation und Krise: Die Dekolonisation Frankreichs und Großbritanniens und der Wandel der transatlantischen Konstellation«, in: Helke Rausch (Hg.): »Transatlantischer Kulturtransfer im ›Kalten Krieg‹. Perspektiven für eine historisch vergleichende Transferforschung«, *Comparativ* 16/4 (2006), Leipzig 2007, S. 58–88.

26 Hélène Miart-Delacroix und Andreas Wirsching: *Von Erbfeinden zu guten Nachbarn. Ein deutsch-französischer Dialog*, Stuttgart 2019; Rainer Hudemann und Hélène Miart-Delacroix (Hg.): *Wandel und Integration. Deutsch-französische Annäherungen der fünfziger Jahre – Mutations et intégration. Les rapprochements franco-allemands dans les années cinquante*. München 2005; Reiner Marcowitz und Hélène Miart-Delacroix (Hg.): *50 ans de relations franco-allemandes*, Paris 2013.

27 Étienne François, Hannes Siegrist und Jakob Vogel: »Einleitung. Die Nation. Vorstellungen, Inszenierungen, Emotionen«, in: Dies. (Hg.): *Nation und Emotion: Deutschland und Frankreich im Vergleich. 19. und 20. Jahrhundert*, Göttingen 1995, S. 13–38, hier: S. 16–17.

28 Hélène Miard-Delacroix: *Les Émotions de 1989. France et Allemagne face aux bouleversements du monde*, Paris 2025.

29 Jurt, Frankreich: S. 92–94.

30 Frederic William Maitland: »The Making of the German Civil Code«, in: *The Collected Papers of Frederic William Maitland*, hg. von H. A. L. Fisher, Bd. 3, Cambridge 1911, S. 475; vgl. im Folgenden Jörn Leonhard: »Construction and Perception of National Images: Germany and Britain 1870–1914«, in: *The Linacre Journal. A Review of Research in the Humanities* 4 (December 2000): »The Fatal Circle: Nationalism and Ethnic Identity into the 21st Century«, S. 45–68.

31 Peter Pulzer: »Vorbild, Rivale und Unmensch. Das sich wandelnde Deutschlandbild in England 1815–1945«, in: Hans Süssmuth (Hg.): *Deutschlandbilder in Dänemark und England, in Frankreich und den Niederlanden*, Baden-Baden, 1996, S. 235–250, hier: S. 235.

32 Bernd Jürgen Wendt (Hg.): *Das britische Deutschlandbild im Wandel des 19. und 20. Jahrhunderts*, Bochum 1984; Keith Robbins: *Present and past. British images of Germany in the first half of the twentieth century and their historical legacy*, Göttingen 1999.

33 *Hansard House of Commons Debates*, 3rd Series, Bd. 204, 9. Februar 1871, S. 81–82.

34 John Morley: *The Life of William Ewart Gladstone*, Bd. 2, London 1903, S. 357; G. Hollenberg: *Englisches Interesse am Kaiserreich. Die Attraktivität Preußen-Deutschlands für konservative und liberale Kreise in Großbritannien 1860–1914*, Wiesbaden 1974, S. 21; G. Blaicher: »Konstanten in der englischen Wahrnehmung Deutschlands«, in: Süssmuth (Hg.), *Deutschlandbilder*, Baden-Baden 1996, S. 251–266, hier: S. 157; Peter Alter: »Herausforderer der Weltmacht. Das Deutsche Reich im britischen Urteil«, in: Klaus Hildebrand (Hg.): *Das Deutsche Reich im Urteil der Großen Mächte und europäischen Nachbarn (1871–1945)*, München 1995, S. 159–178, hier: S. 169.

35 Zitiert nach: Klaus Hildebrand: »Von der Reichseinigung zur ›Krieg-in-Sicht‹-Krise. Preußen-Deutschland als Faktor der britischen Außenpolitik 1866–1875«, in: Michael Stürmer (Hg.): *Das kaiserliche Deutschland. Politik und Gesellschaft 1870–1918*, Düsseldorf 1970, S. 227.

36 G. F. Hamilton: *Parliamentary Reminiscences and Reflections*, Bd. 2: 1886–1906, London 1922, S. 142.

37 James Garvin: »The Sentimental Peril in Foreign Policy«, in: *The Outlook*, 20. Januar 1906; Ders., »The Imprisoned Empire«, in ebd.: 10. März 1906; Ders., »Alter, Herausforderer«, S. 170.

38 G. M. Trevelyan: *Grey of Fallodon. Being the Life of Sir Edward Grey afterwards Lord Grey of Fallodon*, London 1937, S. 115.

39 E. E. Williams: *Made in Germany*, London 1896, S. 1; M. J. Wiener: *English Culture and the Decline of the Industrial Spirit, 1850–1920*, Cambridge 1981; S. Pollard: »›Made in Germany‹ – die Angst vor der deutschen Konkurrenz im spätviktorianischen England«, in: *Technikgeschichte* 54 (1987), S. 183–195; W. D. Rubinstein: *Capitalism, Culture, and Decline in Britain, 1750–1900*, London 1993.

40 Peter Alter: *Wissenschaft, Staat, Mäzene. Anfänge moderner Wissenschaftspolitik in Großbritannien 1850–1920*, Stuttgart 1982, S. 90–120; Peter Wende: »Perzeption und Transfers. Zur gegenseitigen Wahrnehmung deutscher und britischer Geschichtswissenschaft im 19. Jahrhundert«, in: Gerhard A. Ritter und Peter Wende (Hg.): *Rivalität und Partnerschaft. Studien zu den deutsch-britischen Beziehungen im 19. und 20. Jahrhundert, Festschrift für Anthony J. Nicholls*, Paderborn 1999, S. 13–28.

41 *Times Educational Supplement*, 16. Juni 1911.

42 E. P. Hennock: *British Social Reform and German Precedents. The Case of Social Insurance 1880–1914*, Oxford 1987; Ders.: »Technological Education in England, 1850–1926: the Uses of a German Model«, in: *History of Education* 19 (1990), S. 299–331.

43 Gerhard A. Ritter: *Sozialversicherung in Deutschland und England. Entstehung und Grundzüge im Vergleich*, München 1983, S. 161.

44 Pulzer: »Vorbild«, S. 239.

45 Leonhard: *Büchse der Pandora*, S. 248–249.

46 Franz-Josef Brüggemeier: *Geschichte Großbritanniens im 20. Jahrhundert*, München 2010, S. 108.

47 Stuart Wallace: *War and the Image of Germany. British Academics 1914–1918*, Edinburgh 1988, S. 77.

48 Hartmut Pogge von Strandmann: »Germany and the Coming of War«, in: Robert John Weston Evans und Hartmut Pogge von Strandmann (Hg.): *The Coming of the First World War*, Oxford 1988, S. 87–124, hier: S. 87–89.

49 *Why We Are at War. Great Britain's Case.* By Members of the Faculty of Modern History, 3. Aufl. Oxford 1914, S. 108–117; Peter Hoeres: *Krieg der Philosophen. Die deutsche und die britische Philosophie im Ersten Weltkrieg*, Paderborn 2004.

50 Leonhard: *Der überforderte Frieden*, S. 765–785.

51 Thomas Wittek: *Auf ewig Feind? Das Deutschlandbild in den britischen Massenmedien nach dem Ersten Weltkrieg*, München 2005.

52 Benny Morris: *The Roots of Appeasement. The British weekly press and Nazi Germany during the 1930s*, London 1991.

53 Jörg Später: *Vansittart. Britische Debatten über Deutsche und Nazis, 1902–1945*, Göttingen 2003.

54 Alan John Percivale Taylor: *The Course of German History. A Survey of the Development of Germany since 1815*, London 1945; Ansgar und Vera Nünning: »England«, in: Stierstorfer (Hg.): *Deutschlandbilder*, S. 99–140, hier: S. 109–111.

55 Margaret Thatcher: *Downing Street No. 1: Die Erinnerungen*, Düsseldorf 1993, S. 162, zitiert nach: Nünning und Nünning: »England«, S. 112–113.

56 Reinhard Tenberg: »›Szenen einer Beziehung‹. Zum Deutschlandbild in den britischen Medien nach der Wende«, in: Ders.: *Intercultural perspectives. Images of Germany in education and the media*, München 1999, S. 16–29.

57 David Marsh: *Deutschland im Aufbruch*, Wien 1990; Nünning und Nünning: »England«, S. 127–136.

58 Zitiert nach: Christof Mauch und Kiran Klaus Patel: »Wettlauf um die Moderne. Konkurrenz und Konvergenz«, in: Dies. (Hg.): *Wettlauf um die Moderne. Die USA und Deutschland 1890 bis heute*, München 2008, S. 9–26, hier: S. 9.

59 Waldemar Zacharasiewicz: *Images of Germany in American literature*, Iowa City 2007.

60 Zitiert nach: Mauch und Patel: »Wettlauf«, S. 9–10.

61 Sabine Sielke und Elisabeth Schäfer-Wünsche: »Vereinigte Staaten«, in: Stierstorfer (Hg.): *Deutschlandbilder*, S. 155–190, hier: S. 160.

62 Vgl. im Folgenden Jörn Leonhard: »Progressive Politics and the Dilemma of Reform: German and American Liberalism in Comparison, 1880–1920«, in: Maurizio Vaudagna (Hg.): *The Place of Europe in American History: Twentieth Century Perspectives*, Turin 2007, S. 115–132.

63 Mauch und Patel: »Wettlauf«, S. 15–16.

64 Jörn Leonhard: *Über Kriege und wie man sie beendet*, 3. Aufl., München 2025.

65 Detlef Junker: »Die manichäische Falle: Das Deutsche Reich im Urteil der USA, 1871–1945«, in: Hildebrand (Hg.): *Urteil*, S. 141–158, hier: S. 141–144.

66 Melanie Breunlein: *Nationenimages und öffentliches Vertrauen zwischen Staaten. Der Wandel des politischen Deutschlandbildes in US-Tageszeitungen 1999 bis 2011*, Wiesbaden 2016.

67 Mauch und Patel: »Wettlauf«, S. 18–19.

68 Mauch und Patel: »Wettlauf«, S. 18–20.

69 Klaus Stierstorfer: »Einleitung«, in: Ders. (Hg.): *Deutschlandbilder*, S. 7–19, hier: S. 14.

70 Jörn Leonhard: »Das Gespenst des Imperialen. Zäsur und Wiederholung: Über die Wiederkehr eines historischen Musters im Ukrainekrieg«, in: *Frankfurter Allgemeine Zeitung*, 12. April 2022; Ders.: »Die Grenzen der Analogien. Der Krieg in der Ukraine als historische Zäsur«, in: *Osteuropa* 72 (2022), Themenheft: »Auf ganzer Front. Russlands Krieg: Friktionen und Folgen«, S. 3–12.

Au revoir, modèle allemand!

Von Pascale Hugues

Es ist die Brücke meiner Kindheit. Sie führt über den Rhein. Auf der einen Seite der Hafen von Straßburg, Lagerhäuser, Boote am Kai. Auf der anderen Seite gelangt man direkt ins Herz des wohlhabenden, ruhigen Städtchens Kehl. Dazwischen die Wachhäuschen der Zöllner und die Wechselstuben. Das war lange vor Schengen und dem Euro.

In Straßburg nennen wir den Buß- und Bettag »die Invasion«. Wie 1940, als Deutschland im Zweiten Weltkrieg Frankreich überfiel und das Elsass besetzte.

Wenn auf der deutschen Seite die Geschäfte geschlossen sind, überqueren die Deutschen die Rheinbrücke, um bei uns einzukaufen. Zu Hunderten tummeln sie sich auf dem Platz vorm Straßburger Münster. Kleine Gruppen von Rentnern, die diszipliniert dem gen Himmel gezückten Regenschirm ihres Reiseleiters folgen. Gruppen von Teenagern mit langen Haaren und geschulterter Gitarre.

Und wir Elsässer überqueren in der Gegenrichtung die Brücke zum Tanken, wenn das Benzin in Deutschland billiger ist als bei uns. Das Deutschland meiner Kindheit war das Land, in dem es auf den Autobahnen keine Geschwindigkeitsbegrenzung und keine Maut gab, keine Schlaglöcher in den Straßen. Es war das Land der großen Autos, sauberen Schwimmbäder und sonntäglichen Wanderungen im

Schwarzwald, »wo sogar die Tannen strammstehen«, wie mein patriotisch angehauchter Vater nicht müde wurde zu betonen. Ich glaubte ihm.

Hinter diesem Gemenge an Klischees verbarg sich eine komplexe Beziehung. Wir Elsässer haben ein sehr spezielles Verhältnis zu den Deutschen.

Auf der einen Seite ähneln sie uns: Wir teilen weite Strecken unserer Geschichte, teilen die Sprache – das damals noch gesprochene Elsässisch ist eine alemannische Sprache, teilen Charaktereigenschaften, etwa den Ordnungssinn, ein Wert, dem wir Fleiß beimessen.

Das gründerzeitliche Berlin gleicht den zeitgleich erbauten Stadtteilen von Straßburg, wir feiern Weihnachten an Heiligabend, während im restlichen Frankreich die Geschenke am Morgen des 25. Dezember ausgepackt werden. Wir warten auf das Christkind, das übrige Frankreich auf den Weihnachtsmann. Die Liste der »elsässischen Ausnahmen« ist lang: Wir sind einfach anders als die »Franzosen aus dem Landesinneren«, die echten Franzosen jenseits der Vogesen.

Auf der anderen Seite waren uns die Deutschen in meiner Kindheit fremd, schlimmer noch, nicht ganz geheuer: Mehrere Kriege hatten im Elsass ihre Spuren hinterlassen. Kein Familientreffen, ohne dass die Männer von den Kriegen erzählten, in denen sie in deutscher Uniform gekämpft hatten. Im Ersten Weltkrieg, weil sie seit 1871 Reichsbürger waren, im Zweiten, weil sie als sogenannte »Malgré-nous« gegen ihren Willen in die Wehrmacht eingezogen wurden.

Wir Elsässer nannten die Deutschen »Boches«, »Schleus« (sprich »Schlöh«), »Fridolins« oder, mit dem Kinn zur anderen Rheinseite weisend, einfach nur »die da«. Ihr wirtschaftlicher Erfolg hatte einen bitteren Beigeschmack. »Ich verstehe das nicht«, sagte meine Großmutter, »sie haben den Krieg zweimal verloren und sind reicher als wir!«

»Wirtschaftswunder« … Ich hörte dieses Wort so oft, dass ich mir die Deutschen als Zauberer vorstellte, die nur ihre Ärmel hochzukrempeln brauchten, um die Trümmer der Nachkriegszeit in Gold zu verwandeln. Das Straßburg der 1960er- und 1970er-Jahre mit seinen schmuddeligen Stadtteilen und baufälligen Mauern wirkte dagegen wie ein zerlumptes Aschenputtel. Vor allem im Vergleich zu Karlsruhe und Stuttgart.

Ich hörte das Wort »Wirtschaftswunder« so oft, dass ich mir die Deutschen als Zauberer vorstellte, die die Trümmer der Nachkriegszeit in Gold verwandeln konnten.

Von den Bomben zerstört und dann vom amerikanischen Marshall-Plan verwöhnt – die deutschen Städte waren quasi über Nacht wieder aufgebaut worden. Die Kehler Brücke führte in ein reiches, sattes Schlaraffenland, wo »Wohlstand» – ein ins Französische unübersetzbares Wort – und wirtschaftliche Leistungsfähigkeit für viele der allerhöchste Wert und Ausdruck eines erlaubten Nationalstolzes waren.

Für mich war Deutschland vor allem ein todlangweiliges Land, das mich nicht die Bohne interessierte. Ich verspürte nicht die geringste Lust, es kennenzulernen. Ich war als Kind niemals weiter gekommen als bis zum Titisee, bis Baden-Baden oder Offenburg. War nie in Berlin gewesen, nie in München, nie in Hamburg. Der Deutschunterricht in der Oberstufe ödete mich an, ich wollte auch keinen Sprachaustausch. Ich entschied mich für ein Englischstudium und zog nach London. So weit weg wie möglich von diesem Nachbarn gleich vor der Haustür.

Bonn, Thomas-Mann-Straße

Ich weiß nicht, was mich geritten hat, als ich mich im Frühjahr 1989 auf die frei gewordene Stelle der Deutschlandkorrespondentin in Bonn bewarb. Ich arbeitete damals in London für die französische Zeitung *Libération*, und im Redaktionsraum fragte der Chefredakteur in die Runde: »Irgendwelche Freiwillige?« Ich hob als Einzige die Hand. Alle sahen mich an, als hätte ich mich gerade freiwillig zur Strafkolonie gemeldet.

Ich wurde auf der Stelle zu den »Boches« entsandt. Man sagte mir voraus, ich würde vor Langeweile umkommen, weil ich immer nur über wirtschaftliche Erfolge und die ewige deutsche Frage schreiben werde, die sowieso nicht lösbar sei. Ich hatte bei dem Städtetausch verloren. Hatte eine pulsierende und weltoffene Metropole gegen einen kleinen Kurort am Rheinufer eingewechselt, die Nelson Street (»Nelson Mandela!«, betonte jedes Mal meine jamaikanische Nachbarin) gegen die Thomas-Mann-Straße (»Achten Sie bitte auf die Mülltrennung«, ermahnte mich meine deutsche Vermieterin gleich am ersten Tag). Der Schock war brutal.

Die Thomas-Mann-Straße, in der sich meine Wohnung befand, bestärkte nur meine Klischees. Eine Straße ohne Charme und ohne Geschichte. Nicht der kleinste Fetzen Papier am Boden, vornehme Geschäfte und fast keine Ausländer, außer dem unvermeidlichen »Italiener« – Belcanto-Melodien vor sich hin pfeifend, bediente er seine verzückte Kundschaft – und den wenigen kleinen türkischen Läden, die bis spät in den Abend geöffnet waren.

Am Ende der Straße begann die Fußgängerzone mit ihren Blumenkübeln und auf alt gemachten Straßenlaternen. Wenn Samstagmittag die Geschäfte schlossen, war Bonn eine tote Stadt. Ich weinte der Nelson Road nach mit ihrem fröhlichen Chaos, ihrem ständigen Trubel und den sri-lankischen, kenianischen, irischen und polnischen Nachbarn.

Ein sauberes und diszipliniertes Deutschland, reich und ereignislos, zermalmt von Schuld und Schande, hatte man mir angekündigt. Meine damalige Abendlektüre bestätigte diese Sicht: *The Germans Rich, bothered and divided* von David Marsh, dem Korrespondenten der *Financial Times*. Oder: *Vers le IVe Reich – écologistes et gauchistes contre la démocratie en Allemagne fédérale* (»Auf dem Weg zum Vierten Reich. Umweltschützer und Linke gegen die Demokratie in der Bundesrepublik Deutschland«) von Jean-Paul Picaper, dem Korrespondenten von *Le Figaro*.

Die Deutschen brauchen ständig diesen »Blick von außen«, um sich zu vergewissern, dass man sie mag. Einem Franzosen oder Briten ist es so ziemlich egal, was seine Nachbarn über ihn denken.

Schnell merkte ich, dass dieses Land, das mir als bedrohlich und selbstbewusst beschrieben worden war, in Wahrheit eine fragile Identität besaß. Ich wurde ständig gefragt: Was denken die Franzosen über uns? Was ist in Ihren Augen typisch deutsch? Die Deutschen brauchen ständig diesen »Blick von außen«, um sich selbst zu analysieren oder sich zu vergewissern, dass man sie mag, während es einem Franzosen oder Briten so ziemlich egal ist, was seine Nachbarn über ihn denken.

Man fragt mich in Deutschland, ob ich stolz auf mein Land bin. Und ich antworte, ohne zu zögern: »Ja, natürlich bin ich stolz oder zumindest im Reinen mit meiner Nationalität, warum diese Frage?« Sie erscheint mir absurd. Hier hingegen gibt es regelmäßig hitzige Debatten über die deutsche Identität in den Feuilletons. In einer Buchhandlung blättere ich in einem großen Bildband, der alle Errungenschaften auflistet, auf die Deutsche ohne schlechtes Gewissen stolz sein dürfen: Die Liste reicht von Nivea-Creme bis zur Paulskirche. Undenkbar ein vergleichbares Werk in Frankreich, das den Dijon-Senf zum Kitt der nationalen Identität erklären würde!

Ich stellte fest, dass die Deutschen besorgt, ja sogar ängstlich waren. Man empfahl mir Versicherungen, von denen ich noch nie im Leben gehört hatte: für die Fenster in meiner Wohnung, für meine Zähne, meine Kreditkarte, mein Gepäck, für häusliche Notfälle und für den Fall, dass die Heizung ausfällt und ich einen Radiator brauche. Man empfahl mir sogar, mein altes, verlottertes Fahrrad zu versichern.

Ich denke, wer sich gegen alles schützen will, bremst am Ende das Leben selbst aus. Vorsorgen, sich absichern, abdecken, abfedern, kontrollieren, aufpassen, auf Nummer sicher gehen, nichts riskieren … Diese Wörter hört man ständig in Deutschland. Jeder Deutsche besitzt im Schnitt ein halbes Dutzend Versicherungsverträge. Weltweit eine der höchsten Quoten. Der Automobilclub ADAC ist die Organisation, der die Deutschen am meisten vertrauen, mehr als dem Bundestag, der Schule, der Bundeswehr. In den Medien ist ständig die Rede von »Katastrophen«: die Pisa-Katastrophe, die ökologische Katastrophe, die nukleare Katastrophe, die Gesundheitskatastrophe, die Rentenkatastrophe …

Währenddessen prahlen französische Präsidenten mit der Größe Frankreichs. Sie kommen mir immer clownesker vor. Mit stolzgeschwellter Brust erinnern sie an den vorderen Rang, den unser Land unter den Nationen einnimmt. Damals, in meiner Kindheit und als ich später nach Bonn zog, glaubten die Franzosen noch an ihre Größe. Heute sind sie weniger davon überzeugt. Staatspräsident Jacques Chirac (er regierte von 1995 bis 2007) protzte allen Ernstes noch regelmäßig: »Frankreich wird wieder zum Leuchtturm für die Völker der Welt.«

In Deutschland würde es kein Politiker wagen, einen solchen Satz auszusprechen, das wäre zu viel Patriotismus, würde zu sehr an vergangene Hegemoniebestrebungen erinnern und wäre obendrein ziemlich lächerlich. Deutsche würden bei so viel Eigenlob sagen: Was würden denn die Nachbarn von uns denken?

Erst Mitte der 1990er-Jahre, nach der Wiedervereinigung, begann sich der Wirtschaftsriese und politische Zwerg Deutschland langsam zu emanzipieren, Verantwortung in der Welt zu übernehmen, anstatt nur Schecks auszustellen. Dies war der Beginn der »deutschen Normalisierung«. Plötzlich hörte man Politiker sagen, sie hätten genau wie andere das Recht, die nationalen Interessen ihres Landes zu verteidigen. Im Rahmen der multinationalen KFOR-Truppen schickte Deutschland Soldaten in den Kosovo, heißt: zum ersten Mal seit dem Zweiten Weltkrieg in ein anderes Land. In einer Region, wo die Wehrmacht im Bündnis mit der faschistischen kroatischen Ustascha gewütet hatte, war dieser Einsatz zutiefst symbolisch. Zum ersten Mal seit 1945 beteiligte sich die Bundeswehr an einer Friedensmission im Ausland. Zum ersten Mal töteten deutsche Soldaten im Kampf.

Berlin, Oderberger Straße

Aber erst noch einmal fast zehn Jahre zurück. Plötzlich, von einem Tag auf den anderen, wurde Deutschland zum Zentrum der Welt. Etwas Großes geschah in der DDR, die Menschen demonstrierten auf dem Leipziger Ring, in Dresden, in den Kirchen des Prenzlauer Bergs. Man bat mich, mir das mal anzusehen. Das brauchte man mir nicht zweimal zu sagen. Ich packte meinen Koffer, verließ die gemütliche Langeweile der Thomas-Mann-Straße und fuhr nach Berlin.

Der Fall der Mauer war ein Ereignis, wie die Franzosen es mögen: spektakulär, historisch, bewegend, menschlich. Die Geopolitik Europas wurde auf den Kopf gestellt, die Menschen wehrten sich gegen das autoritäre Regime von Erich Honecker, demonstrierten, ein Hauch von Freiheit schwebte über Ost-Berlin. Plötzlich waren die Deutschen auch fürs Ausland interessant. Und Berlin war die Stadt *to be*. Die Franzosen, vor allem die jüngeren, strömten in Scharen nach Berlin. Sehr schnell wurden sie, nach den Polen, die größte der zuletzt angekommenen Communitys.

Ich verliebte mich in den Prenzlauer Berg. Damals war das Künstlerviertel noch nicht wie heute ein sanierter Mikrokosmos für vegane Hipster und schwäbische Erben. Die Deutschen im Prenzlauer Berg, die ich traf, waren ganz anders als die, die ich aus Straßburg kannte. Die Oderberger Straße war schön wie eine Theaterkulisse, baufällig zwar, aber für mich so viel attraktiver als die schmucken Städtchen Baden-Württembergs, neben denen ich aufgewachsen war.

Nach dem Fall der Mauer schwebte ein Hauch von Freiheit über Ost-Berlin. Plötzlich waren die Deutschen auch fürs Ausland interessant, Berlin war die Stadt *to be*.

Meine Vermieterin in der Bonner Thomas-Mann-Straße war entsetzt über die Umwälzungen. Wenn die Hauptstadt nach Berlin zieht, weckt das die Dämonen der Vergangenheit, die Demokratie geht in Rauch auf! »Stell dir vor«, warnte sie mich, »der Bundestag im Reichstagsgebäude!« Im bescheidenen Wasserwerk in Bonn sei das Parlament hingegen vor jeder totalitären Versuchung sicher, meinte sie. »Berlin ist nicht Deutschland!«, fügte sie hinzu. »Ein Moloch!« Und die »Ossis« seien ohne Übergang von Braun zu Rot, von der NSDAP zur SED übergegangen, von einer Diktatur in die andere. In ihren Augen hätten die Ossis auch vom Mars sein können. »Ich fühle mich einem Österreicher und sogar einem Franzosen näher als einem Ostdeutschen«, erklärte die Rheinländerin, die nie einen Fuß nach »drüben« gesetzt hatte.

Ich verstand nicht, wie diese Menschen, die dieselbe Sprache sprechen und so lange dieselbe Geschichte geteilt hatten, bevor sie brutal getrennt wurden, sich nun wie Fremde gegenüberstanden. Ich erkannte, dass ich nun über zwei Deutschlands zu berichten hatte, jedes für sich ziemlich verschieden. Erst durch die Ostdeutschen habe ich Deutschland kennengelernt. Ein seltsamer Umweg.

Dresden, Augustusbrücke

Ich nehme Dresden als Beispiel, um aus meiner Sicht den deutschen Einigungsprozess über die Jahre hinweg zu schildern. Einmal im Jahr spaziere ich über die Augustusbrücke und strecke meine Antennen aus. Was für ein Kontrast zwischen 1989 und heute: 2025!

1989

Ein eiskalter Dezember. Die Mauer ist gerade gefallen. Tausende Menschen überqueren die Augustusbrücke über die Elbe. Sie sind wie im Rausch, sind gerade ein Regime losgeworden, das ihnen einen Maulkorb angelegt hatte, und betreten eine neue Welt, die sie auf ihre eigene Weise gestalten möchten. Endlich Freiheit, sagen die Bürgerrechtler, endlich können wir unser Schicksal selbst in die Hand nehmen.

Auf der Augustusbrücke ist die Atmosphäre elektrisierend, Menschen, die sich nicht kennen, reden miteinander. Es ist so bewegend! Was für ein Glück, denke ich, dass ich Zeugin eines so historischen Ereignisses sein darf. Kein Land ist im Moment spannender als Deutschland!

Ich überquere die Brücke mit langen Schritten, lasse mich von der Menschenmenge treiben. Sie steuert auf den Trümmerhaufen der Frauenkirche zu, die bei den Bombenangriffen im Februar 1945 zerstört wurde. Die Dresdner wollen den westdeutschen Bundeskanzler

Helmut Kohl begrüßen, der sich mit Hans Modrow trifft, dem Vorsitzenden des Ministerrats der bereits in den letzten Zügen liegenden DDR.

Helmut Kohl, ein Riese in einen weiten Mantel gehüllt, selbstbewusst, strahlend, bejubelt von der Menge. »Helmut! Helmut!«, rufen die Menschen. An seiner Seite, winzig wirkend, Hans Modrow, der SED-Funktionär, traurig, irgendwie überwältigt von dem Großereignis, das sich vor seinen Augen abspielt, überfordert vom Ansturm seiner Mitbürger auf die Vereinigung.

Dabei wagt in diesem Augenblick niemand wirklich, sich vorzustellen, dass die beiden Hälften Deutschlands je zusammenkommen werden. »Mein Ziel bleibt, wenn die geschichtliche Stunde es zulässt, die Einheit unserer Nation«, sagt Helmut Kohl. Diese Rede, so gibt er später zu, sei eine der heikelsten seines Lebens gewesen. Er durfte auf keinen Fall Paris, London und Moskau erschrecken, die mit argwöhnischen Augen auf diesen Riesen blickten, der sich da im Herzen Europas rührte. Die Menge skandiert: »Wir sind ein Volk!«

Niemand wagte damals wirklich, sich vorzustellen, dass die beiden Hälften Deutschlands je zusammenkommen werden.

Die Ostdeutschen wollen die blühenden Landschaften, die Kohl ihnen verspricht. Sie sind damit einverstanden, dass die Volkskammer im Eiltempo Gesetzespakete durchpeitscht. Sie finden es nicht schlimm, dass niemand mehr die Bürgerrechtler hören will; es sei denn als tugendhafte Redner an den Jahrestagen des Mauerfalls. Bald bleiben von der DDR nur noch Details, wie der kleine grüne Pfeil an einer Kreuzung, der anzeigt, dass man auch bei Rot rechts abbiegen darf.

2025

Wie oft war ich seither in Dresden, um über den Anstieg des Rechtsextremismus zu berichten: über die großen ausländerfeindlichen Pegida-Demos und über die Sorgen der Hightechkonzerne, die befürchten, das rechtsextreme Klima im »Silicon Saxony« werde dringend benötigte ausländische Programmierer und qualifizierte Experten vergraulen. Und über rassistische Übergriffe, Neonazigruppen in Bomberjacken und Springerstiefeln und die vielen Fälle von Diskriminierung.

Bei der vorgezogenen Bundestagswahl am 23. Februar 2025 gewann die AfD bundesweit 20,8 Prozent der Stimmen. Doppelt so viel wie 2021. Somit überholte sie nicht nur die Sozialdemokraten und die Grünen, sondern wurde auch zur zweitstärksten Partei Deutschlands nach der CDU/CSU. Sie stellt nun die größte Oppositionsfraktion im Bundestag und wird mit 37,3 Prozent in Sachsen zur stärksten Partei dort, zur stärksten Partei auch in allen anderen neuen Bundesländern.

Auf der Augustusbrücke ist die Stimmung seit Jahren düster. »Die vielen Ausländer und Kriminellen, die von unserer Sozialhilfe leben und unsere Kultur zerstören«, murmelt ein Passant, den Kopf tief in seiner Anorakkapuze vergraben, um sich vor dem Wind zu schützen. Angela Merkels Entscheidung, im September 2015 die Grenzen ihres Landes angesichts Hunderttausender syrischer Geflüchteter zu öffnen, war ein Wendepunkt in der deutschen Geschichte. Angst vor der Zukunft hätten sie, sagen die Leute auf der Augustusbrücke. Und wenn ich wissen will, was ihnen konkret Angst macht, antworten sie: Die Syrer, Afghanen, aber auch die Ukrainer würden einfach Geld erhalten, während sie selbst dafür hart arbeiten müssten.

Am Ende der Brücke zeichnet sich die Silhouette der Frauenkirche ab. Sie wurde originalgetreu wiederaufgebaut. Müsste Helmut Kohl heute beweisen, dass er sein Versprechen blühender Landschaften eingelöst hat, er verwiese sicherlich auf Dresden. In Dresden ist alles neu: Der Straßenbelag ist makellos glatt, die alten Kopfsteine der Bürgersteige millimetergenau aneinandergereiht, die orangefarbenen Dächer scheinen einem Lego-Baukasten entsprungen, hinzu kommen die farbigen Fassaden, das nagelneue Telefonnetz, Hotels, die Oper, Museen, Industriegebiete und die Hightechunternehmen auf den Anhöhen der Stadt.

In Dresden gibt es Barbershops, Anti-Aging-Kosmetikstudios, Sojamilch und Bagels in Szenecafés (zum Glück servieren einige Restaurants weiterhin »deftige deutsche Küche« und bewahren die von vielen hier gehegte deutsche »Leitkultur« vor dem Untergang in den trüben Gewässern der Globalisierung). Und es gibt sogar Vermögensberater. »Hier muss niemand unter der Brücke schlafen wie in Paris oder New York«, verkünden die Dresdner stolz. »Es sei denn, jemand will es unbedingt.« Dresden hat's geschafft.

Beim Flanieren durch die Straßen dieser prächtigen Stadt kommt mir die naive Frage in den Sinn: Warum sind hier in Dresden so viele Menschen unglücklich? Warum wählen sie die AfD?

Es ist eine verkehrte Welt. Ich denke an die im Verfall begriffenen Städte des Ruhrgebiets im Herzen Westdeutschlands, die immer mehr der DDR vor dem Mauerfall ähneln. Oder an die heruntergekommenen Toiletten in den Schulen von Berlin-Schöneberg, an die Kälte in den Klassenzimmern im Winter, weil die Fenster nicht mehr richtig schließen. Ich denke auch an die Polen und Ungarn, die, zunächst ganz auf sich gestellt, in der Marktwirtschaft Fuß fassen mussten, ohne einen reichen großen Bruder, der ihnen half. Erst später, im Jahr 2004, wurden sie in die EU aufgenommen. Bei ihnen war der Übergang zum Kapitalismus viel heftiger. Ich denke an die Fotos aus der Zeit vor der Wende im Dresdner Stadtarchiv. Die zerfressenen Fassaden, das Grau, die löchrigen Straßen.

Milliarden Euro flossen damals von den alten in die neuen Bundesländer, um im Osten die Wirtschaft und Infrastruktur wieder in Gang zu bringen. Dresden bekam ein großes Stück von diesem Kuchen ab. Wahrscheinlich begreife ich die Feinheiten des Wessi-Ossi-Psychodramas nicht, das sich seit drei Jahrzehnten abspielt, diese komplexe Mischung aus Neid, Groll, Konkurrenz, Arroganz, Angst vor Herabstufung und dem Bedürfnis nach Anerkennung. Aber wenn ich durch die Straßen dieser prächtigen Stadt flaniere, kommt mir sofort eine naive Frage in den Sinn: Warum sind hier in Dresden so viele Menschen unglücklich? Warum wählen sie die AfD?

Ein Gefühl der Traurigkeit überkommt mich: Wo ist der Schwung von damals geblieben? Auf dieser Brücke wurde die Bürgerbewegung geboren, die am Ende das kommunistische Regime von Erich Honecker stürzte. Jedes Mal, wenn ich heute die Augustusbrücke überquere, frage ich mich, wie sich die Stimmung so drastisch verschlechtern konnte. Auf die fast kindliche Freude der Wende ist bitterer Groll, auf Hoffnung Resignation, ja Wut gefolgt. Was ist passiert? 35 Jahre nach der Vereinigung sind da mehr denn je klaffende Wunden. Eine Armada von Politologen, Soziologen, Psychologen, Romanautoren und Filmemachern versucht nun, die ostdeutsche Psyche zu entschlüsseln. Niemals, so sagt man, seien Ossis und Wessis einander so fremd gewesen. Deutschland ist gespaltener denn je.

In Frankreich versuchen wir zu verstehen. Insgesamt sind die Ostdeutschen ganz gut weggekommen, aber rosig ist ihre Lage nun gerade auch nicht. Aus einigen Regionen, vor allem im Norden der ehemaligen DDR und in den früheren Industriegebieten, sind die jungen Leute auf der Suche nach Arbeit in den Westen gezogen. In einigen ländlichen Gebieten hat sich die Bevölkerung halbiert, die ehemaligen

Industriezentren sehen heute aus wie Geisterstädte. Hier leben nur noch Alte oder Abgehängte, die keine Kraft hatten zu gehen. Eine »geopferte Generation«, die es nicht geschafft hat, sich beruflich neu zu orientieren und in der Marktwirtschaft nach dem Fall der Mauer Fuß zu fassen. Auf der Strecke geblieben, und schrecklich gedemütigt.

Eine Armada von Politologen, Soziologen, Psychologen und Künstlern versucht, die ostdeutsche Psyche zu entschlüsseln. Niemals seien Ossis und Wessis einander so fremd gewesen, so heißt es. Deutschland ist gespaltener denn je.

Von einem Tag auf den anderen durften die Ostdeutschen in die ganze Welt reisen und sagen, was sie wollten, aber sie mussten auch ihr Leben radikal verändern: für viele die Chance auf ein anderes Leben, für andere eine Katastrophe. Es gab keine DDR mehr, die einem von der Wiege bis zum Grab denselben Arbeitsplatz im selben Unternehmen garantierte. Keine lebenslange Sicherheit mehr. Zwar konnten die Ostdeutschen damals ihre Mark zu einem sehr günstigen Kurs von 1:1 gegen die D-Mark tauschen, doch sie verloren auch alles, woran sie sich bisher orientiert hatten. Nichts ist heute mehr so, wie es war. Man musste sich umschulen lassen, war eine Zeit lang arbeitslos, musste seinen Lebensstil grundlegend ändern, lernte soziale Unterschiede und den damit verbundenen Neid kennen. Im Westen hingegen ging das Leben weiter, als sei nichts geschehen.

Die Eliten des alten Regimes, meist Mitglieder der Partei, wurden entlassen. Stattdessen übernahmen nun Leute aus dem Westen die Leitungsposten von Universitäten und großen Unternehmen. Daher das Gefühl bei einigen, dass sie »annektiert« wurden. Hinzu kommen die Herausforderungen der Globalisierung, die rasante Digitalisierung und die massive Ankunft von Hunderttausenden von Migranten 2015, die als Konkurrenten auf dem Arbeitsmarkt und bei Sozialleistungen wahrgenommen wurden – ein explosives Amalgam. Und fruchtbarer Boden für rechtsextreme Demagogen. Dass die Schwierigkeit, so viele Migranten in so kurzer Zeit zu integrieren, unterschätzt wurde, stellt Deutschland in den folgenden Jahren vor große Herausforderungen.

Place de la République

1995

Es ist ein Paukenschlag. Der Rechtsextremist Jean-Marie Le Pen ist in die zweite Runde der französischen Präsidentschaftswahlen (2002) gekommen. Er tritt gegen den gestandenen Konservativen Jacques Chirac an, der im ersten Wahlgang die meisten Stimmen erhalten hat. Zu Tausenden stehen wir auf dem Place de la République unter der Bronzestatue der Marianne mit ihrer phrygischen Mütze, ihrem Olivenzweig in der einen und der Tafel mit den Menschenrechten in der anderen Hand. Der Place de la République ist der Ort, an dem die Pariser sich treffen, wenn die Lage ernst ist. Alle, die sich nie in ihrem Leben hätten vorstellen können, eines Tages eine konservative Partei zu wählen, versammeln sich um Jacques Chirac herum zu einer »republikanischen Front«. Es ist das erste Mal, dass wir »utile« abstimmen, also »nützlich«, und unsere persönlichen Überzeugungen beiseiteschieben mit einem einzigen Ziel: zu verhindern, dass der rechtsextreme Kandidat Präsident wird. Seitdem haben wir nur noch »nützlich« gewählt. Am Abend der zweiten Runde, als die Ergebnisse bekannt gegeben wurden, war es Jacques Chiracs Kopf, der sich langsam vor einem Hintergrund aus Trikoloren auf dem Bildschirm unserer Fernseher abzeichnete. Wir atmeten erleichtert auf, doch gleichzeitig blieb ein Gefühl von Bitterkeit.

Deutschland war damals noch nicht so weit. Noch zogen keine rechtsextremen Parteien in den Bundestag ein. Der Platz der Republik in Berlin zwischen Kanzleramt und Reichstag lag ruhig da. In unseren Augen war Deutschland nach wie vor ein stabiles und Sicherheit verheißendes Land, in dem erst ein Kanzler und dann eine Kanzlerin schon mal 16 Jahre an der Macht sein konnten, in dem Koalitionen sich hielten, politische Kompromisse möglich und Dialoge in den Korridoren der Macht üblich waren. Konrad Adenauers Devise »Keine Experimente« bestimmte die politische Kultur. Die Deutschen lieben Stabilität und Kontinuität. Auch in der Politik geht man ungern Risiken ein. In Frankreich ist ein Kompromiss gleichbedeutend mit einem Verrat, und oft weicht der Dialog in der Nationalversammlung einem erbitterten Schlagabtausch. Die Tugendhaftigkeit der deutschen Politiker beeindruckt uns. Sie sind nicht in Affären verstrickt, während unsere Politiker ständig wegen Veruntreuung öffentlicher Gelder oder außerehelicher amouröser Abenteuer in die Schlagzeilen geraten.

Die Franzosen bewundern Helmut Kohl und verehren Angela Merkel – nicht kleinzukriegen, vier Legislaturperioden haben die beiden durchgehalten, unfasslich. Felsen in der Brandung, ohne Allüren, zuverlässig. Vor allem Angela Merkel ist als Politikerin der Gegenentwurf zu ihren Entsprechungen in Frankreich. Bei uns genießt sie den Status eines Idols. Bis heute verstehen die Franzosen die Vorwürfe nicht, die gegen sie und ihre Art, das Land zu lenken, erhoben werden, seit sie aus dem Amt geschieden ist. Wie bescheiden ist diese *Mutti*, während sich unser Präsident Emmanuel Macron mit *Jupiter* vergleicht und »von oben« regiert, von seinem »Schloss« aus, wie der Elysée-Palast genannt wird. Wir hatten bereits eine *Sphinx* (François Mitterrand) und einen *Großen Charles* (de Gaulle). Stellen Sie sich vor, Angela Merkel würde sich mit Minerva vergleichen, der Göttin der Weisheit. Welch ein Aufschrei ginge durch Deutschland!

Ich liebe es, den Vormittag auf der Pressetribüne des Bundestages zu verbringen und von dort oben die mühsame Ausübung von Demokratie zu beobachten. Was für eine Zen-Gelassenheit unter der Glaskuppel, die so transparent ist wie die Demokratie, die sie beherbergt. Und was für eine Disziplin! Hier fallen sich die Abgeordneten nur selten ins Wort. Einmal erlebe ich, wie der damalige Bundestagspräsident Wolfgang Schäuble die Kanzlerin Merkel zur Ordnung ruft. Wenn die Kanzlerin plaudern wolle, solle sie bitte den Saal verlassen, um die Debatten nicht zu stören. Und immer gratuliert man unter allgemeinem Applaus den Abgeordneten zum Geburtstag.

Was für eine Zen-Gelassenheit unter der Glaskuppel, die so transparent ist wie die Demokratie, die sie beherbergt. Und welch ein Kontrast dagegen unsere Nationalversammlung mit ihren Spektakeln!

Welch ein Kontrast dagegen unsere Nationalversammlung mit ihren Spektakeln! Dabei ist die Kuppel des Palais Bourbon doch so hochherrschaftlich, die Sessel samten und weich … Nichts an diesem noblen Setting scheint wilde Leidenschaften entfachen zu können. Und dennoch. Wie viele Beschimpfungen, wie viel Geschrei hier. Auf der langen Liste der Verstöße gegen die Höflichkeit: ein Hitlergruß an einen rechtsextremen Abgeordneten gerichtet und ein legendäres »Halt's Maul!«. Während einer nächtlichen Sitzung wurden zwei Gruppen von Abgeordneten einmal fast handgreiflich. Ein früherer Präsident der Nationalversammlung kommentierte einmal, die Abgeordneten seien ja schließlich nicht hier, »um Tee zu trinken«. »Sie möchten, dass alles glatt, ruhig und leise abläuft? Dann gehen Sie zur Académie Française, nicht zur Nationalversammlung.« Ich möchte hinzufügen: in den Bundestag.

Berlin, 2025

Wie viele Franzosen wollte ich es lange nicht glauben. Ich war überzeugt, dass in diesem Land mit seiner Vergangenheit die Wahl einer rechtsextremen Partei ein absolutes Tabu bleiben würde. Dachte, dass die robuste wirtschaftliche Gesundheit ein Bollwerk gegen Demagogen wäre. Dass die Deutschen ihre Vergangenheit »bewältigt« hätten und durch ihre wirtschaftlichen Erfolge selbstsicher geworden wären. Dass sie es nicht wagen würden, das Tabu zu brechen. Schließlich war noch nie zuvor eine rechtsextreme Partei in den Bundestag eingezogen. Hier und da gab es bei Regionalwahlen einen Fieberschub. Aber nichts wirklich Ernstes.

Im Jahr 2013 gründete eine Gruppe von Professoren eine Anti-Euro-Partei. Obwohl die AfD bei Kommunalwahlen schon für Schlagzeilen sorgte und sich in den Landtagen etablierte, nahm ich sie nicht ernst: eine Bande schlecht organisierter Amateure. Ohne Galionsfigur, ganz im Gegensatz zu Frankreich mit seiner soliden Vater-Tochter-Nichte-Le-Pen-Dynastie. Ohne genügend kompetente Leute für alle Mandate.

Und wieso sollten wir diese Unruhestifter, die sich gegenseitig zerfleischen, ernst nehmen? Nein, wirklich kein Grund zur Panik: Es handelt sich um eine Protestpartei. Ein politisches Programm zu erfüllen, ist noch einmal etwas ganz anderes. Bestimmt verschwindet die AfD so plötzlich, wie sie aufgetaucht ist. Außerdem vertrauten wir Angela Merkel. Dank ihrer protestantischen Aufrichtigkeit und ihres Pragmatismus würde sie auch inmitten von politischen Wirren das Heft in der Hand behalten.

Am Ende hat das Bollwerk nicht gehalten. Deutschland hat sich an die europäischen Standards angepasst. Willkommen im Klub! Der Rest ist bekannt: Die Ankunft der Migranten 2015 wird zum Lieblingsthema der AfD, sie gewinnt immer mehr Anhänger. 2017 hält sie Einzug in den Bundestag.

Dann kam die Pandemie dazu. Seitdem ist die AfD immer radikaler geworden. Alice Weidel, die ihrer Partei gerne ein seriöses Image verleihen würde, hat Mühe, mit den unverfrorenen Äußerungen einiger ihrer Mitstreiter umzugehen. Zum Beispiel Björn Höcke, einst Geschichtslehrer, Vertreter des nationalistischsten Parteiflügels und Chef der Thüringer AfD, der immer häufiger Anspielungen auf den Nationalsozialismus macht und einen offenen Rassismus zur Schau stellt.

Die AfD-Vorsitzende Alice Weidel sagt, sie sei mit Björn Höcke nicht einverstanden. Doch sie begrüßt ihn auf Parteiversammlungen herzlich. Ihre Parteikollegen sprechen die SS frei von Schuld, verharmlosen die Schoah und reden von »Remigration« – das geht sogar Marine Le Pen zu weit, die seit Jahren versucht, ihre Partei zu »entdämonisieren«. Um diesen Bruch zu markieren, benannte sie den »Front National« ihres Vaters Jean-Marie Le Pen in »Rassemblement National« (RN) um. Im Europäischen Parlament distanzierte sie sich von der AfD.

Hunderttausende Bürger gingen in Deutschland auf die Straße, um Toleranz und Demokratie zu verteidigen. Doch »Remigration« steht inzwischen im Parteiprogramm, und die AfD wurde zur zweitstärksten politischen Kraft in Deutschland. Vor kurzem hat auch das Bundesamt für Verfassungsschutz bestätigt: Diese Partei ist »gesichert rechtsextremistisch«.

Seitdem ist am Platz der Republik in Berlin alles anders geworden. Im Bundestag herrscht ein aggressiver Ton, Gelächter, Buhrufe und Zwischenrufe aus den Reihen der AfD sind im Plenarsaal an der Tagesordnung. Wenn Alice Weidel das Wort ergreift, ist die Anspannung im Saal greifbar. Die AfD-Chefin hat einige Trümpfe in der Hand: Als Ökonomin weckt sie Vertrauen in einer Zeit, in der Deutschland in der Krise seines Wirtschafts- und Sozialmodells festzustecken scheint. Sie ist eine gute Rednerin, die sich immer unter Kontrolle hat, auch wenn sie noch so giftige Pfeile abfeuert.

Mit ihrem ewigen marineblauen Blazer, der weißen Bluse, der Perlenkette und den blonden, im Nacken zusammengebundenen Haaren sieht diese Frau eher aus wie eine Aufsichtsratsvorsitzende als wie die Chefin einer der radikalsten rechtsextremen Parteien Europas. Auch Marine Le Pen und ihr Ziehsohn Jordan Bardella versuchen, einen glatten, bürgerlichen Eindruck zu machen, um die Franzosen zu beruhigen und die Mitte der Gesellschaft anzusprechen. Aber wie bei Alice Weigel verrät die beiden ihre aggressive Rhetorik.

Die Angriffe der AfD-Chefin sind heftig, ihre Formulierungen polemisch. Mit ihren stahlblauen Augen blickt sie zur Bank, auf der der Kanzler und seine Minister sitzen, und verhöhnt sie als »Schießbudenfiguren« und »Würstchenkabinett«. Sie versucht zu provozieren, die eine Hand in die Hüfte gestemmt, den Finger der anderen anklagend auf die Regierungsmitglieder gerichtet, die ins Leere starren oder auf ihren Handys tippen.

Immer öfter denke ich, dass der legendäre deutsche Felsen ganz schön schwankt in seiner Brandung.

In der französischen Nationalversammlung hat man sich seit langer Zeit an Beleidigungen aus den Reihen der extremen Rechten gewöhnen müssen. In dem ehrwürdigen Plenarsaal gab es schon viel Aufruhr. Migration, Abschiebungen, Renten, Abtreibung – jede Debatte über diese Themen endet in verbaler Gewalt. 2022 unterbrach der RN-Abgeordnete Grégoire de Fournas den schwarzen Abgeordneten Carlos Mertens Bilongo von der linken Partei France Insoumise, als dieser von der absoluten Dringlichkeit der katastrophalen Lage für illegale Migranten im Mittelmeer berichtete. Grégoire de Fournas rief seinen Kollegen zu: »Sie sollen nach Afrika zurückgehen!« und wurde deshalb für fünfzehn Tage aus dem Parlament verbannt. Letztes Jahr bezeichnete ein anderer Vertreter des Rassemblement National linke Abgeordnete als »Abschaum«.

Vorbei die Zeiten, in denen der Bundestag einem Wohnzimmer glich, wo man mit einer gewissen Höflichkeit Standpunkte austauschte. Vorbei das Teetrinken. Die Angriffe der AfD-Abgeordneten werden in den Reihen ihrer Anhänger mit stehenden Ovationen begrüßt, Dutzende deutsche Fahnen über ihren Köpfen. Das gab es im Bundestag noch nie. Dort oben auf der Pressetribüne denke ich immer öfter, dass der legendäre deutsche Felsen ganz schön schwankt in seiner Brandung. Es geschehen schreckliche Dinge in diesem Land.

Im Moment steht die Brandmauer. Aber wie lange noch? Mit ihren Wahlergebnissen sitzt die AfD der CDU/CSU im Nacken. Werden die Unionsparteien den Rechtsextremisten im Parlament Zugeständnisse machen? Ist das das Ende der deutschen Stabilität?, fragt man sich besorgt in Paris. Bislang konnte man Deutschland immer noch für seine Verlässlichkeit loben – selbst wenn die politische Lage im eigenen Land immer prekärer wurde. In welchem anderen Land als Deutschland bleiben Kanzler*innen ganze 16 Jahre an der Macht?

Auch die politische Landschaft ist in Deutschland umgekrempelt worden. Hier lässt sich derselbe Erosionsprozess beobachten wie in Frankreich: Die gemäßigten demokratischen Parteien sind gefangen zwischen der extremen Rechten und der extremen Linken. Mehrheiten zu bilden, ist schwierig geworden. Regieren ist schwierig geworden. Immer häufiger fallen in den Kommentaren der Journalisten die Worte »Krimi«, »Unberechenbarkeit« und »atemraubend«. Die grün-rot-gelbe Koalition unter Führung von Olaf Scholz implodierte, es gab vorgezogene Neuwahlen.

Vorgezogene Wahlen in Deutschland? Das ließ viele Franzosen sprachlos zurück. Sie waren zwar auch im Juni 2024 erstaunt, als Emmanuel Macron noch am Abend der Europawahlen, die den

Rechtspopulisten einen klaren Sieg beschert hatten, überraschend die Nationalversammlung auflöste und Neuwahlen ankündigte. Doch ein solcher Paukenschlag ist in Frankreich nicht ungewöhnlich und passt durchaus zur bewegten Tradition des Landes.

Die demokratischen Parteien sind gefangen zwischen der extremen Rechten und der extremen Linken. Regieren ist schwierig geworden.

Am 6. Mai 2025, dem Tag, als Friedrich Merz zum Bundeskanzler gewählt wurde, hatte ich wie immer schon im Voraus die Grundzüge meines Artikels vorbereitet. Seine Wahl war schließlich nur eine Formalität. Im letzten Moment würde ich meinem Beitrag noch die Farbe des Blumenstraußes hinzufügen, den man dem überglücklichen neuen Kanzler überreichen würde.

Doch dann, kurz nach zehn Uhr: ein Schock für den Bundestag und ganz Europa. Zum ersten Mal wird ein Bundeskanzler nicht im ersten Anlauf gewählt. Achtzehn Abgeordnete aus den drei Koalitionsparteien verweigern ihm die Stimme. Das gab es noch nie.

Noch vor wenigen Minuten haben sich die Abgeordneten nichts ahnend auf den Fluren des Bundestages gegenseitig zu diesem offenbar wieder einmal reibungslosen Übergang beglückwünscht, der von einer ruhigen Demokratie in einer von Autokraten beherrschten Welt zeugen sollte. Doch nun verlässt Friedrich Merz wortlos und mit starrem Gesicht den Plenarsaal. Angela Merkel, die darauf bestanden hat, anwesend zu sein, um den Mann zu ehren, den sie nie in ihr Herz geschlossen hat, verlässt die Tribüne. Die Frau von Friedrich Merz steht da, mit verzerrtem Gesicht, und in Lars Klingbeils Blick spiegelt sich Erschrecken. Der Chef der Sozialdemokraten hat wochenlang mit den Konservativen über den Koalitionsvertrag verhandelt, der am Vortag feierlich verabschiedet wurde.

Ebenfalls am Vortag hat die Bundeswehr bei Einbruch der Dunkelheit einen Großen Zapfenstreich mit Fackeln veranstaltet, um den scheidenden Kanzler zu verabschieden. Olaf Scholz hatte bereits seine Sachen gepackt und sein Büro für die Amtsübergabe bereit gemacht. Ganz Frankreich war über die Schwierigkeit der Kanzlerwahl perplex: Diese Art von Turbulenzen hatten wir bisher nicht mit Deutschland in Verbindung gebracht.

Die Ringbahnbrücke des Autobahndreiecks Funkturm Berlin

Nichts geht mehr auf der A100, die vom nordwestlichen Teil Berlins in einem Bogen nach Süden verläuft. Auf der Ringbahnbrücke des Autobahndreiecks Funkturm, dem meistbefahrenen Autobahnkreuz der Republik, bewegen sich Autos im Schritttempo auf einer einzigen Spur. Und die darunter verlaufende Ringbahn, die um Berlins Innenstadt führt, wurde an dieser Stelle unterbrochen. Sie darf nicht mehr unterhalb der Brücke befahren werden. Zu gefährlich. Bei der Inspektion kam heraus, dass sich ein Riss in der Brücke stark vergrößert hat, sie droht demnächst einzustürzen. Aber das ist noch nicht alles. Der Riss wurde bereits vor zehn Jahren entdeckt. Seitdem ist nichts unternommen worden, um diese so strategische Brücke instand zu setzen.

Hunderte von Brücken sind in diesem reichen Land baufällig. Die Carolabrücke über die Elbe in Dresden, wenige Hundert Meter von der Augustusbrücke entfernt, stürzte 2024 mitten in der Nacht ohne ersichtlichen Grund ein. Dreihundert weitere große, mehr als 100 Meter lange Brücken sowie zahlreiche kleinere sind in einem kritischen Zustand. Eine Zeitbombe.

Als im August 2018 die Morandi-Brücke in Genua zusammenfiel und Dutzende Autos in die Tiefe stürzten, war niemand wirklich überrascht. Italien, was haben Sie erwartet? Mit solchen apokalyptischen

Bildern rechnete man nur in den Ländern Südeuropas oder des globalen Südens. Aber doch nicht in Deutschland, dem Land der Ingenieure, der Effizienz und der akribischen Sicherheitsstandards!

Wo sind wir bloß gelandet?, fragt sich die Republik fassungslos, während Berlin im Chaos versinkt. Der gestoppte Verkehr sucht sich andere Wege, breitet sich aus wie ein Ölfleck, verstopft ruhige Straßen in Wohngebieten. Auch auf dem berühmten Ku'damm bewegen sich die Autos nur im Schritttempo. In Paris sind die Menschen darüber sprachlos: Das ist, als flösse der Verkehr auf dem Boulevard Périphérique nur noch einspurig, als kehre der schnelle Nahverkehrszug RER ein paar Stationen vor der Endstation um und als wären obendrein die Champs-Élysées von einem riesigen Stau lahmgelegt! Deutschland ist nicht wiederzuerkennen.

Es wird noch Jahre dauern, bis am Funkturm wieder alles läuft. Die legendäre deutsche Bürokratie droht, die Arbeiten zu verzögern. Eine Baugenehmigung in diesem Land zu erhalten, gleicht einem Albtraum. Der Neubau der Ringbahnbrücke ist da keine Ausnahme, Dringlichkeit hin oder her. Hunderte von Einwänden müssen im Planungsverfahren berücksichtigt werden. Gestellt von wütenden Anwohnern aus den ruhigen Stadtvierteln ob der nicht enden wollenden Kette von Autos unter ihren Fenstern, von Umwelt- und Klimaschützern, von Kämpfern gegen das Artensterben, deren Maskottchen eine Kröte ist. Die gleichen Kröten, die Elon Musk auf die Palme gebracht haben, als er eine Genehmigung für den Bau seiner Tesla Gigafactory im brandenburgischen Grünheide beantragte. Die Genehmigung hat er zwar erhalten, sogar schneller als gewöhnlich, aber die Proteste und endlosen Sitzungen mit den unterschiedlichen Bürgerbewegungen waren schon bemerkenswert.

Zu kompliziert, zu langsam, zu akribisch … Die deutschen Vorschriften stehen seit Jahren in der Kritik. Als ob die europäischen Vorschriften nicht genügten, setzt Deutschland noch einmal eins drauf, beschweren sich die Unternehmen. Der Abbau von Bürokratie war eine zentrale Forderung im vergangenen Bundestagswahlkampf. Aus Sorge um das Land haben zwei ehemalige Minister, ein früherer Präsident des Bundesverfassungsgerichts und eine Medienmanagerin sogar eigens eine »Initiative für einen handlungsfähigen Staat« gegründet und der neuen Regierung 30 Handlungsempfehlungen für eine umfassende Staatsmodernisierung vorgelegt. Deutschland blickt neidisch auf andere Länder: In China darf eine Brücke innerhalb weniger Tage abgerissen und wieder aufgebaut werden. Zwei Jahre nach der Katastrophe wurde die neue Morandi-Brücke in Genua eingeweiht.

Zu kompliziert, zu langsam, zu akribisch ... Als ob die europäischen Vorschriften nicht genügten, setzt Deutschland noch einmal eins drauf, beschweren sich die Unternehmen.

Die 500 Milliarden Euro, die SPD und CDU für Infrastrukturmaßnahmen freigegeben haben, sind daher ein Geschenk des Himmels. Hoffentlich werden die Brücken einen ordentlichen Batzen davon abbekommen. Während man in Deutschland die fehlenden Investitionen der vergangenen Regierungen in die zunehmend marode Infrastruktur anprangert, spottet man in Frankreich über die schwäbische Hausfrauenmentalität und über die in der deutschen Verfassung verankerte heilige Kuh der »Schuldenbremse«, die von den Finanzministern der Regierungen Merkel und Scholz eingehalten und nie infrage gestellt wurde. In Frankreich ist die Staatsverschuldung in die Höhe geschossen, Deutschland hingegen hat mit seinen Ausgaben geknausert. Die französische Grille könnte angesichts der Schwierigkeiten der deutschen Ameise fast *Schadenfreude* empfinden (noch eines dieser nicht ins Französische übersetzbaren Wörter).

Die Kehler Brücke meiner Kindheit führte ins Land der Fülle und Effizienz. Heute führen deutsche Brücken durch ein Land, dem das dritte Jahr Rezession droht und das als »kranker Mann Europas« bezeichnet wird. Nach dem goldenen Zeitalter der letzten zwei Jahrzehnte erlebt Deutschland die längste Phase geringen Wachstums seit dem Zweiten Weltkrieg. Was geht vor in diesem Land, das wir so lange bewundert und beneidet haben?

Die Kehler Brücke meiner Kindheit führte ins Land der Fülle und Effizienz. Heute führen deutsche Brücken durch ein Land, das wieder als »kranker Mann Europas« bezeichnet wird.

Jahrelang bestand meine Aufgabe als Deutschlandkorrespondentin darin, zu vergleichen, was in Deutschland besser funktioniert als bei uns. Das duale Ausbildungssystem; der Ausbau der erneuerbaren Energien; die in langen Verhandlungen erzielten Tarifeinigungen, während bei uns das Land regelmäßig von Streiks lahmgelegt wird; die Erhöhung des Renteneintrittsalters, die durchgewunken wurde, während die Rentenreform in Frankreich monatelang Massendemonstrationen provozierte und schließlich mit der Brechstange durchgesetzt werden musste. Und dann die in den deutschen Regionen gut verankerten kleinen und mittleren Unternehmen, oft Familienunternehmen, *Hidden Champions*, die ihre hochwertigen Produkte in die ganze Welt exportieren …

Heute beschreiben wir Auslandskorrespondenten in erster Linie das, was nicht funktioniert. Zu den Brücken und lähmenden Vorschriften kommt noch eine lange Liste weiterer Versäumnisse: endlose Baustellen (BER und Stuttgart 21), ein lückenhaftes Mobilfunknetz, Schulen ohne Computerausstattung, die Unmöglichkeit, in vielen Geschäften und Restaurants mit Karte zu bezahlen. »Oh, so you live in a rural area?«, fragte mich eine Kassiererin in London, als ich ihr erzählte, dass man in Deutschland oft bar zahlen müsse. »No, in Berlin. The capital.« Sie hatte Mühe, es zu glauben.

Hinzu kommen die Probleme der Flaggschiffe der deutschen Wirtschaft: Miele verlagert die Produktion seiner Waschmaschinen ins polnische Lodz, Volkswagen entlässt massenhaft Arbeiter, Porsche, Audi, Thyssenkrupp und Bosch ebenso. Und da sind neue Ängste vor der ungewissen Zukunft: die chinesische Konkurrenz und die Zölle von Donald Trump, dem in New York zu viele BMWs herumfahren. Die Zölle drohen, den Exportchampion Deutschland noch stärker zu belasten. »Die einstige Lokomotive Europas ist zu einem Klotz am Bein geworden«, schreibt ein Pariser Leitartikler.

»Die einstige Lokomotive Europas ist zu einem Klotz am Bein geworden«, schreibt ein Pariser Leitartikler.

Last, but not least ist da die Deutsche Bahn, ein weiteres Symbol für den Niedergang. Es vergeht keine Fahrt, ohne dass der Zugführer eine Verspätung ankündigt und die üblichen Ausreden stammelt: eine Person im Gleisbett, ein Polizeieinsatz, ein Stromausfall, ein technisches Problem, ein von einem Zug blockiertes Gleis, ein Sturm … Reisenden mit einem wichtigen Termin wird empfohlen, eine Marge von mindestens einer Stunde einzuplanen.

Die Schweiz verweigert inzwischen verspäteten ICEs bei Basel sogar die Einfahrt in ihr Netz, weil sie den reibungslosen Bahnverkehr auf ihrem Gebiet nicht beeinträchtigen möchte. Der schlechte Ruf der Deutschen Bahn führt das Klischee der deutschen Pünktlichkeit ad absurdum. Mir ist übrigens aufgefallen, dass im Boardbistro immer jemand das Loblied auf Schweizer Züge singt: »Wenn du aus der Seilbahn aussteigst, wartet da schon der Bus, der dich zum Bahnhof bringt, wo auch schon der Zug bereitsteht. Er fährt auf die Sekunde genau pünktlich los. Er kommt pünktlich ans Ziel. Präzise wie ein Schweizer Uhrenwerk! Kein Vergleich zu dem Chaos hier!« Chaos und Deutschland, Begriffe, die man bisher nicht miteinander in Verbindung gebracht hat.

Seit dem russischen Überfall auf die Ukraine steht auch die Bundeswehr auf der Liste der unangenehmen Überraschungen. »Nichts rollt, nichts fliegt, nichts schwimmt«, spottet man in den Kasernen. Ständig Berichte über defekte Flugzeuge, die nicht abheben, über U-Boote, die meist in Wartung sind, hinzu kommen Personalmangel, Mangel an Munition, Panzern, sauberen Duschen, Schließfächern, Sporthallen, Truppenküchen. Europas führende Wirtschaftsmacht, die drittgrößte der Welt, habe nicht einmal genug Socken für ihre Soldaten, lautet ein ziemlich realistischer Witz.

Die Rückkehr des Krieges nach Europa versetzte auch dem mehr als 70 Jahre währenden selbstbewussten Pazifismus in Deutschland einen schweren Schlag, wenngleich diese Friedensader, wie die Partei der Linken oder der Streit in der SPD über das sogenannte Friedensmanifest zeigen, immer noch gegenwärtig ist. Für die meisten Franzosen ist dieser deutsche Hang zum Pazifismus schwer zu begreifen. Schließlich ist Kiew nur zwei Flugstunden von Berlin entfernt, und die Deutschen kommen mehr als die Franzosen jeden Tag in Zügen, U-Bahnen, Geschäften und Wartezimmern mit ukrainischen Geflüchteten in Kontakt. Kaum etwas hat so tiefgreifende Veränderungen in Deutschland ausgelöst wie der Ukraine-Krieg. Eine »Zeitenwende« in jeder Hinsicht. Von einem Tag auf den anderen war nichts mehr wie zuvor.

Doch die Devise »Nie wieder Krieg!« begleitet die Deutschen seit dem Ende des Zweiten Weltkriegs. Man erinnere sich an die riesige Protestdemonstration 1981 im Bonner Hofgarten gegen den NATO-

Doppelbeschluss und die Entscheidung des sozialdemokratischen Bundeskanzlers Helmut Schmidt, der NATO die Stationierung amerikanischer Pershing-II-Mittelstreckenraketen auf deutschem Boden zu erlauben. Viele Jahre später, 1998/1999, dann die heftige Debatte um die Beteiligung der Bundeswehr an einem NATO-Militäreinsatz im Kosovo. Monatelang war das Land zerrissen. Die Frage, die die Deutschen umtrieb: Können sie passive Zuschauer einer Massenvertreibung und eines Gemetzels bleiben, das sich vor ihrer Haustür abspielt?

Der Beginn des russischen Angriffskriegs gegen die Ukraine im Februar 2022 hat jedoch in Deutschland bis dato unumstößliche Gewissheiten erschüttert. Etliche Pazifisten, die bis dahin ihren Kindern verboten hatten, selbst mit Wasserspritzpistolen zu spielen, und vehement gegen jegliches militärische Engagement Deutschlands im Ausland waren, fordern seither, ihr Land möge Waffen, einschließlich letaler Waffen, an den ukrainischen Präsidenten Wolodymyr Selenskyj liefern. Als Friedrich Merz in seiner Regierungserklärung im Mai 2025 ankündigt, die Bundeswehr zur größten konventionellen Armee Europas machen zu wollen, bekommt keiner von Deutschlands Nachbarn ein nervöses Zucken. Im Gegenteil, die meisten begrüßen das. Ich stelle mir den Skandal vor, hätte ein Bundeskanzler nur wenige Jahre zuvor eine solche Absicht geäußert!

Das »modèle allemand«, das wir Franzosen so sehr bewundern und das einst ein Garant für Stärke war, ist ins Schwanken geraten.

Mehr als jedes andere Land verkörpert das einst so tugendhafte Deutschland heute die Schwächen Europas. Das »modèle allemand«, das wir Franzosen so sehr bewundern und das einst ein Garant für Stärke war, ist ins Schwanken geraten. Deutschland bezieht kein billiges russisches Gas mehr, der einst so gigantische chinesische Markt für Deutschlands Exporte schrumpft, und vor allem droht ein Ende des militärischen und nuklearen Schutzes durch die amerikanischen Freunde.

Deutschland steht im Visier von Donald Trump. Ich war immer beeindruckt von dem warmen Ton, mit dem die Deutschen von den »Amis« sprachen. Es ist vielleicht kein Zufall, dass »Amis« auf Französisch »Freunde« bedeutet. Der amerikanische Rückzug aus der europäischen Verteidigung, verkörpert durch die Rede von US-Vizepräsident JD Vance auf der Münchner Sicherheitskonferenz, ist ein Trauma für Deutschland. Die Einmischung der neuen amerikanischen Regierung in den Wahlkampf war ein Schock. Vance traf sich im Februar 2025 in München mit der AfD-Chefin Alice Weidel und nicht mit dem damaligen Bundeskanzler Olaf Scholz.

Tesla-Gründer und Trump-Vertrauter Elon Musk rief die Deutschen sogar offen dazu auf, die AfD zu wählen. Wehmütig erinnern sich die Deutschen an den Marshall-Plan, an die Luftbrücke während der Blockade 1948, an den Beitritt der Bundesrepublik zur NATO, an die Demokratie, die mithilfe Amerikas im Westen Deutschlands nach dem Zweiten Weltkrieg eingeführt wurde und es dem Land ermöglichte, wieder in den Kreis der Nationen aufgenommen zu werden.

Was bleibt, ist das alte, erschöpfte Europa. Die neue deutsche Regierung verspricht, Europa neuen Schwung zu verleihen, und möchte auf die Solidarität innerhalb der EU setzen. Friedrich Merz flog nach seiner Wahl zuallererst nach Paris, um die in den vergangenen Jahren angeschlagene deutsch-französische Freundschaft wiederzubeleben. Es ist kein Geheimnis, dass man im Élysée-Palast sehnsüchtig auf diesen neuen deutschen Kanzler gehofft hat. Friedrich Merz hat während seines gesamten Wahlkampfs immer wieder versprochen, dass Deutschland unter seiner Führung auf die internationale Bühne zurückkehren werde.

Die politischen Tage von Emmanuel Macron sind gezählt, weil er sich nach dem Ende seiner zweiten Amtszeit 2027 nicht mehr zur Wiederwahl stellen kann. Doch werden er und Merz bis dahin genug Zeit und Energie haben, um den in den vergangenen Jahren so vernachlässigten deutsch-französischen Motor neu zu starten? Die Regierung in Berlin hat auf Macrons große Europa-Rede an der Pariser Universität Sorbonne zu Beginn seiner Amtszeit 2017 nie reagiert. Wird der neue Bundeskanzler jetzt die schon damals von Macron ausgestreckte Hand ergreifen? Oder – ein eher düsteres Szenario – wird die derzeitige globale Randstellung Europas diese neue Dynamik behindern? Mehr als andere europäische Völker müssen die Deutschen heute ihre Zukunft neu definieren.

Übersetzung aus dem Französischen: Odile Kennel

Labor der Zukunft

Von Karolina Wigura und Jarosław Kuisz

1. 35 Jahre nach der Rückkehr in den Westen

Im Jahr 1989 begab sich Mittelosteuropa auf eine neue Reise. Wie Aeneas, der mythische Held der griechisch-römischen Mythologie, ließen wir Mittelosteuropäer das, was wir gut kannten, hinter uns, um etwas Neues aufzubauen. Unsere Köpfe folgten der Verheißung eines besseren Lebens.

Der Zweite Weltkrieg und 50 Jahre Kommunismus hatten unsere Nationen politisch, wirtschaftlich und moralisch schwer belastet. Die Befreiung vom Joch der Diktatur und die Verwandlung in Mitglieder der Europäischen Union und der NATO erforderten geradezu übermenschliche Anstrengungen. Die Demokratisierung und Modernisierung nach 1989 waren nicht frei von Irrtümern, Schwierigkeiten und menschlichem Leid. Nicht alle Länder blieben auf dem eingeschlagenen Weg: Belarus zum Beispiel begann sich kurz nach dem Zusammenbruch der Sowjetunion in einen gegenüber Russland loyalen Staat zu verwandeln; Ungarn verließ den Pfad der Demokratisierung; Polen verfolgt nach wie vor einen unsicheren, wankelmütigen Kurs, geprägt von tiefer Polarisierung.

Gleichwohl steht Mittelosteuropa heute, über drei Jahrzehnte nach dem Ende des Kommunismus, vermutlich am besten Punkt seiner

Geschichte. Trotz des Schauders, den die unmittelbare Nachbarschaft zu Russland bei Menschen in Tallinn, Vilnius oder Warschau nach wie vor auslöst, ist in all diesen Staaten die Moderne eingezogen und hat sich direkt neben den immer weniger erkennbaren Spuren der kommunistischen Epoche breitgemacht. Saubere Straßen, bunte Straßenbahnen und eine fieberhafte Erneuerung von nahezu allem sind nicht nur dank eines beharrlichen wirtschaftlichen Wachstums und der Unterstützung durch die Europäische Union möglich. Eine gewichtige Rolle spielt dabei auch eine tiefere Ambition: der Wunsch, ein für alle Mal der tragischen Geschichte dieser Region zu entfliehen und dauerhaft in den Westen zurückzukehren – in diesen Westen, dem, wie der tschechisch-französische Schriftsteller Milan Kundera schrieb, unsere Region einst gestohlen wurde.

Der Eintritt in diese neue Ära geschieht jedoch in einem paradoxen Augenblick. Denn viele verkünden seit geraumer Zeit den allmählichen Niedergang gerade jener westlichen Welt, zu der wir so lange aufgeschaut haben und deren Teil wir unbedingt werden wollten. In Frankreich, Deutschland und Italien etwa gewinnen rechtspopulistische Bewegungen immer größeren Einfluss oder sind sogar bereits an der Regierung. In den USA scheut sich die zweite Trump-Regierung nicht, in aller Offenheit ihren Abschied von der liberalen Demokratie zu verkünden, von jener Gesellschaftsform, wie sie der Westen seit 1945 kannte – und um die wir Mittelosteuropäer ihn so lange beneidet hatten.

So ist Russlands Überfall auf die Ukraine im Kern auch ein Angriff auf eine Gesellschaft, die sich nach 1989 Schritt für Schritt für Freiheit und eine westlich geprägte Demokratie entschieden hat. Und es war ein fataler politischer und strategischer Fehler, dass die meisten Westeuropäer Wladimir Putins Russland über Jahrzehnte völlig falsch eingeschätzt haben. Das wiederum hat zur Folge, dass wir Mittelosteuropäer heute weit klarer und mit einem geschärften Blick auf den Westen und Westeuropa schauen: Wir sehen in ihnen nicht länger ein unfehlbares Vorbild, sondern eher einen Ort mehr oder weniger gelungener Projekte, Prozesse und Strategien. Nur wer unsere ganz eigene Sicht auf den epochalen Wandel nach 1989 wahrnimmt, wird begreifen, wie auch das heutige Deutschland auf uns Mittelosteuropäer wirkt.

2. Der Blick durch ein Kaleidoskop

Wir möchten an dieser Stelle hervorheben: Wir haben diesen Essay nicht aus dem Blickwinkel eines bestimmten Landes verfasst, sondern aus der breiteren Perspektive Mittelosteuropas. Das ist insbesondere seit dem russischen Angriffskrieg auf die Ukraine erforderlich. Denn dieser Überfall hat nicht nur unsere Selbstwahrnehmung als Mittelosteuropäer verändert, sondern ebenso unseren Blick auf Westeuropa – und insbesondere auf Deutschland, das nach wie vor als Hauptvertreter dieses Westeuropas gesehen wird.

Zum besseren Verständnis hilft darum eher ein mittelosteuropäischer Gesamtblick, wenngleich Generalisierungen stets schwierig sind, insbesondere aus zwei Gründen: Erstens kommt es immer auf den jeweiligen spezifischen geografischen Standort an, von dem aus man die Dinge betrachtet. Mittelosteuropa wird im Westen häufig als monolithischer Block wahrgenommen, in Wirklichkeit aber ist diese Region ein Kaleidoskop unterschiedlichster Weltanschauungen, nationaler Kulturen und politischer Gewohnheiten.

Ein Beispiel: Für Länder wie Polen oder Tschechien ist Deutschland, mit dem sie eine gemeinsame Grenze teilen, ein zentraler Bezugspunkt. Öffentliche Diskussionen in diesen Ländern drehen sich häufig um Deutschland, die Beziehungen zum Nachbarn spielen in

Wahlkämpfen eine große Rolle. Für Politiker aus diesen mittelosteuropäischen Staaten kann darum eine Nazi-Kollaboration der Vorfahren – egal ob diese Zusammenarbeit real oder bloß fiktiv war – karriereschädlich werden. Der Tscheche Karel Schwarzenberg und der Pole Donald Tusk haben das am eigenen Leib erfahren müssen.

Hingegen ist für mittelosteuropäische Staaten wie etwa die Slowakei, die baltischen Staaten oder Ungarn, die nicht in direkter Nachbarschaft zur Bundesrepublik liegen, Deutschland kein unmittelbarer Referenzpunkt. Sie fokussieren sich meist auf andere geografische und geopolitische Regionen, momentan vor allem auf die Ukraine, das Land, das Putin überfallen hat und aus dem jederzeit weitere Zigtausend Geflüchtete eintreffen könnten.

Der zweite Grund, den es bei einer Generalisierung stets zu beachten gilt: die jeweils höchst unterschiedliche historische Erfahrung der Länder Mittelosteuropas. Russlands Angriffskrieg hatte hier eine ebenso katalysatorische wie kathartische Wirkung. Er schärfte das Bewusstsein für die in Westeuropa und insbesondere in Deutschland dramatisch falsche Einschätzung des Ostens, vor allem Russlands.

Russlands Angriffskrieg war in Mittelosteuropa von ebenso katalysatorischer wie kathartischer Wirkung: Er schärfte das Bewusstsein für die insbesondere in Deutschland dramatisch falsche Einschätzung vor allem Russlands.

Aber auch das ist nicht bei allen mittelosteuropäischen Staaten gleich, denn sie haben sowohl nach dem Zweiten Weltkrieg als auch schon davor teilweise völlig andere Erfahrungen gemacht. So reagierten die baltischen Staaten und Polen, weil immer noch traumatisiert vom Hitler-Stalin-Pakt von 1939, auf Putins Einmarsch in der Ukraine weit alarmierter als Länder wie Ungarn, die dieses Trauma nicht teilen.

Ebenso haben die abermalige Wahl von US-Präsident Donald Trump und die sich rasch verändernde amerikanische Politik gegenüber der Ukraine die Zukunftsängste mittelosteuropäischer Staaten unterschiedlich stark geschürt. Insgesamt lässt sich dennoch bilanzieren: Deutschland – und der Westen ganz allgemein – dienen nicht mehr als unbedingtes Vorbild. Einige Staaten schauen vor allem auf die Bundesrepublik wie auf ein Labor, auf ein Experiment mit ungewissem Ausgang. Im Blick zurück trifft die leidvolle Geschichte Mittelosteuropas mit Deutschland hart auf die Ambivalenzen der gegenwärtigen neuen deutschen Politik.

Viele mittelosteuropäische Staaten sind derzeit tief verunsichert und fragen sich, ob gewisse gesellschaftliche, politische, wirtschaftliche und strategische Entscheidungen der EU für sie wie für Europa langfristig eher gut oder schlecht, von Vorteil oder Nachteil sind. Wir wollen diese Verunsicherung und die politischen Debatten darüber in diesem Essay an drei Zeitenwenden illustrieren: am Krieg gegen die Ukraine, an der Migration und am Streit über offene oder geschlossene Grenzen.

3. Die erste Zeitenwende: Russlands Krieg gegen die Ukraine

Fast überall in Europa löste die Invasion der unabhängigen Ukraine Schockwellen aus, die Reaktionen darauf fielen jedoch unterschiedlich aus. So waren die westlichen Staaten vor allem entsetzt darüber, dass Putin das Völkerrecht, vor allem den hehren Grundsatz der Unverletzlichkeit der Grenzen, über den Haufen warf und dass direkt an den Grenzen der EU plötzlich wieder ein grausamer Krieg tobte.

Ganz anders das Echo in Mittelosteuropa. Hier verstärkte der russische Einmarsch das bittere Gefühl, in der Einschätzung der russischen Gefahr und Putins imperialer Gelüste seit langem schon immer recht gehabt zu haben. Nicht, dass der Kriegsausbruch in Warschau, Tallinn oder Prag keine zusätzlichen kollektiven Ängste ausgelöst hätte. Im Gegenteil, aus Sorge vor einem großen Krieg bildeten sich vor den Supermärkten sofort lange Schlangen, kauften die Menschen sämtliches Mehl, Nudeln, Toilettenpapier und alle Reinigungsmittel auf. Politiker benutzten die Metapher des brennenden Dorfes, in dem das Feuer von einem Haus sofort auf die anderen Gebäude übergreift. Kaja Kallas, die damalige estnische Premierministerin und heutige EU-Außenbeauftragte, warnte: »Das Problem unseres Nachbarn (die Ukraine) wird morgen unser Problem sein.«

Worauf aber gründet dieses mittelosteuropäische Gefühl des moralischen Rechthabens? Vor allem auf einer seit 300 Jahren währenden Erfahrung: dem zyklischen Verlust staatlicher Souveränität, stets verknüpft mit den brutalen Erfahrungen des russischen Imperialismus, der Mittelosteuropa immer wieder in unterschiedlicher Weise heimgesucht hat. Mal kam dieser Verlust in Gestalt des zaristischen Russlands, mal in der des Stalinismus und Kommunismus, mal im Gewand des Putinismus. Und stets waren die Folgen brutal: Verlust staatlicher Souveränität, ethnische Säuberungen, Zerstörung der nationalen Kultur, verheerende, massenhafte Gewalt.

Die Einschätzung der russischen Gefahr in Mittelosteuropa beruhte vor allem auf 300-jähriger Erfahrung: dem zyklischen Verlust staatlicher Souveränität mit ethnischen Säuberungen, Zerstörung der nationalen Kultur, verheerender, massenhafter Gewalt in der Folge.

Wegen dieses schweren historischen Erbes haben wir auch unser kürzlich erschienenes Buch *Posttraumatische Souveränität* getitelt. Dieser Begriff beschreibt allerdings nicht allein das mittelosteuropäische Verhältnis zu Russland, sondern ebenso zu einigen westlichen Staaten.

Das Trauma des Hitler-Stalin-Pakts ist dafür ein besonders eklatantes Beispiel. Doch anders als die westlichen Länder ist Putins Russland bis heute ein aggressiver und höchst undemokratischer Staat.

Der Blick Mittelosteuropas auf Deutschland ist nach wir vor besonders ambivalent, und das hat – jedenfalls hinsichtlich des Ukraine-Kriegs und der posttraumatischen Souveränität – vor allem drei Ursachen: Die erste fußt auf der offenkundigen, schwerwiegenden Fehleinschätzung von Putins Russland durch Deutschlands politische Eliten – und zwar bereits weit vor dem 24. Februar 2022, dem Beginn des russischen Einmarsches. Für viele Mittelosteuropäer war die von der Bundesregierung danach proklamierte »Zeitenwende« stets mehr magischer Slogan als Bestandteil einer klar definierten, neuen deutschen außenpolitischen Doktrin.

Ohne Zweifel, Deutschland hat seit Kriegsbeginn einen anderen außenpolitischen Kurs eingeschlagen. Doch aus mittelosteuropäischer Sicht bleibt er undeutlich. Mag die Zeitenwende aus deutscher Perspektive revolutionär erscheinen, für die Staaten Mittelosteuropas vollzieht sie sich viel zu langsam und zu wenig ambitioniert.

Es stimmt ebenso: Aus rein deutscher Sicht ist die Ukraine voll ins politische Zentrum gerückt. Deutschland liefert Waffen und nimmt Hunderttausende von Geflüchteten auf. Ukrainische Politiker, Schriftsteller und Künstler werden eingeladen, es wird über die ukrainische Geschichte diskutiert, und es werden die Verbrechen der deutschen Wehrmacht in der Ukraine während des Zweiten Weltkriegs offen thematisiert. Ja, es gibt eine neue Offenheit für die Verantwortung Deutschlands.

Das alles ist sehr erfreulich, doch die Zeitenwende hat auch Schattenseiten. Es ist, als hätten die Deutschen ihr Hauptaugenmerk nur mechanisch verschoben: von Russland auf die Ukraine. War früher Russland der zentrale Bezugspunkt (gemeinsam mit einer Gruppe kleiner mittelosteuropäischer Staaten, die jedoch eher als unwichtige, sogenannte Flyover States behandelt wurden), so ist es heute die Ukraine, aber eben nach wie vor nicht ganz Mittelosteuropa. Dieser alte blinde Fleck existiert also weiterhin und ruft verständlicherweise gemischte Gefühle hervor.

Die zweite Ursache der mittelosteuropäischen Ambivalenz gegenüber Deutschland betrifft die bilateralen Beziehungen zur Bundesrepublik. Zum Beispiel die von Polen: Dort prägte der Ukraine-Krieg die öffentliche Debatte über deutsche Irrtümer gegenüber Russland, und dieser Streit wurde besonders polarisiert geführt, weit über das gewohnte Maß hinaus. Die Überzeugung vieler Polen, Deutschland moralisch überlegen zu sein, erfasste auch andere Themen – selbst völlig neue, deren Ursprung in der gemeinsamen jüngeren Vergangenheit liegt. Plötzlich behaupten viele Polen gleichzeitig, dass sie schon immer etwas an den deutsch-polnischen Beziehungen gestört habe. Die einen erinnern an die von Russland über die Ostsee direkt nach Deutschland gebaute Gaspipeline Nord Stream 2, die der polnische Außenminister Radosław Sikorski – nomen est omen – mit dem Hitler-Stalin-Pakt verglich. Andere beklagen, ihre Familie habe niemals Gerechtigkeit für die Zwangsarbeit während des Zweiten Weltkrieges erfahren. Die Liste der Themen wächst.

Diese neue Dynamik, ausgelöst durch den Ukraine-Krieg, erinnert in gewisser Weise an das Phänomen der MeToo-Bewegung. Der Vergleich mag überraschen, aber bestimmte Mechanismen, vor allem hinsichtlich der Medien, sind ähnlich. Den Anfang bei MeToo machten Anschuldigungen gegen den amerikanischen Filmproduzenten Harvey Weinstein. In deren Folge wurden immer neue Enthüllungen von sexueller Gewalt mächtiger Männer gegen Frauen öffentlich, zunächst in den USA, dann fast überall auf der Welt. Derartige Übergriffe hatte es allerdings schon immer gegeben, doch äußerten sich viele Opfer nur selten öffentlich – und wenn, hörte man ihnen so gut wie nie zu, geschweige denn glaubte man ihnen.

Der Fall Weinstein jedoch löste eine Protestwelle aus. Immer mehr Frauen fanden zusammen und trauten sich zu erzählen. Mithilfe der sozialen Medien wurde MeeToo zu einer weltumspannenden, parteiübergreifenden Bewegung. Egal welcher Herkunft oder politischen Überzeugung – Zigtausende von Frauen wagten sich auf einmal vor und bekundeten, dass auch sie am Arbeitsplatz sexuell belästigt und missbraucht worden seien.

Eine ähnliche kathartische Funktion wie die Weinstein-Enthüllung hatte in Polen auch Russlands Angriffskrieg auf die Ukraine. Zuvor war öffentliche Kritik an der deutschen Politik stets der für Polen typischen Polarisierung unterworfen. Linke und Liberale äußerten sich traditionell eher wohlwollend oder zumindest neutral gegenüber Deutschland. Kritik wurde nur hinter vorgehaltener Hand geäußert oder am besten ganz verschwiegen. Hingegen wetterten Konservative und Rechte unverhohlen und geradezu lustvoll gegen den Nachbarn und nutzten dabei den in einigen Teilen der polnischen Bevölkerung weitverbreiteten Frust gegenüber Deutschland schamlos als politisches Kapital. Doch seit dem Ukraine-Krieg wird die Kritik an Deutschland immer offener und lauter ausgesprochen – und zwar parteiübergreifend und unabhängig von der politischen Gesinnung.

Das hat spürbare Konsequenzen, zum Beispiel hinsichtlich der Reparationsforderungen, die ursprünglich von der rechten PiS-Partei gegen Deutschland erhoben wurden. Vor dem Ukraine-Krieg hätte wahrscheinlich das politische Umfeld des liberal-konservativen Premierministers Donald Tusk diese Forderungen lächerlich gemacht. Heute aber stellen sich so gut wie alle Seiten dahinter, was einmal mehr auch die derzeitige gesellschaftliche Stimmung widerspiegelt. In Polen dominiert die Überzeugung, dass Deutschland eine seit dem

Zweiten Weltkrieg nicht abgegoltene Schuld trägt: für die Zerstörung Polens, seiner Gesellschaft und Kultur. Und dass Reparationszahlungen ein Ausdruck der Wiederherstellung historischer Gerechtigkeit wären.

In den Augen vieler Polen ist aber das Schlimmste nicht die schiere Existenz dieser deutschen Schuld, schließlich haben sich im Laufe der Menschheitsgeschichte die unterschiedlichsten Völker immer wieder entsetzliche Grausamkeiten zugefügt. Nein, besonders schwer wiegt, dass diese Schuld in Deutschland im Grunde verschwiegen wird, dass sie nicht Teil der deutschen Erzählung, des allgemeinen gesellschaftlichen Wissens geworden ist – mal abgesehen vom Wissen einiger Hundert Expertinnen und Experten.

Diese – unausgesprochene – Last wird sich langfristig auf die deutsch-polnischen Beziehungen auswirken. Denn seit Russlands Krieg in der Ukraine haben die mittelosteuropäischen Länder, darunter auch Polen, aufgehört, in Deutschland den älteren und erfahreneren Verbündeten in Europa zu sehen. Bestenfalls wird der Nachbar als gleichwertiger Partner gesehen, schlimmstenfalls als ein Land, das anderen Staaten aus purem Eigeninteresse seine politische und historische Vision aufzwingt.

Das dritte ambivalente Gefühl vieler Mittelosteuropäer gegenüber Berlin betrifft schließlich die rasante Erhöhung deutscher Verteidigungsausgaben. Gerade die Regierung von Bundeskanzler Friedrich Merz hat eine gewaltige Aufrüstung beschlossen. Einerseits fordern Länder wie Litauen, Tschechien oder Estland mehr deutsches Durchsetzungsvermögen gegenüber Russland und eine noch weit stärkere Zeitenwende. Sie sagen, Deutschland müsse endlich militärisch handlungsfähiger werden und ein größeres Bewusstsein für die Gefahren russischer Infiltration und Desinformation entwickeln. Andererseits jedoch erzeugen Milliardeninvestitionen in die Bundeswehr bei vielen Mittelosteuropäern zugleich eine Gänsehaut. Mitunter drängt sich der Eindruck auf, dass es Deutschland niemandem recht machen kann und es für dieses Dilemma keine wirklich »gute« Lösung gibt.

Die sogenannte posttraumatische Souveränität Mittelosteuropas ruft nicht nur russische Aggressionen wach, sondern weckt auch alte Ängste vor einem möglichen Verrat durch den Westen.

Die deutsche Geschichte wiegt halt immer noch schwer. So ruft die sogenannte posttraumatische Souveränität Mittelosteuropas nicht nur russische Aggressionen wach, sondern weckt auch alte Ängste vor einem möglichen Verrat durch den Westen. In der Vorstellungswelt der Mittelosteuropäer ist es nicht ausgeschlossen, dass sich die leidvolle Geschichte dank einer hochgerüsteten deutschen Armee wiederholen könnte. Zusätzlich geschürt wird diese Sorge durch die Möglichkeit, dass die politische Macht in Deutschland eines nicht allzu fernen Tages an die AfD fallen könnte, diese sich weiter radikalisieren und versuchen würde, ihre Politik mithilfe des Militärs durchzusetzen – mit dramatischen Konsequenzen für Deutschlands Nachbarn, für Europa und die Welt.

4. Deutschland als Labor der Migration

Es gibt heute nur wenige Themen, die europaweit so starke Emotionen hervorrufen und so kontroverse Debatten entfalten wie die Migration. Das hat natürlich einen konkreten Zusammenhang. Migration schien einst ein großes Versprechen zu sein: Für die Aufnehmenden verhieß es billige Arbeitskräfte, für die Zugewanderten ein besseres Leben. Doch mit dem weltweit drastischen Anstieg der Migration nahm man allmählichen Abschied von diesen Träumen.

Was Mittelosteuropa anbelangt: Historisch gesehen waren die Nationen dort äußerst multikulturell. Doch der Zweite Weltkrieg, der Nationalsozialismus und der Stalinismus verwandelten sie ethnisch und kulturell in nahezu homogene Gesellschaften. Das verändert sich nun allmählich wieder. Modernität und wachsender Wohlstand in Mittelosteuropa führen auf ganz natürliche Weise dazu, dass aus klassischen Auswanderungs- wieder Einwanderungsländer werden. Und damit stellen sich neue Fragen: Kann eine erfolgreiche Integration der Zuwandernden gelingen? Lassen sich alle von ihnen gut eingliedern? Woran erkennen wir, ob Integration gelungen oder gescheitert ist?

In dieser Hinsicht spielt auch gerade Deutschland wieder für Mittel- und Osteuropa eine besonders wichtige Rolle: als Labor für ein bestimmtes Integrationsmodell. Warum? Weil einerseits die ökonomische Notwendigkeit im damaligen West-Deutschland, ab Mitte der 1950er-Jahre Gastarbeiter zunächst aus Italien, dann unter anderem aus Spanien und Portugal und schließlich aus der Türkei anzuwerben, und der damit zusammenhängende schrittweise Wandel zu einem Einwanderungsland und weil andererseits das symbolträchtige Jahr 2015 mit der Aufnahme von Hunderttausenden Geflüchteten aus Syrien und dem Irak unter dem Motto »Wir schaffen das!« ein unerschöpfliches Reservoir für Recherchen, Analysen und politische Diskussionen bietet.

In der Europäischen Union gibt es zwei Arten von Migration: die innereuropäische und die von außerhalb der EU. Wir Europäer sollten uns einander eigentlich recht gut kennen, Europa ist nicht nur ein geistiger Geburtsort, wie es der große deutsche Philosoph Edmund Husserl nannte, sondern auch ein Ort geistiger Wanderschaft. Das heißt: Europa definiert sich nicht durch den festen Wohnsitz, sondern öffnet Räume und Möglichkeiten, von einem Ort zum anderen zu ziehen und dort für unterschiedlich lange Zeit zu verweilen. Es eröffnet auch die Chance, immer wieder Menschen zu begegnen, die wandern und bleiben oder weiterziehen.

Europäisch zu sein, ist ein spezifischer Fall von Fremdheit, verstanden als eine soziologische Form der Vergesellschaftung, als eine Form wechselseitiger Beeinflussung.

Europäisch zu sein, bedeutet allerdings weder permanente Wanderschaft noch dauerhaft feste Bindung an einen bestimmten geografischen Ort. Europäisch zu sein, ist vielmehr ein spezifischer Fall von Fremdheit, wobei wir diese Fremdheit hier keinesfalls negativ interpretieren, sondern allein in einem soziologischen Sinn verstehen – und zwar in Anlehnung an den bedeutenden deutschen Denker Georg Simmel: als eine soziologische Form der Vergesellschaftung, als eine Form wechselseitiger Beeinflussung, gegenseitiger Anpassung, Abstimmung und Bereicherung.

Der europäische Binnenmarkt macht es möglich, dass Europäer in der EU frei umherziehen und eine Zeit lang an einem Ort verweilen können, um dort zu lernen, zu leben, zu arbeiten. Doch, und das ist entscheidend: Obwohl der Wandernde seit Anbeginn Teil des europäischen Raumes ist, bringt er an jenem Ort, an dem er sich niederlässt, Eigenschaften mit, die diesem ursprünglich nicht eigen sind.

Oder wie Simmel es ausdrücken würde: Die Einheit von Nähe und Distanz, die in jeder menschlichen Beziehung enthalten ist, wird in diesem Fall modifiziert; hier ist der Mensch nahe und zugleich fern. Ein konkretes Beispiel: So war etwa jene Frau, die aus dem ehemaligen Jugoslawien Ende der 1990er-Jahre in ein Mietshaus in München zog, unter den angestammten Bewohnern eine Fremde. Als sich jedoch die Zusammensetzung der Mieter nach und nach veränderte, diese inzwischen aus vielen unterschiedlichen Ländern kamen, im Haus nun eine bunte Truppe wohnte, da wurde auf einmal auch die alteingesessene 70-jährige deutsche Mieterin zur Fremden. Wenngleich, wohlgemerkt, das nicht bedeutet, dass die aus aller Welt Zugezogenen jemals aufgehört hätten, selbst Fremde zu sein.

Mit anderen Worten: Polen und Ukrainer, die in Berliner Straßen einziehen, sind Fremde. Fremd aber fühlen sich zugleich auch die angestammten Bewohner dieser Straßen, wenn plötzlich um sie herum tagein, tagaus Sprachen gesprochen werden, die dort zuvor nicht zu hören waren. In der Nähe des Fremden, der direkt nebenan wohnt, kristallisiert sich der gesellschaftliche Wandel, stoßen Veränderung und der Wunsch nach Bewahrung, neue Hierarchien und Spannungen sowie unterschiedlichste kollektive Emotionen hart aufeinander.

In der Nähe des Fremden kristallisiert sich der gesellschaftliche Wandel, stoßen Veränderung und der Wunsch nach Bewahrung, neue Hierarchien und Spannungen sowie kollektive Emotionen hart aufeinander.

Kurzum, als Folge innereuropäischer Migration wird so gut wie jeder Mensch fast zwangsläufig Teil eines kleinen Ökosystems aus Nachbarschaft, gemeinsamen Wegen und Verhaltensweisen. Von außen betrachtet sind darum Europäer trotz all ihrer Unterschiede immer eine gewisse Einheit, etwa in der Art, wie sie essen, tiefere Gespräche führen, sich in der Öffentlichkeit geben, ihre Freizeit gestalten, die Beziehungen zwischen Frauen und Männern, zwischen Eltern und Kindern pflegen. Wer jemals länger in Kulturen außerhalb Europas, auf einem anderen Kontinent gelebt hat, wird das sofort verstehen. Ein Deutscher in China wird sich irgendwann nach der Gabel sehnen, trotz des Abenteuers und Vergnügens, mit Stäbchen zu essen. Ein Litauer in den Vereinigten Staaten wird irgendwann inständig nach einem Café Ausschau halten, das die Atmosphäre des Alten Kontinents atmet.

Aus innereuropäischer und subjektiver Sicht hingegen unterscheiden sich europäische Fremde stets – und oft fundamental. In den Augen des jeweiligen Betrachters wird damit auch ein Urteil über die soziale Stellung gefällt. Der Klang der Sprache und der Akzent haben grundsätzliche Bedeutung und können schnell über die Stellung auf der Werteskala entscheiden. Mittelosteuropäer wissen, dass ihr osteuropäischer Zungenschlag in der deutschen Sprache oft wie ein Verrat wirkt, ganz egal welche »nichtsprachlichen Fähigkeiten« sie ansonsten mitbringen. Der Akzent bestimmt sofort die Ausgangsposition des Fremden in der sozialen Hierarchie. Und auch wenn die Sprache keine unveränderliche Größe ist, prägt sie das Sein, die Stellung in der Gesellschaft und besitzt nur begrenzte Möglichkeiten, dies zu verändern und bewusst zu gestalten.

Das gilt jedenfalls ganz allgemein und nicht unbedingt für spezifische Lebenszusammenhänge wie etwa für die Welt der Wissenschaft oder der Kunst. Dort, in den kulturellen, gesellschaftlichen Eliten, herrscht zumindest auf einer oberflächlicheren Ebene ein höheres Maß an gewünschter Normenvielfalt.

Insgesamt jedenfalls stößt man in Europa immer wieder auf kulturelle Hierarchien. Und weil sich die meisten Europäer ansonsten kulturell so sehr ähneln, spielt vor allem die Sprache für die Ein- und Zuordnung von Fremden eine besonders wichtige Rolle. So sind zum Beispiel in Deutschland bestimmte Sprachen oder Akzente hoch angesehen, weil sie wie etwa Französisch oder Englisch mit einer Hochkultur, großer Intellektualität, einem besonderen akademischen Milieu oder zumindest mit großem Finanzkapital in Verbindung gebracht werden. Osteuropäische Sprachen wie Polnisch oder Ukrainisch hingegen gelten als minderwertiger und werden im Allgemeinen Menschen zugeordnet, die körperliche Arbeiten verrichten. Kein Wunder also, dass für europäische Zuwanderer aus dem Osten ihre Integration im deutschen »Labor« viel zu wünschen übrig lässt. Selbst jene, die schon lange in Deutschland leben, haben ein Gefühl der Entfremdung – und nicht bloß der soziologischen Fremdheit.

Es gibt durchaus so etwas wie zu wenig oder zu viel Fremdheit.

Fremdheit wird allerdings auch durch andere Kategorien bestimmt, zum Beispiel durch Zahlen und Intensität. Es gibt durchaus so etwas wie zu wenig oder zu viel Fremdheit. Zu wenig Fremdheit führt zu Abschottung und Abkapselung, zum Verharren in eingefahrenen Denkmustern und zu einem Mangel an Möglichkeiten, neue Dinge über die Welt zu lernen. Oft hängen diese Verhaltensweisen mit der Angst vor dem Anderen zusammen. Zu viel Fremdheit hingegen ruft Frustration hervor, stärkt die Angst vor dem Verlust der eigenen Identität und des kulturellen Kanons.

Zwischen diesen beiden Extremen gibt es jedoch einen Mittelweg, eine Art Gleichgewicht, *Equilibrium* der Fremdheit, das ein gedeihliches gegenseitiges Lernen, den Austausch von Wissen und Fähigkeiten ermöglicht. Soziologische Studien belegen außerdem, dass nicht, wie oft behauptet, Faktoren wie Religion, Herkunftsland oder Kultur die Integration von Zugezogenen erschweren. Das passiert eher, wenn in kurzer Zeit zu viele Menschen auf einmal kommen.

Mit anderen Worten: Alle Zuwanderer können Integrationsschwierigkeiten haben, egal ob Katholiken oder Muslime, Polen, Franzosen oder Bangladescher. Entscheidend ist, dass Aufnahmeländer nicht von der schieren Zahl neuer Menschen überfordert werden, dass der Proporz zwischen der bereits vorhandenen Bevölkerung und den vielen Neuankömmlingen, also das Equilibrium der Fremdheit, nicht völlig aus dem Gleichgewicht gerät. Bleibt die Balance gewahrt, kann Migration durchaus zu fruchtbaren Vergemeinschaftungen führen: dem gemeinsamen Verbringen der Freizeit, gemeinsame Formen des

Feierns, Erholens und Essens. Es können neue Wege beschritten werden und Innovationen entstehen, etwa bei der Verteilung und Ausübung von Macht, bei der Art und Weise, zu arbeiten oder miteinander zu kommunizieren. Ein derartiger Austausch verläuft selbstverständlich nicht völlig spannungsfrei, aber ein beherrschbares Maß an Neuerungen löst weit weniger Ängste aus.

Zwei Beispiele zeigen, was passieren kann, wenn dieses Gleichgewicht außer Acht gelassen wird: In den Jahren nach 2004, nachdem die EU ihren Binnenmarkt auch für die neuen Mitgliedstaaten aus Mittel- und Osteuropa geöffnet hatte, erfasste weite Teile der Briten ein kollektives Gefühl von Kontrollverlust, das am Ende zu ihrem Austritt aus der EU führte. Ein ähnliches Empfinden machte sich ab Herbst 2015 zwischen München, Dresden und Flensburg breit, als Hunderttausende Menschen von außerhalb Europas in Deutschland Zuflucht suchten. Allein die schiere Zahl überforderte die aufnehmende Bevölkerung, das Neue psychologisch zu verarbeiten.

Bis heute prägen die Ereignisse im Herbst 2015 das Deutschlandbild der Mittelosteuropäer. In ihren Augen ist die Bundesrepublik ein Land, in dem Zuwanderung das Equilibrium der Fremdheit empfindlich gestört hat. Allerdings wird auch den Gesellschaften Mittel- und Osteuropas allmählich bewusst, dass mit steigendem Wohlstand die Zahl der Arbeitsmigranten und Flüchtlinge ebenfalls deutlich steigen könnte. Die Reaktionen darauf sind unterschiedlich: Die einen verlangen eine genaue Analyse der westeuropäischen Migrationsstrategien, allen voran der deutschen, um aus deren Erfolgen und Misserfolgen lernen zu können. Die anderen benutzen Deutschland als warnendes Beispiel und als willkommenen Anlass für ihre populistische Forderung, dass die »ursprüngliche« Gesellschaft unbedingt vor einem unaufhaltsamen »Zustrom« von Fremden geschützt werden müsse.

Leider konzentriert sich die deutsche Debatte auf Zuwanderer von außerhalb Europas. Die Folge: Es fehlt an einer Beschäftigung mit der Integration von Polen, Ukrainern, Bulgaren, Rumänen und Ungarn. Manche Fremde aus dem europäischen Osten mögen sich deshalb ungerecht behandelt fühlen, sind sie doch statistisch gesehen geradezu vorbildliche Bewohner der temporären neuen Heimat.

Schlimmer noch: Einige dieser Zugewanderten befürchten sogar, dass ihnen die außereuropäischen Fremden all das streitig machen, was sie sich mühsam erarbeitet haben. Und sofort stehen natürlich Populisten Spalier, um diese Ängste politisch zu instrumentalisieren. Im Vereinigten Königreich konnte man genau das erleben. Exakt wegen dieser Sorge votierten damals viele frisch eingebürgerte britische Staatsbürger polnischer Herkunft für den Austritt des Vereinigten Königreichs aus der Europäischen Union. Und auch in der Bundesrepublik gibt es nicht wenige junge Deutsche mit Migrationshintergrund, die aus diesen Gründen für die AfD stimmen.

Vielleicht wird es wieder möglich, Migration als ein Versprechen zu sehen: als eine erwünschte Zuwanderung, die ein Equilibrium der Fremdheit wahrt, aber zugleich sämtliche Kategorien des Fremden erlaubt.

Globale soziale Mobilität ist ein Merkmal unserer Epoche und die Grundlage europäischer Ökonomien. Eine Welt ohne sie ist kaum mehr vorstellbar, dennoch sollte sie umsichtig reguliert und unter Kontrolle gehalten werden. Nicht nur damit Deutsche oder etwa Polen ohne größere Verwerfungen gemeinsam mit arbeitswilligen Menschen aus fernen Ländern leben können. Sondern auch weil der Austausch von unterschiedlichen Erfahrungen und Lebenswelten sowie die Lehren aus Fehlern wie Erfolgen der Einwanderungspolitik es vielleicht wieder möglich machen, Migration als ein Versprechen zu sehen: als eine erwünschte Zuwanderung, die ein Equilibrium der Fremdheit wahrt, aber zugleich sämtliche Kategorien des Fremden erlaubt.

5. Zweite Zeitenwende: die Schließung der europäischen Grenzen

Ende der 1990er-Jahre, wir selbst waren damals knapp 20 Jahre alt, konnten wir frei in den Westen reisen, für die meisten Länder Westeuropas brauchten wir kein Visum mehr. Und wir taten das vor allem, um europäische Sprachen besser kennenzulernen.

Wir traten damals die lange Fahrt in den Westen in einem altmodischen Reisebus an. Am Grenzübergang nach Deutschland mussten wir mehrere Stunden warten, doch die Geduld lohnte sich. Wir fuhren in die Europäische Union ein und staunten, dass dort alles anders und besser aussah als bei uns – und dass es danach an den Ländergrenzen, die wir innerhalb der EU überquerten, keine Kontrollen mehr gab. Unsere Europatouren waren zugleich eine Zeitreise: Wir sahen die Zukunft unseres eigenen Landes und das Versprechen eines besseren Lebens.

Als unser Bus damals in Świecko und in Słubice hielt, sammelte ein deutscher Grenzbeamter unsere dunkelblauen Pässe ein, nahm sie mit in sein Büro, prüfte sie und drückte einen Stempel hinein. Doch der Beamte hatte keinen blassen Schimmer, welche Macht wir ihm zuschrieben. Für ihn war der Stempel bloße Routine, uns aber öffnete er das Tor zur Zukunft, das unseren Großeltern und Eltern so lange verschlossen war. Als diese Grenze 1945 auf der Konferenz von Jalta festgelegt und anschließend dichtgemacht wurde, fragte uns niemand nach unserer Meinung. Doch fortan bestimmte der Charakter dieser Grenze das Leben von Generationen. Nun aber war auf einmal ein

Wunder geschehen: Die so lange geschlossene Grenze war plötzlich für uns offen.

Zehn Jahre nach unserer damaligen Reise, im Dezember 2007, versammelten sich zahlreiche Menschen an diesen Grenzübergängen, auf polnischer wie auf deutscher Seite. Es war kalt, und sie spielten zur Aufwärmung fröhliche Musik, die polnische und die deutsche Nationalhymne wurden gesungen – und ebenso die Ode an die Freude, die Hymne der Europäischen Union. Was war geschehen? Polen und eine Reihe weiterer Staaten Mittelosteuropas waren dem Schengenraum beigetreten, ihre Bürgerinnen und Bürger durften in diesem Raum fortan ohne jede Grenzkontrolle hin und her reisen. Aus Sicht dieser Menschen fiel damit die letzte Bastion der nach dem Zweiten Weltkrieg entstandenen Ungerechtigkeit.

Die Zukunft sollte fortan den offenen Grenzen gehören.

Die Zukunft sollte fortan den offenen Grenzen gehören. Doch seit geraumer Zeit wird das Rad der Geschichte zurückgedreht, gibt es wieder Kontrollen und hat genau an dieser deutsch-polnischen Grenze ein Wettbewerb populärer, aber ebenso populistischer politischer Entscheidungen begonnen, die in vielen sozialen Medien emphatisch gefeiert werden. Diese Entscheidungen wurden sowohl in Berlin als auch in Warschau getroffen. Die Verheißung einer neuen Zukunft erscheint heute wie eine vorzeitig vergangene Zukunft.

Für uns Mittelosteuropäer haben Grenzkontrollen eine ganz andere Bedeutung als zum Beispiel für Franzosen. Als Deutschland sie im vergangenen Jahr einführte, klagten vor allem Franzosen, die nahe der Grenze wohnen und ihren Arbeitsplatz in Deutschland haben, über nun längere Fahrzeiten. Für Mittelosteuropäer jedoch ist diese Zeitenwende dramatischer. Bedeutete damals die Öffnung der Grenzen die ersehnte »Rückkehr nach Europa«, weckt nun ihre Schließung böse Erinnerungen an das halbe Jahrhundert des Kalten Kriegs. Offene Grenzen haben für uns eine moralische Bedeutung. Der Beitritt zum Schengenraum verhalf uns, endlich jener historischen Regelmäßigkeit zu entfliehen, mit der sich der russische Imperialismus in Mittelosteuropa immer wieder in Erinnerung rief. Es war die Rückkehr zur erträumten westlichen Normalität.

Die polnische Regierung scheint das leider vergessen zu haben, als sie im Juli 2025 ihrerseits Kontrollen an der polnisch-deutschen und der polnisch-litauischen Grenze einführte. Und auch hier dient wieder einmal Deutschland, das den bedauerlichen Anfang machte, als Versuchsraum, als Labor.

Offene Grenzen haben nicht nur eine politische, sondern ebenso eine große zivilisatorische Bedeutung.

Offene Grenzen aber haben nicht nur eine politische, sondern ebenso eine große zivilisatorische Bedeutung. Der tschechisch-französische Schriftsteller Milan Kundera sagte einmal, »Europäer« sei derjenige, der Sehnsucht nach Europa verspüre. Diese Sehnsucht ergreift uns Mittelosteuropäer desto stärker, je mehr wir erkennen, dass das gegenseitige Überbieten mit Grenzüberwachungen – erst von Bundeskanzler Olaf Scholz, dann von seinem Nachfolger Friedrich Merz und schließlich von Polens Ministerpräsidenten Donald Tusk – im Wettlauf mit Populisten nichts Gutes bringen wird.

Das Ziel der Rechtsradikalen ist die Maximierung nationaler staatlicher Souveränität. Der AfD-Politiker Björn Höcke und sein politisches Umfeld fordern schon seit langem Massendeportationen und spielen gefährlich mit dem Begriff »Remigration«. Sie kündigen an, sollten sie eines Tages an die Regierung kommen, würden sie in puncto Migration keine halben Sachen machen. Ihre rabiate Sprache ist

Resonanzboden und rhetorisches Reservoir für alle möglichen rechtsextremistischen Parteien in den Staaten Mittelosteuropas. So argwöhnisch diese Parteien und deren Politiker auch auf Deutschland blicken, sosehr sie auch antideutsche Ressentiments schüren, so emphatisch applaudieren sie dennoch so gut wie allem, was deutsche Rechtsextremisten von sich geben.

Es scheint nur eine Frage der Zeit zu sein, bis irgendein AfD-Politiker vorschlagen wird, wieder eine Mauer zu errichten, allerdings dieses Mal um ganz Deutschland herum. Und die Antwort polnischer Nationalisten wird nicht lange auf sich warten lassen. Leute wie Sławomir Mentzen von der Konfederacja oder Robert Bąkiewicz von der Rota Niepodległości werden womöglich fordern, die bereits an der polnisch-belarussischen Grenze errichtete Mauer um ganz Polen zu ziehen. Statt nach vernünftigen Lösungen des Migrationsproblems zu suchen, findet in Europa ein neuer Überbietungswettbewerb darüber statt, wer seine Landesgrenzen am effektivsten »abdichten« kann.

Die Schließung von Grenzen, diese neueste »Zeitenwende«, erfüllt uns als Polen und als Mittelosteuropäer mit großer Sorge. Nicht in erster Linie wegen unseres eigenen Schicksals, sondern aus Angst um die Zukunft der Europäischen Union. Hoffen wir, dass wir uns irren.

Epilog. Deutschland, Mittelosteuropa und die Spaltung des Westens

Wir haben diesen Essay mit der Feststellung eröffnet, dass Mittel- und Osteuropa vor 35 Jahren in den Westen zurückgekehrt sind. Doch in diesem Jahr, dem Jahr 2025, zeigt sich ein völlig anderes geopolitisches Gefüge, eine völlig andere politische Dynamik, die weder vor Deutschland noch vor seinen östlichen Nachbarn haltmachen wird.

Vor 25 Jahren erschien ein monumentales Werk über die deutsche Geschichte. Sein Titel lautet: *Der lange Weg nach Westen*. Der Autor, der Historiker Heinrich August Winkler, geboren 1938 in Königsberg, vertrat mit kühner Überzeugung die These, dass Deutschland in gewissem Sinne nie wirklich zum Westen gehört habe. Zu Beginn des 21. Jahrhunderts jedoch, so Winkler und so der Buchtitel, könne man sagen, dass diese schwierige Reise nach zwei Jahrhunderten endlich abgeschlossen und Deutschland im Westen angekommen sei.

Kulturell, schreibt Winkler, habe sich Deutschland zwar immer dem Westen verbunden gefühlt. Doch hätte den politischen Eliten lange der Wille gefehlt, die wichtigste institutionelle Errungenschaft des Westens zu übernehmen: die repräsentative Demokratie und die Gewaltenteilung. Getrieben von tiefen antiwestlichen Ressentiments hätten ebendiese Eliten Deutschland in zwei katastrophale Weltkriege geführt. Erst mit der Öffnung West-Deutschlands auch gegenüber der politischen Kultur des Westens habe sich diese Dynamik zu verändern begonnen. Chronologisch ging dieser Wandel einem ähnlichen Prozess in Ost-Deutschland voraus, der dort erst in den Jahren 1989, 1990 einsetzte.

Für Mittelosteuropäer ist diese Analyse Winklers bemerkenswert, lädt sie doch zu einer Reflexion über die Bedeutung des Begriffs »der Westen« ein. Ein Grund: In der zweiten Hälfte des 18. Jahrhunderts ereignete sich eine der folgenreichsten geopolitischen Umwälzungen in der Geschichte des europäischen Kontinents, Polen-Litauen, ein Staat von fast einer Million Quadratkilometer Fläche und jahrhundertelang Teil des europäischen Lebens, verschwand von der Landkarte.

Das war die Folge von drei aufeinanderfolgenden Teilungen, veranlasst von Preußen, Österreich und Russland. Für die politischen Eliten des untergegangenen Staats Polen-Litauen, einst begründet auf einem System der Adelsdemokratie mit gewähltem Monarchen, bewahrheitete sich damit, dass die Aggressionen nicht nur von der imperialen Macht des Ostens, von Russland ausgingen, sondern ebenso von zwei westlichen Mächten. Für Polen und Litauen ist dieses Trauma die Wurzel der oben beschriebenen posttraumatischen Souveränität.

Der Schock greift allerdings noch tiefer, waren es doch zwei wenn auch absolutistische, so doch aufgeklärte westliche Staaten, die eine zwar fehlerhafte, aber gleichwohl funktionierende Demokratie zerschlugen, eine der umfassendsten Demokratien Europas, jedenfalls gemessen an den der Adelsklasse garantierten Freiheiten.

Mit dem Untergang von Polen-Litauen gerieten außerdem zentrale Dokumente dieser Demokratie in Vergessenheit. So war zum Beispiel die Konföderation von Warschau aus dem Jahre 1573 ein grundlegender und rechtsverbindlicher Akt zur Sicherung des politischen Konsenses und religiöser Freiheit. Dieses damals feierlich beschlossene Dokument müsste in eine Reihe mit der Magna Charta von 1215 gehören.

Die plötzliche Auslöschung des gesamten multiethnischen Staates Polen-Litauen am Ende des 18. Jahrhunderts veränderte nicht nur die geopolitische Landkarte Europas, sondern schrieb sich auch tief in das kollektive Gedächtnis ein. Diese Geschichte großer politischer Traditionen wurde von den imperialen Erzählungen Preußens, Österreichs und Russlands vollständig verdrängt.

Der »lange Weg in den Westen« führte über die Zerstörung des Westens im Osten, die Zerstörung also erster Ansätze einer Demokratie.

Solche in Vergessenheit geratenen historischen Ereignisse kommen einem wieder in den Sinn, wenn man Werke wie jenes von Winkler liest. Denn zum einen war Preußens Aufstieg unmittelbar mit der Auslöschung der polnisch-litauischen Rzeczpospolita verbunden. So führte der lange Weg in den Westen über die Zerstörung des Westens im Osten, wobei der Begriff »Westen« hier für die ersten Ansätze einer Demokratie steht. Auf jeden Fall waren die politischen Freiheiten, die damals die Eliten in der polnisch-litauischen Rzeczpospolita genossen, unvergleichlich größer als die in Preußen gewährten Freiheiten. Auch in Großbritannien und in Frankreich blieb damals die politische Teilhabe bestimmten gesellschaftlichen Klassen vorbehalten, war also die Norm.

Zum anderen – und das ist vielleicht für die Gegenwart noch relevanter – sahen die aufgeklärten Eliten des 18. Jahrhunderts glasklar, dass in ganz Europa, also im gesamten damaligen Westen, schon seit Jahrhunderten zwei politische Bewegungen miteinander rangen: Die eine strebte nach Ausweitung individueller Freiheit, die andere nach deren Einschränkung. Diese Strömungen erhielten unterschiedliche Namen und wurden in unterschiedliche politische Doktrinen eingebettet, aber der zugrunde liegende Konflikt blieb derselbe.

So ruft auch Winklers historisches Werk den Osteuropäern noch einmal deutlich in Erinnerung, dass es nie nur *einen* Westen gab, sondern immer *zwei*. Europas Geschichte wurde letztlich von diesen beiden gegensätzlichen Bewegungen geprägt, von zwei Antipoden, zwischen denen sich ein breites Spektrum an Zwischenmeinungen entfaltete.

Der Blick in die Geschichte macht noch einmal deutlich, dass es nie nur *einen* Westen gab, sondern immer *zwei*.

Mithin ist also bereits der Begriff des Westens problematisch. Zum besseren Verständnis hilft es darum, den Blick auf eine Zeit zu richten, in der dieser Begriff eine gewisse geopolitische Stabilität gewann: auf die Epoche des Kalten Krieges im 20. Jahrhundert. Geografisch umfasste der Westen damals Westeuropa, die Vereinigten Staaten und eine Reihe verbündeter Länder wie Kanada und Australien. Politisch stand der Westen für die liberale Demokratie, wirtschaftlich bekannte er sich zu unterschiedlichen Modellen des Kapitalismus und definierte sich als Opposition zum Kommunismus. Dieses Verständnis und diese Gemeinsamkeit des Westens wurden Schritt für Schritt institutionalisiert: vor allem durch das Verteidigungsbündnis NATO und das Projekt der westeuropäischen Integration, das mit den Römischen Verträgen begann und in die EU mündete.

Etwa zur gleichen Zeit, als Winklers Buch erschien, versuchte ein französischer politischer Theoretiker, die begriffliche Unschärfe rund um die Idee des Westens zu klären. In einem knappen, aber ambitionierten Band publizierte Philippe Nemo eine genealogische Darstellung der westlichen Zivilisation. Darin identifizierte er fünf zentrale geschichtliche Entwicklungen, deren kumulative Wirkung, so seine These, den Westen so entstehen ließ, wie wir ihn seit dem frühen 21. Jahrhundert kennen.

Die fünf Stufen: Am Anfang stand die griechische Polis, ein Staatsverband, in dem die Bürger vor dem Gesetz gleich waren und in Freiheit lebten, eine formale Bildung genossen und die Wissenschaft vorantrieben. Der Polis folgte, als zweite Stufe, die römische Errungenschaft eines umfassenden Rechtssystems mit der Gewährleistung von Privateigentum und individueller Personalität sowie die Begründung des Humanismus. Die dritte Stufe war die biblische Revolution, sowohl ethisch als auch eschatologisch. Sie führte die Idee der Barmherzigkeit ein, jenseits der Gerechtigkeit und eines linearen, erlösenden Geschichtsverlaufs.

Die vierte Etappe bildete die spätmittelalterliche Synthese von Athen, Rom und Jerusalem, in der griechische Wissenschaft und römisches Recht mit biblischer Ethik und einer Theologie der Geschichte in Einklang gebracht wurden. Die fünfte und letzte Stufe war das Entstehen liberaler Demokratien, ein System, das die Freiheit des Individuums garantiert und in dem Wissenschaft, Politik und wirtschaftliches Leben auf den Prinzipien des Pluralismus basieren. Diese Mischung war der entscheidende Grund dafür, dass die meisten westeuropäischen Staaten und die USA den ganz großen Sprung nach vorne schafften.

Mittelosteuropäern fällt natürlich sofort auf, dass Nemos Werk sie und ihren Beitrag zum Westen außer Acht lässt. Aber das ist nicht der entscheidende Punkt. Wichtiger ist hier etwas anderes, das sowohl in den Werken Nemos und Winklers seinen Niederschlag findet: der intellektuelle, stark wertebezogene Rahmen, der sowohl das westliche Denken als auch das Denken über den Westen im Schatten des Eisernen Vorhangs dominierte. Der Westen wird hier als eine Kultur verstanden, deren höchste Errungenschaft Theorie und Praxis der liberalen Demokratie sind – so, wie diese sich nach 1989 herausgebildet haben.

Nach dem Fall der Mauer und dem Zusammenbruch der Sowjetunion erschien das Konzept des Westens den meisten Menschen weltweit als eine Selbstverständlichkeit. Das unter dem Banner des Westens wiedervereinigte Deutschland war lange Zeit das herausragende Beispiel dafür. Doch heute erleben wir die Erosion jener geopolitischen Ordnung, in der es offensichtlich nur *einen* Westen gab. Jetzt aber spaltet sich dieser wieder in zwei Hälften: in eine, die sich weiterhin eindeutig und mutig zu den liberalen Werten bekennt, und in eine andere, die vornehmlich egoistische Ziele und Politiken verfolgt. Zumindest der Deutschland nächstgelegene Teil Mitteleuropas hofft und setzt auf die erste Hälfte.

Auch wenn es akademischen Theoretikern schwerfiel, eine präzise enzyklopädische Definition des Westens zu liefern, schien der Rest der Welt keinerlei Schwierigkeiten zu haben, die dazugehörigen Länder zu benennen, sobald vom »Westen« die Rede war. Das Bedürfnis begrifflicher Klärung entstand erst mit dem Fall der Sowjetunion, im Jahr 1991. Und der Terroranschlag auf das World Trade Center in New York zehn Jahre später, am 11. September 2001, löste eine Flut von Büchern und Essays aus, die zu erklären versuchten, was »the West« eigentlich von »the rest« unterscheidet.

Ähnliche Debatten hatte es zwar auch schon früher gegeben, insbesondere 1993 im Zuge der Kontroverse um Samuel Huntingtons Buch *Clash of Civilizations*. Doch erst 9/11 zwang viele Autoren zu einem Akt der Selbstbeschreibung: zum Versuch, sich selbst im Kontrast zu einem Teil der Welt zu definieren, der soeben auf dramatische und gewaltsame Weise seinen Hass offenbart hatte. Ian Buruma und Avishai Margalit zum Beispiel beschäftigten sich mit dem Bild des Westens aus der Sicht seiner Feinde und argumentierten, dass ein Großteil dieser Feindseligkeit seinen Ursprung im Westen selbst hatte.

Konservative Denker wie der britische Philosoph Roger Scruton zogen hingegen einen eher ambivalenten Schluss: Der Westen sei es durchaus wert, verteidigt zu werden, so Scruton, aber nur, wenn er bereit sei, sich selbst zu reformieren. Wolle der Westen sich selbst treu bleiben, müsse er liberale Übertreibungen eindämmen und einen Prozess der Selbstbegrenzung beginnen: etwa in der Migrationspolitik und hinsichtlich zu großzügiger multikultureller Toleranz, in Bezug auf den ausufernden globalen Freihandel und den unkontrollierten Einfluss transnationaler Konzerne. Vor allem aber müsse er seine rechtsstaatliche Autorität innerhalb der Grenzen des Nationalstaats wiederherstellen.

Mit der Zeit wurde diese anfangs eher defensive Agenda immer ausgefeilter, sie integrierte neue Argumentationsebenen, ließ sich von der vermeintlichen Effizienz autoritärer Regime inspirieren und nutzte für ihre Verbreitung neue Kommunikationstechnologien, insbesondere die sozialen Medien. Mit der Zeit wurde ein vollständig ausgeformtes neues ideologisches Projekt geboren, das an das oben erwähnte zweite Gesicht des Westens erinnert: an den westlichen Antiliberalismus des 21. Jahrhunderts, der mit der MAGA-Bewegung in den USA seine fröhlichen Urständ feiert.

Mit einem Mal wird überdeutlich sichtbar, dass die Saat des politisch Bösen schon immer in unserer europäischen und westlichen Kultur schlummerte.

Mit einem Mal wird überdeutlich sichtbar, dass – wie in Albert Camus' Roman *Die Pest* – die Saat des politisch Bösen schon immer in unserer europäischen und westlichen Kultur schlummerte. Das Spektrum der Möglichkeiten, der liberalen Demokratie zu Leibe zu rücken, ist riesig, es reicht von einzelnen Freiheitsbeschneidungen innerhalb einer Demokratie bis zum Autoritarismus, ja gar zur Rückkehr des Faschismus.

Hoffen wir, dass sich sowohl Deutschland als auch die Länder Mittelosteuropas – und überhaupt alle europäischen Länder – auf die erste Seite des Westens stellen: auf die Seite der liberalen Werte.

Deutsche Nationalstiftung
Deutschen Nationalpreis 2025
Prof. Dr. Özlem Türeci und Prof. Dr. Uğur Şahin

Nationalpreis 2025: Auszeichnung für Özlem Türeci und Uğur Şahin

Am 10. Juni 2025 ehrte die Deutsche Nationalstiftung in der Französischen Friedrichstadtkirche am Berliner Gendarmenmarkt die Mitgründer des Mainzer Unternehmens BioNTech, Prof. Dr. Özlem Türeci und Prof. Dr. Uğur Şahin, mit dem Deutschen Nationalpreis.

Der Vorstandsvorsitzende der Stiftung, Thomas Mirow, begründete die Entscheidung der Jury:

Prof. Türeci und Prof. Şahin hat es schon bisher an hohen und höchsten Auszeichnungen nicht gefehlt, insbesondere an Preisen für ihre herausragenden wissenschaftlichen Leistungen. Warum also heute auch noch der Deutsche Nationalpreis?

Sie beide haben mit BioNTech auf der Grundlage intensiver wissenschaftlicher Forschung ein bedeutendes Unternehmen geformt, das einen großen Beitrag zur Bekämpfung der Coronapandemie leisten konnte und dabei ist, ebenso bahnbrechende Fortschritte auf dem Gebiet der Krebsbekämpfung zu erzielen. Sie haben damit ein leuchtendes Beispiel geschaffen, das hoffentlich viele junge Gründerinnen und Gründer in Deutschland ermutigen wird, einen vergleichbaren Weg zu gehen. Denn es ist für unsere Zukunft von kaum zu überschätzender Bedeutung, dass wir unsere großen Stärken in Wissenschaft und Forschung sehr viel entschiedener in unternehmerische Erfolge ummünzen.

Mario Draghi, der frühere EZB-Präsident, hat in seinem umfassenden Bericht vom Herbst letzten Jahres über die wirtschaftlichen Perspektiven Europas festgehalten, dass die EU »schwach in den aufstrebenden Technologien, die das zukünftige Wachstum vorantreiben werden« sei und dies, sehr zu Recht, als »existenzielle Herausforderung« für unseren Kontinent bezeichnet.

Die Fakten sprechen eine klare Sprache: Nur vier der 50 größten Technologieunternehmen der Welt sind europäisch, obwohl Europa eine größere Bevölkerung als die USA hat und über 20 Prozent der globalen Wirtschaftsleistung aufbringt. So befindet sich beispielsweise von den Top-10-Unternehmen, die global in Quantencomputing investieren, kein einziges in Europa.

In den letzten 50 Jahren haben die USA 241 neue Unternehmen mit einer heutigen Marktkapitalisierung von mehr als zehn Milliarden US-Dollar gegründet. In Europa waren es nach entsprechenden Berechnungen von Forschern der MIT Sloan School of Management lediglich 14. Das typische Unternehmen in den Top 10 der börsennotierten US-Firmen wurde 1985 gegründet, während es in Europa laut dem Internationalen Währungsfonds 1911 war. In den späten 1990er-

Jahren, als die digitale Revolution in Gang kam, produzierte ein Arbeitnehmer in der EU durchschnittlich 95 Prozent dessen, was seine US-Kollegen pro Stunde schafften. Heute sind es weniger als 80 Prozent – und unsere Wirtschaft ist inzwischen ein Drittel kleiner als die der USA.

Und dabei sind die Vereinigten Staaten nicht unser einziger Konkurrent. Auch China entwickelt sich zu einer führenden Hightechnation. Mit nachweisbaren Erfolgen verfolgt die dortige Führung das Ziel, in zehn Schlüsselindustrien – darunter KI, 5G, Robotik, Drohnen, Elektromobilität und erneuerbare Energien – Weltmarktführer zu werden. Chinesische Plattformen wie Temu oder Shein und KI-Anwendungen wie DeepSeek sind schon heute international erfolgreich.

Diese Herausforderung anzunehmen, ist nicht nur eine ökonomische Notwendigkeit. Wenn wir uns in der Welt behaupten und autoritäre Bestrebungen auch in unseren eigenen Gesellschaften zurückdrängen wollen, müssen wir beweisen, dass wir als freiheitliche Demokratien in der Lage sind, auch unter den Bedingungen des 21. Jahrhunderts wirtschaftliche Dynamik zu entfalten und so unseren Wohlstand zu sichern.

Mit unseren vorzüglichen Universitäten und den überaus erfolgreichen nichtuniversitären Forschungsinstitutionen wie Max-Planck, Fraunhofer, Leibniz oder Helmholtz haben wir in Deutschland hierfür beste Voraussetzungen. Was es braucht, sind bundesweit konsequente Gründungsaktivitäten entlang der gesamten Wertschöpfungskette, wie sie beispielhaft das Zentrum für Innovation UnternehmerTUM an der Technischen Universität in München seit 20 Jahren vorexerziert, und herausragende Gründerpersönlichkeiten wie unsere diesjährigen Preisträger.

Anschließend würdigte Bundeskanzler Friedrich Merz die Preisträger:

Das Gesicht der modernen Welt, in der wir heute leben, ist von den Entdeckungen und Errungenschaften der modernen Medizin geprägt. Wir leben, jedenfalls in Europa, weitestgehend frei von Pest, Pocken, Polio, Röteln und selbst Masern. Wir haben Antibiotika. Wir haben Impfstoffe. Damit hat sich allein in den letzten 150 Jahren die durchschnittliche Lebenserwartung bei uns in Europa nahezu verdoppelt.

Die Geschichte der Moderne ist also auch und vor allem die Geschichte des medizinischen Fortschritts. Darum kennen wir die Namen so gut, die damit verbunden sind, Robert Koch, Rudolf Virchow, Emil von Behring, Alexander Fleming, Gerty Cori, Rachel Hirsch. Viele deutsche Namen sind darunter.

Liebe Özlem Türeci, lieber Uğur Şahin, in dieser Reihe großer deutscher Namen, großer deutscher Forscherinnen und Forscher stehen auch Sie beide. Wir ehren mit Ihnen heute zwei Pioniere, zwei Wegbereiter unserer heutigen, modernen Medizin. Wir ehren Ihren außergewöhnlichen Mut, immer wieder neu ins Ungewisse hinein Entscheidungen zu treffen und Wege einzuschlagen, für die es noch keine Landkarte gibt.

Sie haben sich entschieden, den Chancen der neuen mRNA-Technologie für immuntherapeutische Krebsbehandlung nachzugehen, zu einem Zeitpunkt, zu dem viele andere die Risiken sahen. Sie haben sich entschieden, zwei Unternehmen zu gründen, um Ihre vielversprechenden Forschungsergebnisse schneller zu den Patienten bringen zu können. Erst Ganymed Pharmaceuticals, 2008 schließlich folgte die Gründung von BioNTech.

Dann, 2020, noch eine Entscheidung, mit der Sie beide – das kann man wohl ohne jede Übertreibung sagen – Geschichte geschrieben haben. Es ist ein Freitagabend Ende Januar. Seit drei Wochen ist der Ausbruch einer neuen Atemwegserkrankung im chinesischen Wuhan bekannt. Uğur Şahin liest in einer Fachzeitschrift über das Virus SARS-CoV-2. Am Wochenende diskutieren Sie beide. Sie sehen die Gefahr einer Pandemie, während andere noch von einem begrenzten Ausbruch ausgehen. Sie sehen gleichzeitig, dass es auf Basis Ihrer mRNA-Forschung möglich sein könnte, einen effektiven Impfstoff gegen dieses Virus zu entwickeln. Sie entscheiden sich, es zu versuchen, obwohl ein Misserfolg das Unternehmen BioNTech ziemlich sicher zum Ende gebracht hätte. Sie beginnen umgehend, schon am Montag, mit der Arbeit. Projekt Lightspeed läuft an.

Acht Jahre, so lange nimmt die Entwicklung eines neuen Impfstoffes durchschnittlich normalerweise in Anspruch. Sie beide und Ihr Team entwickeln in weniger als einem Jahr den COVID-19-Impfstoff, auf den inzwischen die ganze Welt wartet. Es ist ein Rekord, und es ist eine medizinische Revolution, eine Revolution, die Millionen von Menschen das Leben rettet. Woher nehmen Sie beide den Mut zu solchen Entscheidungen? Mit Sicherheit hat Ihr wissenschaftliches Ethos etwas damit zu tun. Sie beide sind eben Wissenschaftler mit Leib und Seele. Uğur Şahin hat 2022 in einem Interview gesagt, Wissenschaft bedeute, ins Unbekannte aufzubrechen. Nach vorn zu denken, sich nicht mit dem abzufinden, was vermeintlich eine Notwendigkeit, ja, Schicksal, vielleicht unveränderlich ist, sondern sich an die Arbeit zu machen, nach Lösungen zu suchen, das ist immer schon die Triebfeder wissenschaftlicher Arbeit gewesen. Es ist die Triebfeder des Fortschritts und der Moderne.

Ich stelle mir vor, dass man als Krebsforscherin, als Krebsforscher in besonderer Weise mit dieser Widerständigkeit, mit diesem unbedingten Lösungswillen ausgestattet sein muss. Krebs steht wie keine andere Krankheit für einen jedenfalls bisher weitgehend unüberwindbaren Schicksalsschlag. Der Name der Krankheit allein ist so voller Schrecken, dass es bis weit in die zweite Hälfte des 20. Jahrhunderts hinein üblich war, dass Ärztinnen und Ärzte ihren Patienten die Diagnose verschwiegen haben. Noch immer wird Krebs oft beschwiegen. Dabei wird jeder zweite Deutsche, statistisch gesehen, in seinem Leben an Krebs erkranken, und jeder auch von uns kennt in der Familie, im Freundes- und Bekanntenkreis Menschen, die an Krebs erkrankt und verstorben sind. Chemotherapie, auch das ist ein Begriff, der vielen Menschen Angst macht.

Die Forschung und die unternehmerische Arbeit von Özlem Türeci und Uğur Şahin aber haben eine Zukunft denkbar gemacht, in der diese Bilder der Vergangenheit angehören könnten und in der der Krebs seinen Schrecken verlieren könnte. Vielen Expertinnen und Experten zufolge stehen wir mit den mRNA-Impfstoffen jedenfalls vor einer weiteren echten medizinischen Revolution – möglicherweise am Beginn einer erfolgreichen Krebsbehandlung. Und das alles nur, weil Sie beide, Özlem Türeci und Uğur Şahin, sich immer wieder entschieden haben, ins Unbekannte aufzubrechen.

Sie beide zeichnen wir heute aus für Ihre großen Verdienste um die virologische Forschung. Wir zeichnen Sie aber auch aus, weil wir uns selbst von Ihrem Mut, von Ihrem Fleiß, von Ihrer Leidenschaft für die Sache, von Ihrer unbedingten Neugier, weil wir uns als Gesellschaft von Ihnen inspirieren lassen wollen. Sie beide verkörpern die Zukunftskraft einer freiheitlichen Gesellschaft – als Wissenschaftler, die Lösungen suchen, aber auch als Unternehmer, für die Verantwortung im Zentrum ihrer Arbeit steht.

Sie sind Unternehmer geworden, um Ihre Forschung schnellstmöglich zum Patienten zu bringen. Gewinne investieren Sie in die Entwicklung neuer Ideen und Technologien. Sie beide liefern täglich den Beweis, dass Unternehmertum, richtig verstanden, auch Arbeit am Gemeinwohl ist. Die Lichtgeschwindigkeit, mit der BioNTech den Covidimpfstoff entwickelt hat, wäre in einem Staatsapparat nicht möglich gewesen. Wir wissen aus der Erfahrung: Innovation und damit Fortschritt entstehen nur dort, wo es Freiraum gibt für Forscher und Entwickler, für Menschen mit Visionen, mit Willenskraft, mit Mut, mit Weitsicht.

Özlem Türeci und Uğur Şahin verkörpern diese Zukunftskraft einer freiheitlichen Gesellschaft, und sie zeigen, zu welchen Leistungen Bürgerinnen und Bürger unseres Landes mit Migrationshintergrund befähigt sind. Sie sind beide Kinder türkischer Einwanderer. Ihr Vater, liebe Frau Özlem Türeci, arbeitete als Chirurg in einem kleinen katholischen Krankenhaus. Ihr Vater, lieber Herr Uğur Şahin, arbeitete bei den Ford-Werken in Köln als einer der gut 14 Millionen »Gastarbeiter«, wie man früher zu sagen pflegte, die in den Sechziger-

und Siebzigerjahren nach Deutschland kamen und die den Wohlstand unseres Landes so maßgeblich mit erarbeitet haben.

Diese erste Einwanderergeneration hat dafür bis heute wenig Anerkennung bekommen. Uğur Şahin hat diese erste Generation türkischer Einwanderer in einem Interview einmal eine »ignorierte Generation« genannt. Das ist ein Satz, den man nicht vergisst.

Heute wissen wir das besser. Wir müssen vieles gerade mit dem Blick auf die junge Generation aber auch besser machen. »Wie können wir Kinder fördern? Wie können wir es Kindern ermöglichen, ihre Fähigkeiten zu nutzen und sich weiterzuentwickeln und dann wiederum für die Gesellschaft tätig zu werden?« Auch das ist ein Zitat von Uğur Şahin. Er hat sein Abitur 1984 an einem Gymnasium in Köln als erstes türkisches Gastarbeiterkind abgelegt, und er war zugleich der Jahrgangsbeste.

Lassen Sie mich genau daran anschließen: Ich will, wir wollen in einem Deutschland leben, in dem Begabungen und Fähigkeiten ohne Ansehung der sozialen oder ethnischen Herkunft nach Kräften gefördert werden, und das nicht nur, weil das ein Wachstumstreiber für unsere Volkswirtschaft sein könnte, sondern vor allem, weil es hier um das zentrale Versprechen geht, aus dem sich die Strahlkraft einer freiheitlichen Gesellschaft erst entwickeln kann, das Versprechen nämlich, dass sich jede und jeder mit seinen Talenten und seinen Fähigkeiten frei entwickeln kann. Bei BioNTech arbeiten heute Menschen aus mehr als 80 Nationen. Auch das ist Teil Ihres Erfolges. Es zeigt sich hier einmal mehr: Wir brauchen als Volkswirtschaft qualifizierte Zuwanderung. Wir brauchen Fachkräftezuwanderung als Fortschrittsmotor. Ideologien und Ideologen, die das infrage stellen, gefährden nicht nur den Wohlstand unseres Landes, viel schlimmer noch, sie gefährden in ihrer Engstirnigkeit die Zukunft unserer freiheitlichen Ordnung.

Es wird daher in den nächsten Jahren eine zentrale Aufgabe für die Bundesregierung sein, in Deutschland und in Europa Rahmenbedingungen für Wissenschaft, Forschung und Entwicklung zu schaffen, die Schritt halten können mit allen – ich betone: mit allen – forschungsintensiven Standorten auf der Welt. Wir waren einmal der erfolgreichste Pharmastandort weltweit. Deutschland nannte sich selbst die Apotheke der Welt. Wir könnten an diese Erfolge der Vergangenheit heute wieder anschließen, wenn wir alle Scheuklappen ablegen und Forschung und Entwicklung zulassen, vor allem im Bereich der Biotechnologien, so wie dies unter anderem BioNTech in den letzten Jahren gelungen ist.

Deutschland ist eine Wissenschaftsnation. Wir haben eine hochinnovative Wissenschaftslandschaft. Aber wir müssen als Land besser werden, unsere Spitzenforschung auch schneller in Patente und in Produkte, Medikamente, Behandlungsmethoden, Medizintechnik aus der interdisziplinären Forschung und Entwicklung zu übersetzen. Sie, liebe Özlem Türeci, haben einmal in einem Interview gesagt, die technologische Revolution der Gegenwart brauche schnelle Prozesse, um innovative Therapien früher zu Patienten zu bringen, und Sie beide fordern seit Jahren: Wir müssen in Deutschland, in Europa unsere Arzneimittelentwicklungsroutinen modernisieren, damit sie nicht zum Flaschenhals für medizinische Innovation werden. – Ich möchte darauf erwidern: Wir in der Politik hören Sie. Wir werden unsere Kraft darauf ausrichten, diesen Flaschenhals zu beseitigen, und wir werden auch über die Finanzierung dieses medizinisch-technischen Fortschritts miteinander sprechen müssen. Unser System muss insgesamt effizienter und leistungsgerechter werden, und es sollen in der Tat alle Menschen an diesem Fortschritt teilnehmen können.

Unsere Gesundheitspolitik steht mir viel zu oft unter der Überschrift einer Kostenlast. Diese Überschrift hat natürlich eine gewisse

Berechtigung. Aber der Gesundheitssektor insgesamt ist mit all seinen Leistungen auch zugleich der am schnellsten wachsende Sektor unserer Volkswirtschaft. Den Gesundheitssektor daher nicht nur als Kostenfaktor, sondern als Wachstumsmotor und als Wohlstandstreiber zu verstehen, ist dabei mindestens ebenso wichtig, vor allem, wenn wir auf die großen Chancen eines globalen Marktes schauen, in dem der Wettbewerb um diese Innovationen heute mehr denn je stattfindet.

Damit bin ich wieder bei Ihnen, liebe Preisträger. Sie haben vor einigen Tagen eine Vereinbarung mit einem großen amerikanischen Unternehmen zur weiteren Entwicklung eines Ihrer vielversprechendsten Wirkstoffkandidaten zur Krebsbehandlung abgeschlossen. Sie können in den nächsten Jahren mehrere Milliarden US-Dollar in die Forschung investieren. Sie sind damit mit Ihrem Unternehmen endgültig in der ersten Liga der forschenden Pharmaunternehmen der Welt angekommen.

Wir sind richtig stolz auf Sie! Wir freuen uns. Wir freuen uns mit Ihnen und gratulieren Ihnen zum Deutschen Nationalpreis 2025!

In unserer Gesellschaft verleihen wir Preise, um uns zu erinnern, was uns wichtig ist, für welche Werte wir stehen, welche Ziele wir haben, was für uns vorbildhaft ist. Wir ehren heute zwei herausragende Forscherpersönlichkeiten und Unternehmer, zwei Pioniere, die auf ihrem Forschungsgebiet Wertmaßstäbe setzen und die uns dabei als Gesellschaft in Deutschland zeigen, was möglich ist, wenn Menschen sich entscheiden, die Dinge besser zu machen. Sie beide erinnern uns daran, dass Deutschland ein Land sein kann, aus dem Lösungen für Menschheitsaufgaben kommen, Fortschritt also, Zukunft.

Mir persönlich ist es eine besondere Ehre, Ihnen heute im Namen der Deutschen Nationalstiftung diese Auszeichnung mit verleihen zu dürfen.

Als Kuratoriumsmitglied der Nationalstiftung blickte Dr. Nicola Leibinger-Kammüller, CEO der Trumpf SE, aus unternehmerischer Sicht auf die Preisträger:

Vieles, um nicht zu sagen: *alles* ist bereits über die beiden geschrieben worden, im In- wie im Ausland. In tiefgründigen Geschichten und in Coverstorys. Denn die Menschen sehnen sich begreiflicherweise nach Ausnahmegestalten, die über ihre Zeit hinausragen. In Deutschland vielleicht ein Erbe des Goethe-Zeitalters, das sich in der Moderne in Einstein oder Heisenberg fortsetzte.

Sowohl über Ihren famosen wissenschaftlichen wie unternehmerischen Erfolg in so atemberaubend kurzer Zeit, was die Entwicklung eines mRNA-Impfstoffs anbelangt, ist gemutmaßt worden als auch über die Durststrecken auf dem Weg dorthin. Denn niemand wollte ihn. Niemand glaubte an ihn, diesen Impfstoff!

Dass Sie beide kurz vor der Firmenaufgabe standen und überlegen mussten, wie Sie die Gehälter Ihrer Mitarbeiter weiter würden zahlen können: Auch das ist thematisiert worden. Und ich füge als Unternehmerin hinzu: ein womöglich nicht anders als mit »Schmerz« zu bezeichnender Zustand, den vielleicht nur kennt, wer unternehmerische Verantwortung für andere trägt. Ich meine: *wirklich* kennt.

Nach dem großen Erfolg der letzten Jahre befindet sich Ihr Unternehmen gegenwärtig in einer Restrukturierung, wie sich auch unser Unternehmen wie so viele andere in einer Restrukturierung befinden, was Eigentümern nie leichtfällt. Oder anders ausgedrückt: ihnen besonders an die Nieren geht.

Durchhaltevermögen, Selbstdisziplin, Demut und Fleiß sind deshalb komplementäre Eigenschaften des wissenschaftlichen Genies, das für sich genommen nicht ausreichte. Also zum Beispiel auch das betriebswirtschaftliche Können, um eine Firma so schnell so groß werden zu lassen – und sich nach den ersten Lorbeeren nicht auf den Erfolgen der Vergangenheit auszuruhen. Sondern sowohl das Kapital als auch die Erkenntnisse in das eigentliche Ziel zu investieren, die bessere, weil passgenauere Behandlung von Krebs nämlich. Eine Behandlung, bei der es nicht mehr – so stelle ich es mir als Philologin, als »Educated Guess« vor – hohe Streuverluste gibt, sondern möglichst spezifisch auf die Tumore eingewirkt wird. Und das mithilfe der eigenen Immunabwehr. Etwa dergestalt, dass die mRNA-Impfstoffe genetische Informationen enthalten, die zum Erkennen bestimmter Krebsmerkmale beitragen können. Nach der Behandlung werden entsprechende Proteine von den körpereigenen Zellen selbst produziert.

Sie wollen also das Immunsystem »trainieren«, von sich aus gezielt gegen die Tumorzellen vorzugehen. Und damit auch erreichen, was ganz wunderbar wäre, dass Menschen, die behandelt wurden, länger oder sogar für immer leben, ohne dass dieser Krebs zurückkehrt.

Das unternehmerische Ziel ist mit dem Covidimpfstoff mit anderen Worten noch längst nicht erreicht.

Vielmehr wirkt die bereits merkwürdig verblassende Zeit der Pandemie mit ihren dennoch wichtigen Erkenntnissen über mRNA wie eine Ouvertüre zum eigentlichen Meisterstück, das es vielleicht werden wird, um es ein wenig verzückt auszudrücken.

Man stelle sich das einmal vor: Unter all den Nachrichten über die Stagnation des Wirtschaftsstandorts Deutschland ein Medikament aus Deutschland, der einstigen »Apotheke der Welt«, das den entscheidenden Beitrag leistet im Kampf gegen Krebs! Dies wäre eine Leistung fast noch größer als die Rekordgeschwindigkeit bei der Entwicklung und Zulassung des damaligen Impfstoffs. Die erste Marktzulassung des Krebsmedikaments ist für das kommende Jahr geplant, und wir alle hier im Saal wünschen Ihnen dafür viel Erfolg und Gottes Segen!

Über den Werdegang der beiden Wissenschaftler und Ausnahmeunternehmer wurde die Republik ebenfalls schon aufgeklärt. Aber vielleicht nicht in allem.

Özlem Türecis Vater war Chirurg in einem katholischen Krankenhaus im Saarland, wo dessen Tochter dem Vernehmen nach mit sechs Jahren bei einer OP zuschauen durfte.

Sie sah dort auch Nonnen und soll einmal gesagt haben – es ist nicht verbrieft –, sie wolle selbst einmal »nonnengleich« leben, sprich helfen. Denn das übergreifende Motiv, das wir in unserer vom schnellen Shareholder-Value trunkenen Wirtschaftswelt bisweilen *belächeln* mögen, wie auch Papst Leo XIV. in seiner ersten Ansprache sagte, ist das der *Humanitas* – das des Wunsches, anderen zur Seite zu stehen und das eigene Leben ganz in diesen Dienst zu stellen. Man kann dies bekanntlich auf unterschiedliche Weisen tun, auch außerhalb des Kirchendienstes.

Selbiges ließe sich auch über Uğur Şahin sagen, der seine Frau bei der Arbeit, sprich im Krankenhaus kennenlernte. Der Wunsch zu helfen, das heißt, die Faszination am wissenschaftlichen Gelingen mit dem Wunsch einer Anwendungsorientierung des eigenen Tuns zu verbinden, ist auch seinem Werdegang inhärent.

Als junger Arzt soll er einen Patienten behandelt haben, der sich mit einem Pilz infiziert hatte, für den es noch kein gängiges Mittel gab. Weil Uğur Şahin aber wissenschaftliche Papers las, wusste er, dass es eine bislang noch in der Erprobung befindliche letzte Option gab. Durch seine Intervention wurde das Medikament noch herantransportiert und der Patient therapiert.

Der nobelste Zweck von Wissenschaft und Technologie ist es, nicht Selbstzweck zu bleiben, sondern dem Menschen praktisch zu dienen.

Sie wurden beide Wissenschaftler aus Überzeugung, wenn ich das so sagen darf – aber Unternehmer aus Verzweiflung. Denn Sie sahen, dass Sie mit bestehenden Therapien an die Grenzen des Machbaren stoßen, weshalb Sie sich gedacht haben mögen: »Wenn wir es nicht machen, wer dann?«

Ich möchte die grundsätzliche Frage stellen, was es eigentlich braucht, damit sich Menschen wie Özlem Türeci und Uğur Şahin entwickeln können.

Es braucht optimale Rahmenbedingungen für Wissenschaft und Industrie, die wir alle kennen und die hier mit Blick auf die Uhr ausgespart bleiben sollen. Und ich bin froh, dass wir eine neue Bundesregierung haben, die diese Themen nun angehen will.

Aber der Staat und seine Regulierung sind eben nicht alles. Es muss auch in der Gesellschaft stimmen, in der Haltung, in der Leistungsbereitschaft.

Was meine ich damit? Zum einen brauchen wir eine Rückkehr zu echter, bedingungsloser Forschungsfreiheit unserer Universitäten und außeruniversitären Forschungseinrichtungen anstelle implizit so verstandener Vorgaben und Tendenzen, was gut und was falsch sei im Einklang mit dem Zeitgeist. In den Naturwissenschaften übrigens nicht anders als in den Geistes- und Sozialwissenschaften.

Was wäre das für ein großartiges Signal, dass Forschungs- und Meinungsfreiheit in Zeiten, in denen in Amerika vieles politisch erschwert wird, die europäischen und deutschen Universitäten zu Orten des Glaubens an die Aufklärung statt Dogmen würde? Und einer echten technologischen Ergebnisoffenheit?

Zum anderen brauchen wir neben einem Maximum an geistiger Freiheit eine Renaissance von Begriffen wie »Wettbewerb« und »Leistung«, ohne die wir keine Chance auf den globalen Märkten haben werden.

Man hat den Deutschen jahrelang eingeredet, dass Leistung und selbst erwirtschafteter Wohlstand von Übel seien, Ausdruck eines aus den Fugen geratenen kapitalistischen Systems. Die Deutschen begannen und tun dies immer noch, Bücher über »Degrowth« und »Postwachstum« zu verschlingen. Welches Verkennen der Realität angesichts der Dynamik der Welt! Und welches Denken wider den Menschen, für den Leistung und Erfolge seit Kindesbeinen zu den wichtigsten Motivationen zählen neben Fürsorge und Liebe – und sei es bei den ersten eigenen Schritten, die ein Kleinkind tut, nachdem es unzählige Male umgefallen ist!

Wenn wir Leistungs- und Erfolgswillen nicht wieder in die Köpfe und Herzen der Menschen bekommen, wenn wir weiter das Lied vom Homeoffice und der Viertagewoche singen, während in China und den USA die Revolution der künstlichen Intelligenz und der automatisierten Produktion rollt, werden wir keine Chance als Standort haben.

Wenn wir es ins Positive wenden, ist BioNTech ein leuchtendes Beispiel für die pharmazeutische Leistungsfähigkeit Deutschlands, genau wie Familienunternehmen wie Merck und Boehringer Ingelheim. Während der globalen Pandemie hat unser Land im Zusammenspiel mit der EU bewiesen, welche Leistungsfähigkeit im Forschungs- und Wirtschaftsstandort Deutschland und Europa steckt, der große Teile der Welt mit Medikamenten versorgte. Und nicht etwa China oder die USA. Selbst Kanada wurde aus Europa heraus versorgt.

Hier schließt sich auch der Kreis zu Özlem Türeci und Uğur Şahin. Auch dadurch haben Sie das Image von Pharma und Biotech gedreht, behaupte ich – hin zum humanitären Nutzbringer für alle Menschen!

Mit Menschen wie Ihnen in unserer Mitte können wir Großes bewegen. Wenn wir wie gesagt fleißig sind und uns anstrengen und ein gesellschaftliches Klima vorfinden, das Ja zur Zukunft sagt. Und Ja zu Innovationen.

Ich könnte auch in bester Schiller'scher Tradition, für die auch die Deutsche Nationalstiftung steht, die heute ihren Preis an zwei herausragende Bürger dieses Landes vergibt, sagen: Ja zur Freiheit und zur Leistung gleichermaßen. Zur Freude am Gestalten und Verändern.

Dieses Mindset, wie man heute sagt, Risiken im Sinne der Menschen einzugehen, Dinge umzusetzen und im Wettbewerb aus sich heraus gewinnen zu wollen, dabei nicht nach dem Staat zu rufen: Dafür stehen Sie beide par excellence!

In ihrer Dankesrede erklärte Prof. Dr. Özlem Türeci:

»Unsere Pflicht ist es«, sagt der Philosoph Henri-Frédéric Amiel, »nützlich zu sein, nicht gemäß unseren Wünschen, sondern gemäß unseren Fähigkeiten.«

Dieser Preis geht an zwei Menschen, die eigentlich nur eins wollten: ihre Fähigkeiten nützlich einsetzen. Uğur Şahin und ich sehen diese Auszeichnung als mehr als nur eine Anerkennung unserer Arbeit. Der Preis würdigt Pioniergeist an verschiedenen Fronten. Er würdigt, dass es in Deutschland gelingen kann, biomedizinische Forschung in den Dienst der Menschheit zu stellen und dabei erfolgreiche Unternehmen zu gründen und zu führen.

Unser Weg begann vor drei Dekaden an Krankenbetten. Als Ärzte sahen wir täglich das Leid unserer Krebspatienten, die eingeschränkten Behandlungsoptionen – und unsere eigene Ohnmacht im Angesicht dessen. Gleichzeitig kannten wir als Forscher das immense ungenutzte Potenzial von wissenschaftlichen Erkenntnissen und Technologiefortschritten. Diese Kluft zwischen Erkenntnis und Anwendung, die fehlende Translation von der Laborbank zum Patientenbett war unser Schmerz – und die Initialzündung zu unserer persönlichen Vision, der Vision, unsere eigene wissenschaftliche Forschung in bessere, präzisere, personalisierte Therapien zu übersetzen; und schneller und nachhaltig zu Patienten zu bringen.

Fantasie, wie die Medizin von morgen aussehen könnte, gepaart mit Innovationskraft über die gesamte Wertschöpfungskette sind ein kritisches Fundament für Paradigmenshifts. Sie allein reichen nicht aus. Die Entwicklung von Medikamenten, die innovative Mechanismen adressieren, kann Dekaden dauern. Nur wenige neue Wirkstoffkandidaten schaffen es zum Markt. Der Finanzbedarf geht in Hunderte von Millionen Euro. Es braucht Strukturen, Exekutionskraft und Ressourcen, die nur Unternehmen mobilisieren können.

Also taten wir, was nötig war: Wir wurden zu Firmengründern, zu Unternehmern als Mittel zum höheren Zweck. Wir lernten, Biotechorganisationen *on the job* aufzubauen, Business-Strategien zu entwickeln, Finanzierungen zu verhandeln und Innovationen von der Zielstruktur zum Wirkstoff an den Markt zu bringen. Nicht aus Karrierestreben, sondern weil wir an zwei Prinzipien glauben: dass Gründer zu sein ein radikales Verständnis von Verantwortung bedeutet – für den gesamten Weg bis zum Erreichen der Vision. Dass unternehmerische Exekution im Dienst der originären Innovationsvision zu stehen hat.

Zweimal gingen wir diesen Weg: mit Ganymed und mit BioNTech. Jedes Unternehmen brachte ein Medikament an den Markt, das seine ersten Schritte in unseren akademischen Laboren getan hatte. Mut erwies sich dabei als wichtiges Erfolgsprinzip: Mut, Wanderer zwischen Welten zu werden – Welten der klinischen Anwendung der Forschung, des Unternehmertums. Mut, neue Pfade zu bestreiten, selbst gegen Konventionen – wissenschaftliche, biopharmazeutische und unternehmerische. Wahrer Mut braucht Demut als Partner. Demut, lernfähig zu bleiben – egal wie viel man schon weiß. Demut, zusammenzuwachsen (im doppelten Wortsinn!), um Großes zu erreichen. Demut verbindet, wo Egos trennen würden. Mut ist also kein Solo-Akt. Wir danken unseren Kollegen, unseren Teams, die mit uns ins Unbekannte gingen, den Investoren, die Visionen finanzierten.

Als 2020 ein neues Virus die Welt lähmte, sahen wir uns in der Pflicht, zu handeln, uns nützlich zu machen. Unsere Innovationen und das Unternehmen waren bereit, in einem völlig anderen Feld zur Überwindung einer globalen Krise beizutragen.

In dieser Zeit haben wir gelernt, wie wichtig Zusammenarbeit und Vertrauen über Grenzen hinweg sind, unabhängig von Nationalität, Ethnie, Geografie und Sektor. Und insbesondere zwischen Wissenschaft, Industrie und Politik.

Nur so wird Innovation nachhaltig – für Krebs, Pandemien und die Krisen von morgen.

Deutschland hat alle Talente, um hier Vorreiter zu sein. An alle jungen Gründer: Habt den Mut, Verantwortung zu übernehmen. Dient dem Menschen, indem ihr Wissenschaft in Wirkung übersetzt – auch wenn der Weg lang ist. Wir glauben fest daran, dass Wissenschaft mit Herz, Unternehmertum mit Verantwortung und Erfolg mit Sinn vereinbar sind.

Danke für diese Ehre – sie ist Auftrag, diesen Weg weiterzugehen!

Abschließend die Dankesworte von Prof. Uğur Şahin:

Auch ich möchte mich sehr für die Auszeichnung mit dem Preis der Nationalstiftung bedanken. Es ist für uns eine besondere Ehre.

Özlem Türeci hat über unsere Vision und unsere gemeinsame Reise gesprochen – über den Weg, den wir als junge Ärzte und Wissenschaftler antraten, den wir bis heute mit unseren Partnern und Kollegen zurückgelegt haben. Wie denken wir diesen Weg in die Zukunft weiter? Lässt sich die Vision von personalisierten, präzisen Therapien für Patienten mit Krebs und anderen Erkrankungen realisieren?

Wir leben in einer Zeit des rasanten Wandels und des Fortschritts in vielen Bereichen, die einander katalysieren:

Unser biologisches Wissen wächst in einer noch nie dagewesenen Geschwindigkeit. Wir erhalten ein immer detaillierteres Bild von den Bausteinen des Lebens und ihrem Zusammenwirken in komplexen

Systemen. Wir erlangen ein immer tieferes Verständnis von Krankheitsmechanismen und damit Möglichkeiten der Intervention.

Technologische Fortschritte, zum Beispiel in der Genomik, erlauben schnelle und hochauflösende Analysen. Gewebe können auf Einzelzellebene und Zellen auf Einzelnukleotidebene kartiert werden. Durch Einsatz solcher Techniken können wir die hochkomplexe und individuelle Natur des Tumors jedes einzelnen Patienten innerhalb von wenigen Tagen untersuchen.

In der Medizin haben wir gelernt, dass Immuntherapien grundsätzlich in der Lage sind, das körpereigene Abwehrsystem gegen Krebs auszurichten, und bei manchen Patienten bereits heute zu Heilung führen können.

Mit der mRNA-Technologie haben wir ein Werkzeug, um präzise kodierte Anweisungen an körpereigene Zellen zu übermitteln. Sie nutzt die zelleigenen Mechanismen, um genau die gewünschten Proteinwirkstoffe herzustellen – von therapeutischen Impfstoffen bis zu Antikörpern.

Künstliche Intelligenz entwickelt sich von einem cleveren Werkzeug zu einem wahren Forschungspartner. Sie analysiert riesige Datenmengen, erkennt verborgene Muster und schlägt Wirkstoffkandidaten vor, deren Entdeckung mit herkömmlichen Methoden Jahrzehnte dauert. Und KI entwickelt auch die Fähigkeit, einfühlsam zu kommunizieren.

Auch wenn wir alle wissen, dass die weitere Entwickungstrajektorie dieses Fortschritts und die Zukunft ungewiss sind, darf es uns nicht daran hindern, uns eine positive Zukunft vorzustellen – eine Zukunft, die zu gestalten wir das Privileg und zugleich die Pflicht haben. Wie können wir diese Chancen nutzen, die aus wissenschaftlichem und technologischem Fortschritt erwachsen? Wie gestalten wir eine bessere Zukunft für Menschen in unserem Land, in Europa und in der Welt? Wir stellen uns diese Fragen im Zusammenhang mit unserer Vision von innovativen Therapien gegen Krebs. Krebs ist eine Erkrankung, die im wahrsten Sinne des Wortes zutiefst persönlich ist. Der Tumor eines jeden Patienten ist einzigartig – geprägt durch dessen Gene, durch Umwelt und zufällige Mutationen. Deshalb wirken heutige Standardtherapien oft bei einigen, bei anderen aber nicht.

Nun stelle man sich folgende Zukunft vor, vielleicht in acht oder zehn Jahren:

Bei einer jungen Mutter wird Krebs diagnostiziert. Ihre Gewebeprobe wird vor Ort in einer Universitätsklinik mit modernster Sequenziertechnologie analysiert, die molekularen Daten werden umgehend und sicher hochgeladen. In Minutenschnelle vergleicht eine KI das Profil des Tumors mit Millionen von Patientenfällen und entwirft den Bauplan für eine maßgeschneiderte mRNA-Immuntherapie. Nach Freigabe durch den behandelnden Arzt gehen diese Daten an ein spezialisiertes Herstellungszentrum. Dort fertigen automatisierte sterile Produktionslinien das personalisierte Medikament auf Abruf, prüfen es und senden es innerhalb weniger Tage an das regionale Krankenhaus. Die Patientin erhält dort ihre individuelle mRNA-Therapie – als Ergänzung zur etablierten Standardbehandlung, um nach erfolgreicher Therapie Rückfälle und erneute Metastasierung des Krebses zu verhindern. Ein zertifizierter digitaler Begleiter unterstützt die Patientin während der gesamten Behandlung und Nachsorge. Man kann ihn sich als KI-gestützte App auf dem Smartphone vorstellen, die sicher auf alle relevanten Gesundheitsdaten zugreift.

Der Begleiter beantwortet Fragen und gibt Ratschläge zu Ernährung und Lebensstil, immer mit dem Ziel, den Therapieerfolg zu sichern und die Lebensqualität zu erhöhen. Im Hintergrund vernetzt er nahtlos das gesamte Behandlungsteam: Er leitet Befunde weiter, koordiniert Termine, kann psychosoziale Betreuung vermitteln und stellt sicher, dass keine Information verloren geht.

So entsteht eine Synthese aus zwei entscheidenden Elementen: einer hochpräzisen, maßgeschneiderten Medizin und einer Zuwendung, die ganz auf den einzelnen Menschen ausgerichtet ist. Das Entscheidende ist: Obwohl die Behandlung nur für diese eine Patientin entwickelt wird, ist der Prozess, die Plattform dahinter universell. Der nächste Krebspatient – sei es ein Vater hier in Berlin, eine Tochter in Melbourne oder der beste Freund in Boston – kann die ebenso schnelle KI-gesteuerte Entwicklung und automatisierte Produktion erhalten. Person für Person könnte dieser Ansatz personalisierter Medizin in eine wiederholbare Lösung für Millionen entwickelt werden.

Diese Vision mag naiv oder wie Science-Fiction erscheinen. Doch sie verletzt keine Gesetze der Physik, der Biologie oder der Ingenieurwissenschaften. Die grundlegende Wissenschaft und die technologischen Fähigkeiten existieren bereits und haben das Stadium klinischer Studien erreicht. Die Beschleunigung des wissenschaftlichen und technologischen Fortschritts ist auf unserer Seite.

Um Helmut Schmidt zu zitieren: »In den grundlegenden Fragen muss man naiv sein. Und ich bin der Meinung, dass die Probleme der Welt und der Menschheit ohne Idealismus nicht zu lösen sind. Gleichwohl glaube ich, dass man zugleich realistisch und pragmatisch sein sollte.«

Lassen Sie uns also idealistisch genug sein, daran zu glauben, dass viele Krebsarten noch zu unseren Lebzeiten heilbar werden, dass neurodegenerative Krankheiten aufgehalten werden und dass unsere Gesundheitssysteme sich von der Krisenreaktion hin zu Prävention und früher Heilung entwickeln können. Ohne Idealismus wird es keine Lösungen geben.

Und ja, wir müssen zugleich realistisch und pragmatisch sein.

Diese Transformation können wir nicht alleine bewältigen. Sie liegt jenseits dessen, was Wissenschaft oder einzelne Unternehmen alleine leisten können.

Der Wandel kann nur gemeinsam geschehen. Was ist dafür nötig? Dass wir als Gesellschaft – Akteure aus allen Bereichen – zusammenkommen und uns fragen: Wollen wir diese Zukunft? Wollen wir die Medizin in Deutschland, Europa und der Welt an vorderster Front mitgestalten?

Wenn unsere gemeinsame Antwort ein unmissverständliches »Ja« ist und wir uns verpflichten, über Disziplinen, Sektoren und Grenzen hinweg zusammenzuarbeiten, dann werden wir auch die Wege finden, jede Herausforderung zu meistern – bis die Vision, die wir heute mit Ihnen teilen, alltägliche Realität wird.

Die Redebeiträge wurden im Hinblick auf eine bessere Lesbarkeit behutsam redigiert.

Menschen aus dem Osten, also wir

Von Olga Grjasnowa

Wir sind viele. Sehr, sehr viele: Laut dem Statistischen Bundesamt[1] leben in Deutschland 21,2 Millionen Menschen mit Einwanderungsgeschichte, 14,1 Millionen Menschen haben eine ausländische Staatsbürgerschaft. 21,2 Millionen – das ist rund ein Viertel der Bevölkerung in Deutschland. Eine der größten Migrationsgruppen stellen die Einwander*innen aus der früheren Sowjetunion und den Staaten des ehemaligen Ostblocks. In den Augen der deutschen Mehrheitsgesellschaft sind diese Menschen meist »Ukrainer«, »Russen« oder »Polen«, unabhängig von ihrer tatsächlichen Herkunft. In der Wissenschaft spricht man gerne von Post-Ost- oder postsowjetischer Migration, zumindest für die Zeit nach 1990.

Doch die Wirklichkeit dieser unterschiedlichen gelebten Identitäten ist weit komplizierter, als diese Begriffe es nahelegen. Und ebenso vielfältig sind die Geschichte und die Hintergründe dieser Wanderungsbewegungen.

Vor 1990 war es äußerst schwierig, den Ostblock zu verlassen oder gar auszuwandern. Der Eiserne Vorhang sollte genau das verhindern und tat es auch. Immer wieder starben Menschen bei ihren Fluchtversuchen, so wie auch heute viele Geflüchtete auf dem Weg übers Mittelmeer oder die Balkanstaaten ums Leben kommen.

Gleichwohl gab es auch damals massenhafte Fluchtbewegungen, wie etwa nach dem Einmarsch der sowjetischen Armee in Ungarn 1956, dem Einmarsch der Truppen des Warschauer Pakts in Prag 1968, nach antisemitischen Ausschreitungen in Polen 1968 oder der Verhängung des Kriegsrechts dort 1981. Außerdem begann die UdSSR ab den 1970er-Jahren, »ethnischen Minderheiten« die Ausreise zu erlauben, vor allem Jüdinnen und Juden sowie sogenannten Russlanddeutschen. Zunächst beschränkte sich das nur auf humanitäre Familienzusammenführungen in den sogenannten »Heimatländern«.[2] Jüdische und deutschstämmige Bevölkerungsteile, die seit Generationen im Gebiet der damaligen UdSSR lebten, wurden dadurch noch mehr als Nichtzugehörige gebrandmarkt und auf eine fremde »Heimat« verwiesen. Zudem erteilte die Sowjetunion längst nicht allen Ausreisewilligen eine Erlaubnis, und diejenigen, die einen Ausreiseantrag gestellt hatten, wurden von den Behörden noch mehr schikaniert als sonst.

Die albanisch-britische Philosophin Lea Ypi brachte die Gespaltenheit der westlichen Flüchtlingspolitik in ihrer »Rede an Europa« am 15. Mai 2025 in Wien auf den Punkt: »Der Westen hatte ebenfalls Jahrzehnte damit zugebracht, den Osten für seine geschlossenen Grenzen zu kritisieren. Doch gerade in dem Moment, als die vormals sozialistischen Staaten aufhörten, ihre Bürgerinnen und Bürger an der Grenze zu erschießen, entsandten kapitalistische Staaten Boote, um ihre Meere zu bewachen. Migrantinnen und Migranten verloren nach wie vor ihr Leben, lediglich die Farbe der Uniformen, die Flagge, unter der die Verbrechen verübt wurden, hatten sich geändert.«[3]

Aber zurück zu meinem eigentlichen Thema: Sowohl in den Jahrzehnten vor als auch nach dem Mauerfall wanderten die allermeisten Menschen aus dem Ostblock ganz legal nach Deutschland ein: Hunderttausende kamen im Zuge der Anwerbeabkommen vom 12. Oktober 1968 als »Gastarbeiter*innen« aus dem ehemaligen Jugoslawien ins ehemalige Westdeutschland. Viele sind geblieben.[4] Die nächste große Einwanderungswelle erfolgte nach 1987, im Zuge der »Perestroika«, des Umbaus und der Öffnung der Sowjetunion, sowie nach 1990, als die UdSSR zerfiel und der Warschauer Pakt aufgelöst wurde. Es kamen in diesen Jahren, wie bereits erwähnt, vor allem zwei Gruppen: Jüdinnen und Juden sowie Angehörige der deutschen Minderheit, denn sie waren die Einzigen, die auf eine Aufnahme in Deutschland hoffen konnten.

Die zur deutschen Minderheit gehörten, wurden unter den Begriffen »Aussiedler« und »Spätaussiedler« zusammengefasst. Bis 1990 stammten die meisten von ihnen aus Polen und Rumänien, nach dem Fall der Mauer aus der ehemaligen Sowjetunion. Letztere werden meist landläufig »Russlanddeutsche« genannt. 1992 schob Deutschland jedoch einen Riegel vor und führte für Aussiedler eine Obergrenze ein[5], hatten sich doch seit 1950 knapp 4,6 Millionen von ihnen hierzulande niedergelassen.[6]

Aufgrund der leidvollen Erfahrungen und der Verheerungen der deutschen Geschichte kamen jüdische Einwander*innen anfangs nur zögerlich, dann in immer größerer Zahl, bis auch diese Einwanderungsmöglichkeit beendet wurde.

Ein wenig anders verlief die Einwanderungsgeschichte jüdischer Emigrant*innen aus der Sowjetunion. Ihnen bot die im März 1990 erste und zugleich letzte demokratisch gewählte Regierung der DDR nach dem Ende des kommunistischen SED-Regimes in den damaligen Grenzen der DDR Asyl an. Dafür gab es vor allem zwei Gründe: Zum einen war es eine Form der »Wiedergutmachung«, weil die sozialistische DDR in all den Jahrzehnten nach dem Zweiten Weltkrieg niemals Verantwortung für die Schoah übernommen hatte. Zum anderen wollte man diesen Menschen angesichts des wachsenden Antisemitismus in der UdSSR Schutz bieten. Diese Politik setzte – nach dem endgültigen Ende der DDR – auch das wiedervereinte Deutschland fort. Von da an durften Jüdinnen und Juden aus der ehemaligen Sowjetunion als sogenannte Kontingentflüchtlinge einwandern.[7] Anfangs kamen sie aufgrund der leidvollen Erfahrungen und der Verheerungen der deutschen Geschichte nur zögerlich, dann aber in immer größeren Zahlen, bis auch diese Einwanderungsmöglichkeit beendet wurde.

Was mitgebracht wurde: Unterschiede in Herkunft und Zugehörigkeit

Was oft in Vergessenheit gerät: Die aus der Sowjetunion Zugewanderten bildeten alsbald eine der größten – und zugleich diversesten – Migrationsgruppen in Deutschland. Ich war schon immer davon fasziniert, wer hierzulande alles als »Russe« durchging: jüdische, ukrainische, kasachische und sogar deutsche Aussiedler*innen. Gemein war ihnen lediglich, dass sie aus den Gebieten der ehemaligen Sowjetunion stammten und Russisch sprachen, aber ansonsten verband sie so gut wie nichts.

In der UdSSR hingegen hatte man sie nie zu den »Russinnen und Russen« gezählt. Zwar hatte man mit dem Staatsbürgerschaftsgesetz von 1924 das *ius soli* eingeführt, wonach jede Person, die auf dem Gebiet der Sowjetunion geboren wurde, automatisch Staatsbürger*in der UdSSR war. Doch wiesen die Geburtsurkunden und Inlandspässe stets auch zusätzlich eine sogenannte »Nationalität« aus. So wurden »Juden« zum Beispiel als eine nationale und nicht etwa als eine religiöse Gruppe definiert. Kinder, deren Eltern unterschiedliche »Nationalitäten« besaßen, mussten sich mit Erreichen der Volljährigkeit für eine der beiden entscheiden, aber eben nur für eine.

Wenig verwunderlich existierte in der UdSSR eine klare Hierarchie der Zugehörigkeiten. Die meisten Vorteile verschaffte die russische Nationalität, die meisten Nachteile wohl die jüdische oder tschetschenische. Doch im Grunde gab es kaum klare, eindeutige Nationalitäten. Es wurde hin und her geheiratet, die allermeisten Menschen waren nicht nur russisch, sondern auch ukrainisch oder belarussisch, tatarisch, jüdisch, deutsch und so weiter.

Außerdem ist Russland, wenngleich es meist nicht so wahrgenommen wird, eine mehrsprachige Gesellschaft. Neben Russisch werden ebenso Aserbaidschanisch, Armenisch, Koreanisch, Turkmenisch, Tatarisch und viele andere Sprachen gesprochen. Ebenso gibt es ganz unterschiedliche Religionszugehörigkeiten: russisch-orthodox, muslimisch (schiitisch, sunnitisch, alawitisch, nur um einige zu nennen), katholisch, jüdisch und so weiter. Und schließlich stammten viele Menschen, die aus der ehemaligen UdSSR nach Deutschland einwanderten, aus sehr unterschiedlichen Republiken mit teils völlig anderen Kulturen und Gesellschaftsstrukturen. Diese Andersartigkeit etwa zwischen Menschen aus Russland und aus Aserbaidschan war zwar im sowjetischen Alltag stets präsent, konnte aber in diesem totalitären System ohne Strukturen demokratischer Teilhabe nicht öffentlich verhandelt und gelebt werden – oft nicht einmal im privaten Bereich.

Das änderte sich für viele erst mit ihrer Übersiedlung nach Deutschland. Erst hier, in einer pluralistischen, demokratischen Gesellschaft, wuchs das Bewusstsein für die eigenen Wurzeln und konnte man sich endlich mit der eigenen Identität und Herkunft auseinandersetzen. Gefördert wurde dieser Diskurs einerseits dank des nun möglichen Zugangs zu öffentlichen, unzensierten Bibliotheken und Datenbanken, andererseits durch das allmählich beginnende Gespräch in den Communitys und Familien über die ganz eigene Geschichte.

Dieser Prozess brauchte Zeit und setzte erst wirklich mit der zweiten Generation ein, mit jenen Menschen, die bereits in Deutschland geboren wurden oder als kleine Kinder mit ihren Eltern zugewandert waren. Diese Debatte ist noch längst nicht abgeschlossen, vielleicht fängt sie gerade erst an. Und sie ist sehr wichtig, denn sie könnte, sollte Russland jemals ein offenes, demokratisches Land werden, eines Tages in Russland als Vorbild dienen.

Erst in einer pluralistischen, demokratischen Gesellschaft wuchs das Bewusstsein für die eigenen Wurzeln, konnte man sich mit der eigenen Identität und Herkunft auseinandersetzen.

Aber natürlich gab es in den vergangenen Jahrzehnten noch weitere Einwanderungswellen aus dem Osten und Südosten Europas:

In den 1990er-Jahren flohen Hunderttausende von Menschen aus dem im Krieg versunkenen ehemaligen Jugoslawien. Allerdings mussten nach dem Abschluss des Daytoner Friedensabkommens und dem Ende der Kämpfe viele Geflüchtete zurück in ihre alte Heimat, obwohl die meisten in Deutschland Arbeit hatten und gut integriert waren. Zu diesen Menschen zählten auch die Eltern des Schriftstellers Saša Stanišić. Er selbst durfte bleiben, weil ein Mitarbeiter der Ausländerbehörde nicht Dienst nach Vorschrift machte. In seinem Werk *Herkunft*, ausgezeichnet mit zahlreichen Preisen, schreibt er: »Deutschland war Thema. Die Gegenwart. Was gelang. Kränkungen auch. Demütigungen. Das Erzählen machte das, was scheiße war, absurder und irgendwie erträglicher, vielleicht, ich weiß es nicht, ich war selten betroffen. Wir sammelten diskriminierende Erfahrungen wie Wanderer die Wanderstempel.«[8]

Nach der EU-Osterweiterung und der schrittweisen Einführung der Personenfreizügigkeit für die neuen Mitgliedstaaten zogen viele weitere Menschen aus den ehemaligen sozialistischen Ländern nach Deutschland, jeweils 2,8 Millionen aus Polen und Rumänien, rund 1,1 Millionen aus Bulgarien.[9] Und schließlich löste der russische Angriffskrieg auf die Ukraine im Februar 2022 eine Massenflucht aus. Mehr als eine Million Ukrainer*innen suchten in Deutschland Schutz – und im Zuge dieses Krieges flohen ebenso zahlreich Menschen aus Russland.

Die Einwander*innen aus dem Osten lassen sich nicht über einen Kamm scheren, eine Generalisierung verbietet sich. Aber trotz aller Unterschiede haben sie eines gemein: Sie suchen ein sicheres und besseres Leben und wollen sich so gut wie möglich integrieren, oft sogar assimilieren, ganz und gar anpassen. Die Journalistin Emilia Smechowski, die als Kind mit ihren Eltern aus Polen nach Deutschland kam, schreibt: »Es gibt kein Volk, das zahlreicher nach Deutschland einwandert, als wir Polen es tun. Seit Jahrzehnten schon. Als Migranten sieht man uns kaum. Jedenfalls diejenigen nicht, die in den achtziger und neunziger Jahren kamen – und das sind mit Abstand die meisten. Wir sind unsichtbar. Wir sind quasi gar nicht da, so gut gliedern wir uns ein. Wie Chamäleons haben wir gelernt, uns in der deutschen Gesellschaft zu verstecken.«[10]

Der 1975 in Polen geborene *Zeit*-Journalist Adam Soboczynski schreibt in seiner Biografie über die Anpassungsleistung seiner Mutter: »In dieser über Jahrzehnte nicht abklingenden Sorge blieb sie ihrer Herkunft verhaftet. Ihr Projekt war das Ankommen, das sie mit großer Unruhe betrieb. Einer Minderheit anzugehören, war aus ihrer Sicht in keiner Hinsicht erstrebenswert. Auf eine Minderheitenidentität stolz zu sein, scheint ihr bis heute ein ›verdrehter‹ Gedanke. Sie war stolz auf eine besonders gute Einbauküche mit hochwertigen Geräten, die sie Nachbarn, Freunden und Verwandten präsentieren konnte.«[11]

Diesen Wunsch nach Assimilation hegten später auch viele postsowjetische Einwander*innen wie zum Beispiel ich. Auch ich wollte nichts lieber, als mit der Masse verschmelzen. Nur galt es herauszufinden, wie. Allerdings hatten wir auch bessere Startbedingungen als Menschen, die ein Asylverfahren durchstehen mussten. Wir genossen von Anfang an einen gesicherten Aufenthaltsstatus und konnten nach vorne schauen. Wir waren gekommen, um zu bleiben, hatten auch keine dramatische Flucht hinter uns.

Ich wanderte mit meiner Familie als elfjähriger jüdischer Kontingentflüchtling nach Deutschland ein. Wir kamen in ein Asylbewerberheim, obwohl wir eigentlich in eine Unterkunft für Kontingentflüchtlinge und Spätaussiedler gehört hätten, aber die war gerade voll. So landeten wir in einem Asylheim in der tiefsten hessischen Provinz und waren dort die Einzigen, die wussten, dass sie dauerhaft in Deutschland bleiben würden – und durften.

Wir mussten kein Asylverfahren durchlaufen und brauchten keine Angst vor einer Abschiebung zu haben. Das macht einen riesigen Unterschied in der Art und Weise, wie man auf sein neues Land blickt. Wir konnten sofort damit beginnen, ein neues Leben aufzubauen und uns zu integrieren. Meine Eltern lernten Deutsch, mieteten eine Wohnung, mein Bruder und ich gingen zur Schule. Wir passten uns an, so gut es ging. Fingen an, unsere neue Umgebung zu verstehen, wenn auch recht langsam.

Das alles geschah natürlich mit einem gewissen Misstrauen gegenüber der deutschen Mehrheitsgesellschaft, denn fast alle jüdischen Familien, die nach Deutschland eingewandert waren, hatten Verwandte im Holocaust verloren. In den Nachrichten hörten wir Kontingentflüchtlinge immer wieder von rassistischen Anschlägen, wie etwa die von 1992 in Rostock-Lichtenhagen und in Mölln. Bei einem Anschlag am 27. Juli 2000 in Düsseldorf wurden Kontingentflüchtlinge auf dem

Weg von ihrem Deutschkurs zur S-Bahn durch einen Sprengsatz verletzt, zum Teil schwer. Ebenso verunsicherten uns rechtsextreme Parteien wie die NPD und später die AfD.

Eine herbe Enttäuschung: jüdisch genug, um im Holocaust umzukommen, und jüdisch genug, um in der UdSSR diskriminiert zu werden, aber nicht jüdisch genug für die BRD.

Auch unsere Aufnahme in die jüdischen Gemeinden verlief nicht problemlos. Die Alteingesessenen begegneten uns Neuankömmlingen mit Misstrauen, wir waren angeblich nicht jüdisch genug. Eine herbe Enttäuschung: jüdisch genug, um im Holocaust umzukommen, und jüdisch genug, um in der UdSSR diskriminiert zu werden, aber nicht jüdisch genug für die BRD.

Dieser skeptische Blick auf osteuropäische Jüdinnen und Juden wird in dem 2023 erschienenen Werk *Judenfetisch* von der jüdisch-amerikanischen Autorin Deborah Feldman gut beschrieben. Da heißt es: »Du weiß schon, dass dieser Schriftsteller nicht aus Deutschland kommt, oder? Seine Mutter ist halb jüdisch, im Kaukasus geboren, er selbst kommt aus einem sowjetischen Umfeld, viele Juden, die nach Deutschland gezogen sind, stammen aus dem Osten. Das sind, pardonnez-moi, Papierjuden, Menschen, die irgendwelche Scheine hatten, worin ihr Judentum belegt war. Aber im Osten gab es kein Jüdischsein«.[12] Und falls diese Aussage noch nicht krass genug ist, hier kommt eine weitere: »Nicht die jüdische Praxis fehlt diesem Schriftsteller, sein größtes Problem wie das Problem aller anderen bekennenden Juden mit einem sowjetischen Hintergrund in Deutschland ist der Mangel an Holocaust-Bezug.«[13] Auch Walter Holomka, ehemaliger Leiter des Abraham-Geiger-Kollegs (2002–2023) und selbst zum Judentum konvertiert, sprach 2004 im Magazin *Spiegel* von postsowjetischen jüdischen Einwander*innen und ihrem Engagement in jüdischen Gemeinden abfällig von »Karteileichen«.[14]

Waren, wie gesagt, viele jüdische Kontingentflüchtlinge zunächst eher zögerlich, ausgerechnet nach Deutschland auszuwandern, blickten deutsche Aussiedler*innen völlig anders auf das Land. Elina Penner, deren Hauptfigur Nelli in ihrem Roman *Nachtbeeren* aus einer mennonitischen Gemeinschaft stammte und als kleines Mädchen als Russlanddeutsche nach Deutschland kam, schreibt: »Wir werden oft gefragt, ob wir manchmal zurückwollen, ob wir es vermissen, wann wir es besuchen wollen, das Heimatland. Die meisten von uns sagen, wir sind in unserem Heimatland, wir haben unser Heimatland vermisst, also haben wir das Exil verlassen, um in die Heimat zurückzukehren. Es klingt vielleicht ein bisschen biblisch oder übertrieben, aber so war das für uns. Das war das Gefühl. Niemand verlässt ein Land, nimmt alles mit, fängt neu an, nur weil was Besseres warten könnte. Nein, man muss auch etwas fühlen dabei.«[15]

In Adam Soboczynskis Biografie *Traumland* klingt diese Umstellung des eigenen Lebens, dieser Umzug von Polen nach Deutschland deutlich profaner: »Niemcy – dem Wortursprung nach waren damit die Fremden, die Fremdsprachigen, die Stummen, die, mit denen man sich nicht verständigen kann, gemeint. Ich war gut vorbereitet worden: Die Stummen hatten das bessere Land, das reichere, das schönere. Es war das Land, in dem die Sterne vom Himmel fielen, und siehe da, es waren lauter Münzen. Es war für uns ein Traumland, wie es einst für Deutsche Amerika gewesen sein mag.«[16]

Die Ideologie der singulären Identität überwinden

Doch selbst die Aussiedler, diese vermeintlich Deutschen, blieben in den Augen der deutschen Mehrheitsgesellschaft eben lange nur »Polen« oder »Russen«. Diesem Fremdheitsgefühl, dem Empfinden, nie zu genügen, trägt auch das kürzlich erschienene Buch der Publizistin Ira Peter, die 1992 mit ihrer Familie als Spätaussiedlerin aus Kasachstan nach Deutschland kam, Rechnung. Das Buch trägt den Titel: *Deutsch genug?*. Wohlgemerkt mit einem Fragezeichen.

Wie die meisten Geflüchteten suchten auch Aussiedler hierzulande vor allem Sicherheit, ein stabiles politisches System und bescheidenen Wohlstand. Deutschland stand für all diese Versprechen, auch wenn das Ankommen alles andere als einfach war. Außerdem: Für die allermeisten jüdischen Kontingentflüchtlinge und Spätaussiedler gab es ansonsten kaum eine andere Möglichkeit, die ehemalige Sowjetunion auf legalem Weg zu verlassen. Gründe, ihr den Rücken zu kehren, gab es hingegen reichlich. Im Vordergrund stand meist nicht einmal die Armut, sondern der um sich greifende Nationalismus und Chauvinismus, der unterschiedliche Herkünfte nicht akzeptierte.

Komplizierte Identitäten waren in der UdSSR und vielleicht sogar im gesamten ehemaligen Ostblock eher unerwünscht. Es dominierte dort genau das, was die nigerianische Schriftstellerin Chimamanda Ngozi Adichie in ihrem TED-Talk mit dem Titel »The Danger of a Single Story« beklagte: eine einzige Erzählung. Im Ostblock war dies die Erzählung von angeblich überaus glücklichen, unkomplizierten sowjetischen/polnischen/slowakischen/jugoslawischen oder anderen eindimensionalen Arbeiter*innen.

In der Schule erfuhr man zwar von »den anderen«, aber nie genug, um diese wirklich in ihrer Vielschichtigkeit zu erfassen und zu begreifen. Es gab keine Facetten, keine Nuancen, keine Gleichberechtigung, keine Teilhabe.

Viele »andere« wollten das auch gar nicht. Im Gegenteil, sie kämpften sogar dafür, dass ihre eigene Herkunft, oft eine Geschichte der Verfolgung und Pogrome, verschwiegen oder gar geleugnet wurde. Oft war das Sprechen über die eigene Identität, die eigene »Andersartigkeit« mit großer Scham behaftet, selbst nachdem man die Sowjetunion verlassen hatte. In Berlin habe ich einmal erlebt, wie eine Frau kasachischer Herkunft nicht etwa aus Freude, sondern aus Verzweiflung in Tränen darüber ausbrach, dass ihr deutscher Mann ihrer gemeinsamen Tochter einen kasachischen Namen geben wollte.

Oft war das Sprechen über die eigene Identität, die eigene »Andersartigkeit« mit großer Scham behaftet, selbst nachdem man die Sowjetunion verlassen hatte.

Es dauerte, bis die Aussiedler*innen auch in Deutschland zu sich selbst und ihrer Herkunft fanden. Die erste Generation focht viele politische Kämpfe noch im Stillen aus. Sich im neuen, fremden Land zurechtfinden zu müssen, ließ nicht viel Zeit, um sich gesellschaftlich zu integrieren und aktiv an politischen Prozessen teilzuhaben. Das übernahmen dann die Kinder, die zweite Generation. Vielleicht ist der Grund dieser anfänglichen Passivität, dass sich das frühere Leben in Schweigen, das ihnen die UdSSR als Angehörige einer Minderheit abverlangte, zu tief ins Gedächtnis eingeschrieben hatte. In der Sowjetunion galt die Devise: »Bloß nicht auffallen!«, und so verhielt man sich auch anderswo. Wahrscheinlich viel zu lange.

In Deutschland gibt es immerhin die Möglichkeit des sozialen Aufstiegs, wenn schon nicht für einen selbst, dann zumindest für die Nachkommen. Doch für Generationen von Einwanderern, die als Erwachsene hierherkamen, war die Ankunft meist mit einem sozialen Abstieg verbunden. Studienabschlüsse wurden nicht anerkannt, fehlende Deutschkenntnisse mussten mühsam und über lange Zeit nachgeholt werden, und selbst wenn man Deutsch sprach, blieb der Akzent, der einen verriet. Und das Geld blieb weiterhin knapp.

In Deutschland gibt es immerhin die Möglichkeit des sozialen Aufstiegs. Doch für Generationen von erwachsenen Einwanderern war die Ankunft meist mit sozialem Abstieg verbunden.

Zugleich aber wurde die Generation der Neueingewanderten all der verpassten Chancen gewahr, sah auf einmal, was ihnen die Sowjetunion nie gegeben, ja verwehrt hatte: den Wohlstand, die Wohnungen, Autos und Urlaube. Es fiel den Neuen darum schwer, nicht eifersüchtig auf die Einheimischen in Deutschland zu werden und das zurückgelassene Leben nicht in einem völlig anderen, sehr fahlen Licht zu sehen. Es sei denn, sie gehörten zu der sehr kleinen Zahl zugewanderter russischer Oligarchen, die eine Vorliebe für Berlin und München hatten.

Diese Bitterkeit, diese zwiespältigen Gefühle hat die Schriftstellerin Natascha Wodin in ihrem Roman *Nastjas Tränen* sehr treffend so beschrieben: »Kurz darauf betrat Nastja zum ersten Mal in ihrem Leben eine deutsche Wohnung. Ihre Bewohner waren eine Augenärztin und ein Augenarzt mit zwei Kindern, freundliche, höfliche Menschen, die nicht zu Hause waren, während Nastja die Wohnung putzte, und die ihr nicht die sechs Deutsche Mark pro Stunde bezahlten, sondern zehn. … aber auch eine Wohnung wie diese hatte Nastja noch nie gesehen. Alleine das Wohnzimmer war größer als ihre gesamte Wohnung in Kiew, alles in allem fünf geräumige, behaglich eingerichtete Zimmer, eine große Küche, eine Abstellkammer, eine Terrasse und zwei Bäder für vier Menschen. Nachdem die Frau des Hauses sie sehr wohlwollend eingewiesen, ihr den Staubsauger erklärt und die Bügelwäsche gezeigt hatte und Nastja alleine zurückgeblieben war, verwundert darüber, dass man ihr, der Fremden, der Ausländerin, so freimütig die Wohnung anvertraute, fiel sie auf einen Stuhl in der Küche und brach in Tränen aus. Sie wusste nicht genau, warum sie weinte – ob über ihr Lebensfiasko in Kiew, das ihr der Anblick dieser deutschen Wohnung in seiner ganzen Tragweite vor Augen führte, oder dass es das Vertrauen und die Menschlichkeit dieser Deutschen waren, die sie … so erschütterten.«[17]

Es ist zwar ein oft beschriebenes Klischee, aber auch meine Familie und ich waren in den ersten Jahren nach unserer Ankunft in Deutschland erstaunt, als wir sahen, was die *Deutschen* an Sperrmülltagen so alles vor ihre Haustüren stellen.

Auch wenn die Gründe der Umsiedlung nach Deutschland oft ähnlich waren, diese unterschiedlichen PostOst- oder postsowjetischen Minderheiten haben sich nicht miteinander verknüpft und zusammengetan. Es gab kaum Kontakt zwischen ihnen, außer vielleicht unter Angehörigen bestimmter Gemeinschaften wie etwa den deutschstämmigen Mennoniten oder unter einigen jüdischen Menschen. Die meisten hatten jedoch genug mit sich selbst zu tun.

Sicher, einige übernahmen politische Posten, andere engagierten sich ehrenamtlich, aber im Großen und Ganzen war es eine schwierige Ankunft und mit großen Enttäuschungen verbunden. Die Journalistin Erica Zingher hat dieses Erleben für jüdische Kontingentflüchtlinge so geschildert: »Lange galt ihre Einwanderung als Erfolgsgeschichte. Sie, wir, waren die guten Migrant:innen. An unsere Ankunft war Hoffnung geknüpft: Wir sollten das jüdische Leben in Deutschland wieder aufblühen lassen. Bald darauf, Mitte der 1990er-Jahre, wurden Migrant:innen aus dem ehemaligen Ostblock als Problem wahrgenommen – und dann gar nicht mehr. Man hat diese Menschen, uns, vergessen.«[18]

Das änderte sich schlagartig mit dem 24. Februar 2022.

Vor diesem einschneidenden Datum waren wir uns alle mehr oder weniger einig: Deutschland ist zwar nicht perfekt, aber in ein anderes Land weiterzuwandern, ist zu anstrengend. Und wohin soll man überhaupt noch gehen? Natürlich gab es einige Menschen, die den russischen Angriff auf die Ukraine vorausgesehen haben, aber ich glaube, die meisten waren genauso überrascht wie ich, als er am 24. Februar tatsächlich geschah. Ich weiß noch, wie ich mich nicht von den Nachrichten lösen konnte, ungläubig auf die Fernsehbilder starrte.

Im russischsprachigen Berlin, das überraschend groß ist, wurde schnell gefragt: »Auf welcher Seite stehst du?« Und erstaunlich viele standen nicht auf der russischen Seite. Verblüffend schnell hatte sich auch die russischsprachige Zivilgesellschaft organisiert, von der viele bis dahin noch nicht einmal geahnt hatten, dass es sie gab.

Und immer wieder führte das aktive Bekenntnis zu menschlichen Werten auch dazu, sich mit der eigenen Herkunft auseinanderzusetzen, mit den historischen Märchen, die man meinte, über sich zu wissen.

Etliche profitierten nun von den Erfahrungen der Flüchtlingshilfe 2015, Hilfsorganisationen wurden gegründet, Unterstützung schnell und ziemlich professionell organisiert. Es war nicht genug, und es wird niemals genug sein, aber die Aktionen liefen besser als erwartet. Und diese Hilfe aus den Reihen der russischsprachigen Zivilgesellschaft war ein klares Bekenntnis zu Werten, nicht zu »westlichen« oder »deutschen«, sondern zu »menschlichen«. Und immer wieder führte dieses Engagement auch dazu, sich mit der eigenen Herkunft auseinanderzusetzen, mit den historischen Märchen, die man meinte, über sich zu wissen.

Natürlich gab und gibt es auch die andere Seite, Menschen, die das offizielle russische Narrativ verteidigen und die Politik des russischen Präsidenten Wladimir Putin teilen. Nicht selten führt das zu tiefen Rissen und Zerwürfnissen. Der in Kiew geborene deutschsprachige Schriftsteller Dmitrij Kapitelman hat das am Beispiel seiner eigenen Familie sehr anschaulich beschrieben: »In der russischen Welt meiner Mutter ist Russland gut und heldenhaft und hat gar keine andere Wahl, als zu kämpfen. Herzlos ist das nicht von ihr, nur sehr wahrheitsverloren. Deswegen leidet Mama wohl auch so sehr darunter, dass ihr Sohn diese russischen Wahrheiten aufs Verderben nicht erkennen will. Sie fühlt sich missverstanden und zu Unrecht als russischer Unmensch verurteilt. Mir bleibt nur, weiter die Grenze zur Gewalt aufrechtzuerhalten, auch vor ihr.«[19]

Die russische Propaganda hatte mit der Zeit leider Erfolg, hat viele erreicht, zu viele. Unter anderem war es ihr Ziel, nur eine einzige Erzählung, die sogenannte *Single Story*, zu verbreiten und durchzusetzen. Wladimir Putin ist nicht ohne Grund Hobbyhistoriker. Was wir, und damit meine ich in erster Linie Menschen mit postsowjetischer Herkunft, lernen müssen, ist, nicht diese angebliche Singularität, diese behauptete Einzigartigkeit zu glauben. Wir müssen ebenso die Geschichten und Sichtweisen der »anderen« kennen, müssen Komplexität einfordern und andere Perspektiven genauso ernst nehmen wie die eigene.

Womöglich sind wir Menschen aus dem Ostblock noch dabei, herauszufinden, wer wir sind oder sein könnten. Ich weiß, dass ich hier eigentlich über Deutschland schreiben sollte, aber das ist genau das Paradox: Wir tragen all unsere mitgebrachten Konflikte in Deutschland aus, auf Deutsch, sie sind längst Teil des neuen deutschen Diskurses. Es wäre nicht möglich, diese Debatten in Russland zu führen, und dennoch kreisen die Diskussionen immer um die Herkunftsideologie, diese laut offizieller russischer Propaganda angeblich singuläre Identität.

Der russische Angriffskrieg auf die Ukraine hat einen abgrundtiefen Riss in der postsowjetischen und Post-Ost-Gemeinschaft hinterlassen.

Der russische Angriffskrieg auf die Ukraine hat einen abgrundtiefen Riss in der postsowjetischen und Post-Ost-Gemeinschaft hinterlassen. Es ist uns nicht möglich, die Augen vor diesem Krieg zu verschließen und neutral zu bleiben. Er betrifft uns alle. Wir können uns daraus nicht lösen.

Mittlerweile sind Hunderttausende von ukrainischen Geflüchteten in Deutschland, insbesondere Kinder und Frauen. Manche haben hier bereits Wurzeln geschlagen, andere hoffen, möglichst bald in ihre Heimat zurückzukehren. Aber vor allem in Berlin gibt es auch viele Menschen aus Russland, die gegen den Krieg sind und die Möglichkeit hatten, mithilfe eines Visums zu fliehen. Diese Menschen sind nicht untätig. Im Gegenteil, sie packen an und haben zahlreiche Initiativen gegründet: zum Beispiel Buchläden, Kulturzentren, Organisationen, Cafés. Und dennoch weiß niemand von ihnen, was die Zukunft bringt, wie es weitergehen wird.

Auch in anderen Ländern, wie etwa in Montenegro, Armenien oder Georgien, gibt es solche Communitys mit Geflüchteten aus Russland. Sie alle befinden sich noch immer in der Schwebe zwischen Ankunft und Weggehen und leben neben Geflüchteten aus der Ukraine, die wie sie sehnlichst auf ein Ende des Krieges warten. Sie alle kamen nicht freiwillig und machten sich keine Illusionen über das Leben in der Fremde, in Deutschland.

Diese Menschen streben auch nicht in erster Linie nach Assimilation, zumal sie nicht wissen, ob sie im Exil bleiben werden – oder überhaupt bleiben dürfen. Diese neuen Geflüchteten kommen außerdem meist mit einem völlig anderen Selbstverständnis, einem ganz anderen Blick auf sich und auf ihre Existenz. Der Wunsch, in der Fremde bloß nicht aufzufallen, gehört zum Glück der Vergangenheit an. Doch ihre Zukunft ist ungewiss.

Gleichwohl haben auch diese Geflüchteten aus dem Osten eine Gegenwart. In ihr leben sie, in ihr haben sie neue menschliche Bindungen aufgebaut: sowohl zu jenen, die schon immer hier waren, als auch zu denen, die schon vor langer Zeit nach Deutschland gekommen sind. Egal welcher Herkunft. Sich mit dieser Herkunft auseinandersetzen zu können, sie umzudenken oder gar abzulegen, ist dagegen nur in einer Demokratie und einer offenen Gesellschaft möglich. Für viele der neu hinzugekommenen Menschen fängt dieser Prozess erst an.

Anmerkungen

1 https://www.destatis.de/DE/Themen/Gesellschaft-Umwelt/Bevoelkerung/Migration-Integration/_inhalt.html, aufgerufen am 02.05.2025.
2 Panagiotidid, Jannis: *Postsowjetische Migration in Deutschland, eine Einführung,* Beltz Juventa 2021, S. 33.
3 https://www.derstandard.at/story/3000000269957/lea-ypi-warum-migration-nicht-das-problem-ist, aufgerufen am 15.05.2025.
4 Siehe: https://www.dw.com/de/die-gastarbeiter-aus-ex-jugoslawien-in-deutschland-träumen-schon-lange-nicht-mehr-von-der-rückkehr/a-16475757, aufgerufen am 30.04.2025.
5 Panagiotidid, Jannis: *Postsowjetische Migration in Deutschland, eine Einführung,* Beltz Juventa 2021, S. 33, 38.
6 https://www.bpb.de/system/files/dokument_pdf/1.2.pdf, aufgerufen am 02.05.2025.
7 Panagiotidid, Jannis: *Postsowjetische Migration in Deutschland, eine Einführung,* Beltz Juventa 2021, S. 39.
8 Stanišić, Saša, *Herkunft*, Luchterhand 2019, S. 214.
9 https://www.bpb.de/system/files/dokument_pdf/1.2.pdf, aufgerufen am 02.05.2025.
10 Panagiotidis, Jannis: *Postsowjetische Migration in Deutschland, eine Einführung,* Beltz Juventa 2021, S. 11.
11 Soboczynski, Adam: *Traumland: Der Westen, der Osten und ich*, Klett-Cotta 2023, S. 23.
12 Feldman, Deborah: *Judenfetisch,* Luchterhand 2023, S. 183.
13 Ebd., S. 186.
14 https://www.spiegel.de/politik/viele-zimmer-unterm-dach-a-3d27b2a6-0002-0001-0000-000030748396?context=issue
15 Penner, Elina, Nachtbeeren, Aufbau 2022, S. 19.
16 Soboczynski, Adam: *Traumland: Der Westen, der Osten und ich,* Klett-Cotta 2023, S. 13.
17 Wodin, Natascha: *Nastjas Tränen,* Rowohlt 2021, S. 43 f.
18 https://taz.de/Juedische-Kontingentfluechtlinge/!5727852/, aufgerufen am 24.03.2025.
19 Kapitelman, Dmitrij: *Russische Spezialitäten,* Hanser Berlin 2025, S. 58.

Deutschland, du hast es besser

Von Daniel Ziblatt

Anfang 2024, als ich mich an der Harvard University auf das neue Semester vorbereitete, poppten auf meinem Handy plötzlich Selfies einiger meiner deutschen Studierenden auf. Sie verbrachten gerade in Berlin ihre Winterpause. Es waren mitreißende, entschlossene Selfies. Meine Studierenden standen eingequetscht zwischen einem Rentner aus Charlottenburg und einer Schülerin, die ein handgemaltes Schild mit der Aufschrift »Nie Wieder ist Jetzt!« schwenkte. Sie gehörten zu den Hunderttausenden, die sich in jenen Wochen nicht nur in Berlin, sondern überall in Deutschland versammelt hatten. Unzählige Menschen, die ihrem Entsetzen über neueste fremdenfeindliche Umtriebe Ausdruck verleihen wollten. Journalisten hatten aufgedeckt, dass führende deutsche Rechtsextremisten, unter ihnen auch Mitglieder der Alternative für Deutschland (AfD), auf einem Potsdamer Treffen Pläne zur »Remigration« von Einwanderinnen und Einwanderern sowie eingebürgerten Staatsangehörigen diskutiert hatten.

Die Menschenmenge in Berlin erstreckte sich vom Brandenburger Tor bis zum Alexanderplatz, ein Band alarmierter und couragierter Bürgerinnen und Bürger. Ihre Sprechchöre hallten durch die winterliche Kälte. Als amerikanischer Politikwissenschaftler, der seine berufliche Laufbahn damit verbracht hat, Deutschland und Amerika in vergleichender Perspektive zu erforschen, war ich von der Geschwindigkeit, der Heftigkeit und dem Ausmaß der deutschen Reaktion beeindruckt – ebenso wie von dem Kontrast zu dem eher gedämpften Echo amerikanischer Bürgerinnen und Bürger, wenn in meinem Land demokratische Normen zunehmender Bedrohung ausgesetzt sind. In diesem Moment erschien die deutsche Geschichte nicht nur gegenwärtig. Sie entfaltete eine spürbar schützende Wirkung.

Im vergangenen Jahrzehnt sind westliche Demokratien unter dem Druck ebenso vertrauter wie gewaltiger Belastungen ins Straucheln geraten: stagnierendes Wirtschaftswachstum, demografischer Wandel und der Peitschenhieb des technologischen Umbruchs. Diese Kräfte haben politische Koalitionen neu geordnet, traditionelle Parteien aus dem Gleichgewicht gebracht und extremen politischen Akteuren, die einst als Randfiguren galten, den Weg geebnet. Auch Deutschland ist davon – trotz seines Rufs für institutionelle Stabilität und verfassungspolitische Raffinesse – nicht verschont geblieben. Bemerkenswert und aus transatlantischer Perspektive besonders beachtenswert ist aber, wie Deutschlands demokratische Reflexe in Echtzeit auf die Probe gestellt werden, während Geschichte und Erinnerung gegen eine aufkommende Welle der Reaktion ankämpfen.

Eine neue Ära?

Der breitere politische Kontext ist ernüchternd. Im Rückblick erscheint das Brexit-Votum von 2016 heute weniger wie ein plötzlicher Paukenschlag als vielmehr wie ein Auftakt. In den Jahren danach haben Politikerinnen und Politiker wie die Französin Marine Le Pen, die Italienerin Giorgia Meloni oder der Niederländer Geert Wilders dazu beigetragen, die radikale Rechte von den Rändern ins Zentrum zu rücken. Der niederländische Politikwissenschaftler Cas Mudde hat dies als »vierte Welle« der radikalen Rechten bezeichnet – als eine neue Welle des nationalistischen Populismus. Diese Parteien haben immer erfolgreichere Maschinerien aufgebaut und vermögen so regelmäßig 20 bis 30 Prozent der Stimmen auf sich zu vereinen. Sie haben die politische Debatte – und in manchen Fällen sogar die Regierungen – grundlegend verändert.

In diesem größeren Trend schien Deutschland eine Zeit lang die Ausnahme zu sein. Die AfD startete 2013 als kleine euroskeptische Partei und schien anfangs eine bloße politische Randerscheinung zu sein. Doch die Flüchtlingskrise von 2015 hat dies grundlegend verändert. Die Partei setzte massiv auf Fremdenfeindlichkeit und kulturelle Ressentiments und ist seither nicht mehr von diesem Kurs abgewichen. Heute dominiert die AfD weite Teile Ostdeutschlands und liegt in den Umfragen bundesweit bei über 20 Prozent. Ihr Zuspruch ist längst kein reines Protestphänomen mehr, sondern ist fester Bestandteil des politischen Lebens in der Bundesrepublik geworden.

Die populistische Herausforderung hat sich nach dem Einmarsch Russlands in die Ukraine 2022 nochmals verschärft. Die von Deutschland ausgerufene *Zeitenwende* sollte eine neue Ära des geopolitischen Realismus und der demokratischen Entschlossenheit einläuten. Doch die AfD hat den Krieg genutzt, um Ängste und Ressentiments zu schüren, seien es steigende Energiepreise, die Migration oder Fragen der nationalen Identität. Und während die Bundesregierung dabei ist, im Angesicht der neuen Bedrohungen ihre Außen- und Verteidigungspolitik umzugestalten, sind die Gefahren einer destabilisierenden politischen Polarisierung präsenter denn je.

Aus amerikanischer Sicht lassen sich die Parallelen zur USA kaum übersehen. Die MAGA-Bewegung (Make America Great Again), die seit Trumps Wahlsieg 2016 die Republikanische Partei erobert hat, speist sich aus denselben politischen Strömungen wie in Deutschland: kulturelles Ressentiment, Misstrauen gegenüber Eliten und die Bereitschaft, Pluralismus und Vielfalt als Niedergang zu betrachten.

In der Tat überschneiden sich die Profile rechtsradikaler Wählerinnen und Wähler erheblich, in Deutschland wie in den USA und in ganz Europa. Es ist fast eine Konstante in *allen* unseren Demokratien: Rechtsextreme Parteien und Bewegungen erhalten überproportional viel Unterstützung von Männern, in ländlichen Gebieten und von Menschen mit geringerer formaler Bildung. Sie profitieren von einem gemeinsamen Misstrauen gegenüber traditionellen Medien, gegenüber Universitäten sowie den zentralen normativen Grundlagen einer demokratischen, multiethnischen Gesellschaft. Und es gelingt rechtsextremen Parteien immer erfolgreicher, dieses Misstrauen zu aktivieren und in Wählerstimmen umzumünzen.

Allerdings sind die Triebkräfte, die diese Wählerinnen und Wähler mobilisieren, nicht überall identisch. In Ostdeutschland dominieren bis heute Themen rund um das Erbe der Wiedervereinigung: Das Empfinden, Bürger zweiter Klasse zu sein, die wirtschaftliche Vernachlässigung, demografischer Rückgang und entvölkerte Landstriche sind dort weiterhin prägende Faktoren.

Quell der radikalen Rechten in den USA ist die Reaktion auf das allmähliche Verschwinden traditioneller sozialer Hierarchien, insbesondere hinsichtlich »Race« und Ethnizität.

In den Vereinigten Staaten hingegen ist Quell der radikalen Rechten eine andere historische Entwicklung: die Reaktion auf das allmähliche Verschwinden traditioneller sozialer Hierarchien, insbesondere hinsichtlich »Race« und Ethnizität. Was sich als Auflehnung gegen die

Globalisierung inszeniert, ist zugleich die Verteidigung historischer Dominanzverhältnisse. Diese Unterschiede zwischen den USA einerseits und Deutschland und Europa andererseits sind wichtig. Nicht weil sie die oberflächlichen Parallelen aufheben würden, sondern weil sie eine einfache, einheitliche Antwort erschweren.

Dennoch zeigt sich in den Demokratien dies- und jenseits des Atlantiks eine auffallende Gemeinsamkeit. Fast überall in Nordamerika wie auch in Westeuropa finden rund 30 Prozent der Wählerinnen und Wähler Gefallen an den Botschaften populistischer Demagogen. Während die klassischen Volksparteien, die in der Nachkriegszeit eine stabilisierende Rolle spielten, an Bedeutung verlieren, zeigt sich mit dem Aufstieg der Rechtsextremisten ein neues altes Phänomen. Dieser Erfolg ist, wie es der amerikanische Politikwissenschaftler Larry Bartels beschreibt, nicht Folge einer völlig neuen populistischen »Welle«, sondern vielmehr das Fortbestehen eines alten und tief verwurzelten populistischen »Reservoirs«.

Doch selbst wenn Amerikanerinnen und Amerikaner sowie Europäerinnen und Europäer viele Herausforderungen teilen, hat vor allem die deutsche Nachkriegsdemokratie – jedenfalls aus meiner transatlantischen Perspektive – eine überraschende, mitunter sogar inspirierende Widerstandskraft gezeigt. Diese Resilienz hat zwei zentrale Quellen: das institutionelle Gerüst der verfassungsmäßigen Ordnung der Bundesrepublik Deutschland und eine starke Zivilgesellschaft, geprägt von einer lebendigen Erinnerungskultur.

Institutionelle Widerstandsfähigkeit

Das Grundgesetz als Verfassung der deutschen Nachkriegszeit ist nicht nur ein Regelwerk, sondern auch eine Erklärung demokratischer Prinzipien. Es wurde bewusst geschaffen, um jene Art von Rückschlägen zu verhindern, die der Weimarer Republik zum Verhängnis wurden. Dieses Konzept, das im August 1948 auf dem Verfassungskonvent auf Herrenchiemsee entwickelt wurde, hat sich als bemerkenswert robust erwiesen. Die im ersten Artikel des Grundgesetzes verankerte Garantie der Menschenwürde ist ebenso beeindruckend wie die sogenannten Governance-Instrumente, die das Regieren erleichtern sollen und darum gezielt eine parteiübergreifende Zusammenarbeit fördern. Das konstruktive Misstrauensvotum, das föderale Gerichtssystem, das personalisierte Verhältniswahlrecht und der deutsche Föderalismus verhindern die gefährliche Ballung von Macht und fördern in besonderer Weise Kompromiss und Kooperation – und wirken so den Exzessen übermäßiger Polarisierung entgegen.

Wie kein Verfassungsmodell bleibt natürlich auch das deutsche nicht von Kritik verschont – etwa dass es zu Blockaden oder übermäßigen Kompromissen führe. Dennoch gilt das Grundgesetz international als eine Erfolgsgeschichte verfassungsstaatlichen Denkens nach 1945. Die institutionellen Schutzmechanismen Deutschlands haben sich bislang als eine Quelle demokratischer Widerstandsfähigkeit erwiesen.

Doch unabhängig von gerichtlichen Entscheidungen zu Parteiverboten und anderen institutionellen Sicherungen wird womöglich die bisherige gesellschaftliche »Norm«, also die mehrheitliche Überzeugung, gegen rechtsextreme Parteien wie die AfD eine politische Brandmauer bauen und aufrechterhalten zu müssen, nicht ewig Bestand haben. Vielleicht könnte diese »Norm« sogar jene Entfremdung verstärken, die der Nährboden der AfD ist.

Doch über ein Jahrzehnt hat diese »Norm« in einer bestimmten Weise funktioniert: Die AfD bleibt bislang von der Koalitionspolitik auf Bundesebene ausgeschlossen. Und selbst im Osten, wo ihre Basis am stärksten ist, lösen Versuche, mit der AfD zu regieren, heftige Gegenreaktionen aus. Die Bedrohung, die von dieser Partei für das demokratische Gemeinwesen ausgeht, ist ernst – auch von außen betrachtet. In den USA erlebe ich gerade hautnah, wie viel gefährlicher es wird, wenn autoritäre Populisten tatsächlich die Macht übernehmen.

Erinnerung und Zivilgesellschaft als Infrastruktur

Die Resilienz der deutschen Demokratie beruht also nicht allein auf formalen Verfassungsstrukturen. Gerade deshalb schaue ich mit Bewunderung auf die starke deutsche Zivilgesellschaft. In Deutschland findet Geschichte nämlich nicht nur in Museen statt. Sie ist in die Stadtbilder eingraviert, in den Lehrplänen der Schulen verankert und ist immer wieder auch Thema in Bundestagsdebatten. Das Ergebnis ist keine »Kultur der Schuld«, wie Kritiker behaupten, sondern so etwas wie ein demokratisches Erinnerungsvermögen. Mit anderen Worten: Sobald antidemokratische Kräfte auftreten, greift meist sofort ein kollektiver Reflex.

Der Protest, an dem sich meine Studierenden im Januar 2024 beteiligten, ist also nicht in einem luftleeren Raum entstanden. Er war Teil einer vorwärtsrollenden zivilen Mobilisierung. Sie erfasste Dutzende deutsche Städte. Gewerkschaften, Kirchenführer, Wirtschaftsführer, Studentengruppen und sogar Bundesligavereine gaben Protestnoten gegen die AfD ab. Banker gingen zum ersten Mal in ihrem Leben auf die Straße, um ihr unerschütterliches Engagement für die verfassungsmäßige Ordnung zu bekunden. Diese Art von branchenübergreifender Reaktion gab es in den Vereinigten Staaten seit Januar 2025 selten. In meinem Land wird die Demokratie zu oft als selbstverständlich angesehen, wird der Schutz demokratischer Normen zu oft formalen rechtlichen Institutionen statt gelebter Praxis überlassen.

Und doch kann die deutsche Kultur der Erinnerung manchmal auch ein falsches Sicherheits- und Immunitätsgefühl erzeugen. Die Annahme, dass »so etwas hier nicht passieren kann, weil es hier schon einmal passiert ist«, birgt ein eigenes Risiko. Wie uns der Krieg in der Ukraine täglich vor Augen führt, ist demokratische Fragilität keine Sache der Vergangenheit. Sie ist ein Zustand der Gegenwart. Gleichwohl bleibt Deutschlands lebendige »Erinnerungskultur« bis heute eine mächtige Ressource, eine Ursache für seine bisherige demokratische Widerstandsfähigkeit.

Demokratische Fragilität ist keine Sache der Vergangenheit. Sie ist ein Zustand der Gegenwart.

Und dennoch: Quellen der Verwundbarkeit

Dennoch: Trotz aller institutionellen Kreativität und zivilgesellschaftlichen Beteiligung hat Deutschland in einem Bereich gezögert, in dem aus meiner Sicht entschiedenes Handeln schon viel früher gefragt gewesen wäre, in der Wirtschaftspolitik. Die Schuldenbremse – das System verfassungsrechtlich verankerter Haushaltsdisziplin – entwickelte sich in den ersten Jahrzehnten dieses Jahrhunderts beinahe zu einer Art politischem Glaubenssatz. Öffentliche Investitionen blieben aus, die Infrastruktur verfiel, und die digitale Transformation schritt nur schleppend voran.

Im Jahr 2024 fand sich das Land, das die Flüchtlingskrise und die Covid-Pandemie so souverän gemeistert hatte, dank seiner selbst auferlegten Beschränkungen gelähmt wieder. Der Einmarsch Russlands in die Ukraine legte diese Schwachstellen geradezu brutal offen. Die Abhängigkeit von russischem Gas, der Investitionsstau in der Verteidigung und eine rückständige Energieinfrastruktur waren das Ergebnis jahrelanger politischer Untätigkeit.

Die *Zeitenwende* war eine rhetorische Zäsur, doch deren praktische Umsetzung erwies sich zunächst als schwierig. Für ein Land, das sich sowohl einer autoritären Herausforderung im Ausland als auch einer demokratischen Herausforderung im eigenen Land gegenübersah, wurde die finanzpolitische Starrheit zum großen Problem.

Ich schreibe diese Zeilen als jemand, der die demokratischen Errungenschaften Deutschlands bewundert. Nicht zuletzt, weil sie in so starkem Kontrast zu den derzeitigen Turbulenzen in Amerika stehen. Aber Bewunderung endet, wo selbstgefällige Bequemlichkeit beginnt. Deutschland hat gezeigt, wozu eine funktionierende Demokratie fähig ist, wenn sie aus ihrer Geschichte lernt. Doch gerade in der Wirtschaftspolitik war in den ersten 20 Jahren dieses Jahrhunderts ein allzu großes Zögern zu beobachten.

Strategische Investitionen sind keine Bedrohung für die Demokratie, sondern eine Grundlage für ihre Verteidigung.

Vor diesem Hintergrund markiert die deutsche Verfassungsreform im Frühjahr 2025 möglicherweise einen Wendepunkt. Mit der Aufweichung der Schuldenbremse und der Ermöglichung nachhaltiger öffentlicher Investitionen hat die neue Bundesregierung die gegenwärtige Situation – und die damit einhergehenden Risiken – erkannt und anerkannt. Diese Reform bedeutete keine einfache Abkehr von der deutschen Haushaltsdisziplin, sondern folgt der längst überfälligen Erkenntnis, dass strategische Investitionen keine Bedrohung für die Demokratie, sondern eine Grundlage für ihre Verteidigung sind. Moderne Demokratien müssen in der Lage sein, sichtbare und nachhaltige Fortschritte für ihre Bürgerinnen und Bürger vorweisen zu können – vor allem: eine funktionierende Infrastruktur, eine sichere Energieversorgung und eine effektive Wirtschaftspolitik, die für Wachstum sorgt.

Zahlreiche Untersuchungen über Ländergrenzen und Jahrzehnte hinweg haben dies mehr als deutlich gemacht: Eine restriktive Sparpolitik fördert den Erfolg der populistischen Rechten. Wählerinnen und Wähler, die von Sparmaßnahmen der öffentlichen Hand betroffen sind, ziehen sich eher aus dem bürgerlichen Leben zurück und sind von den demokratischen Institutionen desillusioniert. In der deutschen Geschichte und im heutigen Europa hat sich diese Dynamik mit erstaunlicher Regelmäßigkeit wiederholt. Eine starre Festlegung auf ausgeglichene Haushalte – selbst angesichts sozialer, ökologischer oder geopolitischer Krisen – war nicht nur ökonomisch verfehlt, sondern politisch gefährlich.

Eine restriktive Sparpolitik fördert den Erfolg der populistischen Rechten.

Ein Vergleich mit den Vereinigten Staaten ist an dieser Stelle besonders aufschlussreich. Trotz aller Schwächen war die anfangs hoffnungsvolle Präsidentschaft des Demokraten Joe Biden von der Annahme getragen, dass verbesserte wirtschaftliche Bedingungen – gestützt auf eine entschlossene sozial- und wirtschaftspolitische Agenda mit umfangreichen staatlichen Investitionen in Infrastruktur – dazu beitragen könnten, die Wut der populistischen Bewegung abzuschwächen. Beweist also die Abwahl Bidens und die Wahl Trumps, dass diese Annahme falsch ist? Mitnichten. Gescheitert ist Biden an seinen persönlichen Schwächen. Gescheitert aber sind vor allem die politischen Institutionen der USA, die Polarisierung begünstigen, gescheitert ist eine Zivilgesellschaft, die trotz starken Wirtschaftswachstums die Gefahr des autoritären Populismus weder rechtzeitig erkannt noch entsprechend darauf reagiert hat.

Zwei Warnungen aus Amerika

Der Vergleich mit den USA illustriert nicht nur die Stärken der Bundesrepublik Deutschland, sondern macht zugleich auf zwei Warnsignale aufmerksam, die sich aus den amerikanischen Erfahrungen der letzten zehn Jahre ergeben. Das erste Warnsignal: Zu viele Politiker des amerikanischen Establishments – insbesondere der Republikanischen Partei – waren der Ansicht, sie könnten dem wachsenden populistischen Eifer vieler Amerikanerinnen und Amerikaner dadurch entgegenwirken, dass sie sich einem populistischen Demagogen anschließen, mit ihm zusammenarbeiten, ihn verteidigen – und ihn dadurch im Zaum halten. Diese Strategie hat sich als kurzsichtig erwiesen. In einigen Ländern mag eine solche Umarmungsstrategie vielleicht kurz funktioniert haben, in den USA aber zeigt sich, wie groß die Risiken sind, sich auf einen solchen Versuch einzulassen.

Die deutschen politischen Eliten stehen heute vor einem ähnlichen Dilemma wie die amerikanischen im Jahr 2016. Sie sollten darum die Folgen der amerikanischen Leichtsinnigkeit nicht bloß zur Kenntnis nehmen, sondern äußerst ernst nehmen. Der ehemalige britische Premierminister Winston Churchill warnte einst in einem anderen Zusammenhang: Beschwichtigungspolitik sei, als würde man ein Krokodil füttern und darauf hoffen, als Letzter gefressen zu werden.

Sind Populisten erst einmal an der Macht, fügen sie nicht nur dem politischen System massiven Schaden zu, sie zerlegen auch die zentralen Institutionen der Wissenschaft.

Das zweite Warnsignal aus den Vereinigten Staaten: Sind Populisten erst einmal an der Macht, fügen sie nicht nur dem politischen System massiven Schaden zu. In den USA kann man gegenwärtig live erleben, wie diese Populisten nicht nur die Idee der Wissenschaft und den

Kern der Wissenschaftsfreiheit attackieren, sondern auch die zentralen Institutionen der Wissenschaft zerlegen. Der Angriff zielt auf Universitäten, auf Forschungsinstitute und die ihnen zugrunde liegenden Finanzierungsmechanismen sowie auf die Karrieremöglichkeiten für junge Wissenschaftlerinnen und Wissenschaftler, die Grundlage dafür sind, um aus aller Welt die besten Talente anzuziehen. Wenn Hochschulen und ihre Institute aus irgendwelchen beliebigen Gründen auf einmal als illegitim wahrgenommen werden, geraten sie leicht zur politischen Zielscheibe. Darum sollte man rechtzeitig Strategien zur Selbstverteidigung vorbereiten.

Doch der amerikanische Fall hält noch weit spezifischere Lehren bereit, vor allem, was Universitäten einerseits als Hort demokratischer Resilienz, andererseits als Orte besonderer Verwundbarkeit betrifft. Wenn demokratische Gesellschaften ihre Universitäten – und das dort erzeugte Wissen – als ein allzu selbstverständliches Gut ansehen, dann bleiben diese Hochschulen angreifbar. Ihre Legitimität muss darum gezielt aufgebaut und verteidigt werden.

Auch hier ist die US-amerikanische Erfahrung besonders aufschlussreich: Universitäten, einst Symbole für Innovationskraft, sozialen Aufstieg und zivilgesellschaftliche Bildung, sehen sich seit Anfang der 2000er-Jahre zunehmender Politisierung und gezielten Angriffen ausgesetzt. Wie der amerikanische Historiker Richard Hofstadter mahnte, gibt es in den USA schon seit langem eine anti-intellektuelle Tradition.[1] Doch dieser Impuls hat sich verstärkt. Populistische Bewegungen stellen Universitäten nicht mehr als Stätten des sozialen Aufstiegs und der Innovation dar, sondern als Elitenhochburgen – abgehoben, eigennützig und den »gewöhnlichen« Bürgerinnen und Bürgern entfremdet.

Mehr noch: Wissenschaftliche Forschung wird gezielt der Voreingenommenheit bezichtigt und die Sozialwissenschaften als Hort des ideologisch motivierten Aktivismus, die Geisteswissenschaften werden als irrelevant oder gar schädlich abgetan. Der einstige Stolz auf eine großartige nationale Infrastruktur der Wissensproduktion muss heute bewusst gestreutem Misstrauen weichen. Noch 2015 gaben laut dem Umfrageinstitut Gallup über 57 Prozent der Amerikanerinnen und Amerikaner an, Vertrauen in das amerikanische Hochschulsystem zu haben. Heute sind es nur noch 36 Prozent.[2]

Dieser Prozess geschah nicht über Nacht. Und er war auch nicht unvermeidlich. Als Demagogen und radikale politische Kräfte damit begannen, Universitäten ins Visier zu nehmen, weil sie die akademische Freiheit als Bedrohung empfinden, haben es zu viele Wissenschaftlerinnen, Wissenschaftler und Hochschulleitungen versäumt, schon im Vorfeld den direkten Dialog mit der breiten Öffentlichkeit zu suchen.

Es stimmt, es ist die vornehmliche Aufgabe von Wissenschaftlerinnen und Wissenschaftlern zu forschen – und nicht Öffentlichkeitsarbeit zu leisten. Doch die wachsende Spezialisierung der Universitäten, ihre notwendige Fokussierung auf professionelle Erfolgskriterien sowie die relative Gleichgültigkeit gegenüber ihrer Aufgabe, auch die gesellschaftliche Rolle von Hochschulen zu vermitteln, haben einen hohen Preis. Dieses Vakuum haben rechte Populisten geschickt ausgenutzt, indem sie die Universitäten bezichtigten, nicht dem Gemeinwohl zu dienen, sondern dieses zu bedrohen.

Die Lehre aus dem amerikanischen Beispiel und die Botschaft für Deutschland sowie für jede Demokratie, die sich gegen die rechte Gefahr immunisieren möchte, ist glasklar: Die Verteidigung der freiheitlichen Demokratie muss die Verteidigung der Hochschulen und wissenschaftlichen Institutionen einschließen – und zwar sicht- und hörbar, aktiv und vorausschauend.

Eine wichtige Voraussetzung dafür ist, dass akademische Akteure sehen und begreifen, welche herausgehobene Stellung sie im öffentlichen

Raum haben, insbesondere als Empfänger staatlicher Geldleistungen. Die Legitimität von Hochschulen, von Lehre und Forschung kann nicht einfach vorausgesetzt werden, sie muss erworben und kontinuierlich erneuert werden.

Die Verteidigung der Demokratie muss die Verteidigung der Hochschulen und wissenschaftlichen Institutionen einschließen – sichtbar und hörbar, aktiv und vorausschauend.

Das heißt: Wissenschaftlerinnen und Wissenschaftler sowie akademische Führungskräfte müssen sich immer wieder aufs Neue anstrengen und der Öffentlichkeit den besonderen Wert ihrer Arbeit für das Gemeinwesen vermitteln. Dabei geht es nicht nur ums Marketing, sondern vor allem darum, den Bürgerinnen und Bürgern zu verdeutlichen, was Universitäten alles leisten und ermöglichen. Zum Beispiel: Die vielen unterschiedlichen Krebstherapien, die das Ergebnis universitärer Forschung sind; die Behandlungen neurodegenerativer Krankheiten wie Alzheimer und Parkinson; die Durchbrüche in der Genetik, die rechtzeitigere Diagnosen und eine personalisierte Medizin verheißen. Das sind keine irgendwie abstrakten Dinge, sondern die ganz konkreten Früchte nachhaltiger Investitionen in die Wissenschaft.

Das Gleiche gilt für die Sozial- und Geisteswissenschaften, auch wenn ihr Beitrag zum Gemeinwesen oft weniger offensichtlich ist. Aber genau das macht die Herausforderung, diese Leistungen der Öffentlichkeit zu vermitteln, noch größer. Denn wir brauchen nicht nur medizinische Durchbrüche, sondern ebenso eine demokratische Gesellschaft. Eine solche Gesellschaft ist auf die Bildung, Ausbildung und Heranziehung mündiger Bürgerinnen und Bürger angewiesen, auf Menschen, die kritisch denken, historisch einordnen und moralisch urteilen können.

Die Geisteswissenschaften vermitteln Urteilsvermögen, Empathie und Kontext. Die Sozialwissenschaften liefern Instrumente, um kollektive Handlungsprobleme – vom Klimawandel bis zur Finanzpolitik – zu erkennen und über Generationen hinweg Lösungen zu entwickeln. In einer Zeit, in der populistische Rhetorik die Komplexität politischer Diskurse ausnutzt, um Misstrauen gegenüber der Demokratie zu säen, leisten die Sozialwissenschaften einen entscheidenden Beitrag zum besseren Verständnis gesellschaftlicher Prozesse. Sie helfen zu begreifen, wie diese Prozesse funktionieren, aber ebenso versagen können. Konkret: Forschung zu Ungleichheit oder Migration, zu Wahlverhalten oder institutioneller Gestaltung steht nicht am Rand des öffentlichen Lebens und ist kein bloßes wissenschaftliches Hobby. Im Gegenteil, diese Forschung bildet die Grundlage für eine wirksame demokratische Politik. Demokratien, die diesen wissenschaftlichen Erkenntnissen keinen Wert beimessen, riskieren, im Dunkeln zu regieren.

Wissenschaftler – und ebenso die öffentlichen Verteidiger der Wissenschaft in einer Demokratie – haben darum die Verantwortung, den Bürgerinnen und Bürgern zu vermitteln, wie wissenschaftlicher Fortschritt tatsächlich aussieht. Es handelt sich dabei nicht um eine lineare Folge von Durchbrüchen und Lösungen. Experimente scheitern. Hypothesen werden widerlegt. Vielversprechende medizinische Behandlungen zeigen keine Heilwirkung. Innovative Ideen für die Staatsverwaltung lösen nicht die Probleme, die sie eigentlich beheben sollen.

Für Populisten ist es natürlich leicht, wissenschaftliche Misserfolge als Verschwendung von Zeit und Steuergeld zu brandmarken. Doch gerade in diesem Moment müssen die Verteidiger von Demokratie und wissenschaftlicher Autonomie mit Nachdruck argumentieren, dass solche Fehlschläge weder ein Misserfolg noch eine Verschwendung sind. Im Gegenteil, sie exemplifizieren, wofür Wissenschaft da ist, wie Wissen entsteht und voranschreitet: Misslingen ist der Motor der

Weiterentwicklung. Was also auf den ersten Blick womöglich als ineffizient erscheint, ist beileibe nicht immer ein Zeichen von Dysfunktion, sondern oft der unvermeidliche Preis für die Aufrechterhaltung eines Systems, das auf Offenheit, Ehrgeiz und Risikobereitschaft, auf Versuch und Irrtum beruht.

Das amerikanische Beispiel lehrt: Um diese wichtige Arbeit weiter zu gewährleisten und vor politischen Angriffen zu schützen, dürfen Universitäten nicht nur ihre wissenschaftlichen Leistungen verteidigen. Die Hochschulen müssen sich auch mit ihren eigenen Verwundbarkeiten befassen, zu denen unter anderem auch die eklatanten Schwachstellen ihrer Finanzierungsstrukturen zählen. Der gegenwärtige Angriff auf amerikanische Universitäten und Forschungseinrichtungen zeigt, dass die oft viel zu starke Abhängigkeit von einigen wenigen – insbesondere staatlich kontrollierten – Finanzierungsquellen ein gewaltiges Risiko darstellt. Denn gelangen populistische Akteure an die Regierungsmacht, zögern sie nicht eine Sekunde lang, um staatliche Geldzuwendungen als Druckmittel einzusetzen und Hochschulen so politisch und ideologisch zu disziplinieren.

Amerikas nationale Gesundheitsinstitute haben das gerade bitter erfahren. Die National Institutes of Health (NIH) sind der größte öffentliche Geldgeber für biomedizinische Forschung in den Vereinigten Staaten und darum besonders verwundbar. Trotz jahrzehntelanger bahnbrechender Erfolge unterliegt ihr Budget ebenso wie die strategische Ausrichtung ihrer Arbeit den wechselnden Launen der Politik. In Zeiten großer Polarisierung kann eine Regierung hier fix den Rotstift ansetzen und die Finanzierung ganzer Forschungsrichtungen – etwa zum Klimawandel, zur Geschlechteridentität oder zum Rassismus in der Gesundheitspolitik – streichen oder diese Arbeiten öffentlich verunglimpfen. So wird das gesamte System der Wissensproduktion nicht etwa durch wissenschaftliche Qualitätskontrollen auf den Prüfstand gestellt, sondern einzig und allein durch gezielte politische Repression erschüttert.

Deshalb: Sollen Universitäten sich besser gegen Anfechtungen zur Wehr setzen können, muss eine wirksame Verteidigungsstrategie auch die vielfältigen Finanzierungsquellen von Hochschulen umfassen, also die Mischung aus öffentlicher und privater Förderung, Drittmitteln von Stiftungen, Kooperationen mit der Industrie, philanthropische Stiftungen sowie die internationale Zusammenarbeit. Mir geht es dabei nicht um weitere Privatisierungen, sondern um Pluralisierung. Nur ein stark dezentralisiertes und diversifiziertes Finanzierungsmodell mit öffentlicher Förderung als Kern schützt Hochschulen vor politischer Einflussnahme.

Nur ein stark dezentralisiertes und diversifiziertes Finanzierungsmodell mit öffentlicher Förderung als Kern schützt Hochschulen vor politischer Einflussnahme.

Deutsche Forschungseinrichtungen sind hier weit besser aufgestellt und könnten beispielgebend sein. Die Leibniz-Gemeinschaft, die Max-Planck-Gesellschaft, die Fraunhofer-Institute und die Deutsche Forschungsgemeinschaft (DFG) sind seit langem für ihre wissenschaftliche Strenge und Unabhängigkeit bekannt. Allerdings müssen auch sie darauf achten, dass ihre Finanzierungsgrundlagen nicht zu einseitig ausgerichtet sind. Die Intensivierung von Kooperationen mit EU-Programmen, der Ausbau der Förderung durch nationale Stiftungen sowie die Beteiligung an internationalen Konsortien können hier helfen, die Forschung gegen jene politischen Einflussnahmen zu schützen, die anderen Demokratien bereits Schaden zufügen.

Die notwendige Diversifizierung sollte aber nicht nur die Finanzierung, sondern ebenso das öffentliche Engagement der Hochschulen in den Blick nehmen. In weiser Vorausschau sollten Universitäten und Forscher bereits proaktiv Beziehungen zu lokalen Gemeinschaften, zu Journalisten, Schulen und zivilgesellschaftlichen Gruppen aufbauen und pflegen. Dazu zählen Tage der offenen Tür, Citizen-Science-Projekte sowie öffentlich zugängliche Vorträge und eine transparente Berichterstattung über Forschungsergebnisse. Mit ihrer Hilfe lässt sich die akademische Arbeit entmystifizieren und deren gesellschaftliche Bedeutung wirksamer herausstellen.

Angesichts der zunehmenden Verbreitung von Falschinformationen über das Wesen von Universitäten ist eine klare, bescheidene und für die Öffentlichkeit zugängliche Kommunikation der Wissenschaft längst keine freiwillige Aufgabe mehr, sondern eine demokratische Bürgerpflicht.

Mehr noch: Auch Hochschulleitungen und Lehrende müssen institutionelle Mechanismen entwickeln, um ideologischen Angriffen vorzubeugen und im Fall der Fälle darauf angemessen reagieren zu können. Dazu gehören rechtliche Absicherungen, koordinierte, abgestimmte Öffentlichkeitsstrategien und interne Vorkehrungen für die Krisenkommunikation. So wie demokratische Regierungen Notfallpläne für Zeiten verfassungsrechtlicher Spannungen brauchen, müssen auch Universitäten Pläne entwickeln, um im Konfliktfall ihre Integrität und ihren Auftrag zu verteidigen.

Denn auf dem Spiel stehen nicht nur Finanzierungen und Reputation, sondern auch die ganz eigene Rolle von Universitäten im demokratischen Gefüge. Sind Hochschulen erst einmal in Verruf geraten, lässt sich das nur schwer reparieren. Den Schaden hat nicht nur die Wissenschaft, sondern auch die Allgemeinheit. Eine demokratische Öffentlichkeit ist auf wissenschaftliche Erkenntnisse, auf die Ausbildung künftiger Führungskräfte und auf den Beitrag der Hochschulen zur Lösung gesellschaftlicher Probleme angewiesen. Das heißt: Es ist wichtig, ja geradezu unerlässlich, auf populistische Angriffe gut und umfassend vorbereitet zu sein.

Zurück zu Deutschland: Es wäre ein Fehler, die politischen Attacken auf amerikanische Universitäten als ein ausschließlich amerikanisches Phänomen abzutun. Im Gegenteil, sie sollten als Warnung dienen. Da der Rechtspopulismus in Deutschland und in ganz Europa an Boden gewinnt, geraten auch hier die kulturelle und institutionelle Unabhängigkeit der Hochschulen zunehmend unter Druck. Der Schutz der Universitäten darf darum nicht erst im Krisenfall einsetzen – er muss proaktiv, prinzipienfest und öffentlich erfolgen. Entscheidend ist ebenso: Diese Verteidigung darf nicht zu nationalen Abschottungen führen, sondern sollte, wo immer möglich, auf eine verstärkte Zusammenarbeit mit europäischen und nordamerikanischen Partnern setzen.

Ein Angriff auf Hochschulen ist immer auch ein Angriff auf demokratische Tugenden.

Warum? Die Demokratie wird nicht allein in Gerichten und Parlamenten geschützt. Resilienz wird ebenso in Hörsälen, Labors und Bibliotheken geschaffen. Werte wie Neugier, Demut, kritische Reflexion und die Bereitschaft, unbequemen Wahrheiten offen zu begegnen, sind für eine Demokratie unerlässlich – und sie werden insbesondere in den Universitäten vermittelt. Ein Angriff auf Hochschulen ist darum immer auch ein Angriff auf demokratische Tugenden.

Deutschlands Stärke zeigt sich seit 1945 auch stets in seiner Fähigkeit, aus der Geschichte zu lernen. Im kommenden Jahrzehnt wird sich diese Stärke nicht nur daran messen lassen müssen, wie gewählt oder regiert wird, sondern auch daran, wie Deutschland seine Institutionen, die Wissen schaffen und Wissen verbreiten, festigt und kräftigt.

Die amerikanische Erfahrung lehrt, wie hoch dieser Einsatz ist. Mit anderen Worten: Die transatlantische Gegenwart macht deutlich, dass Demokratieverteidigung weit mehr ist als das bloße Eintreten für demokratische Normen. Sie bedeutet auch, nicht nur die Grundlagen einer in ihrem Kern immer noch anständigen und vernünftigen Gesellschaft zu schützen und zu stärken – sondern ebenso die Fundamente der Zivilisation selbst.

Anmerkungen

1 Richard Hofstadter: *Anti-Intellektualismus im amerikanischen Leben*, New York: Knopf 1963.

2 https://news.gallup.com/poll/508352/americans-confidence-higher-education-down-sharply.aspx#:~:text=Bar%20chart%20showing%20percentages%20of,4%20columns%20and%204%20rows.&text=Those%20with%20no%20opinion%20are,in%20the%20list%20of%20institutions

Nie ganz zu Hause

Von Florence Brokowski-Shekete

In Hamburg geboren, im niedersächsischen Buxtehude aufgewachsen und zur Schule gegangen, in Lüneburg und Heidelberg studiert, Alltagssprache Deutsch, Nationalität deutsch, sozialisiert von einer *weißen*[1] deutschen Mama. Innerlich fühle ich mich einem Hier zugehörig – einem Hier, das sich in Deutschland befindet. Äußerlich aber habe ich bis heute das Gefühl, keine von ihnen zu sein – von denen, die sich als *weiße* deutsche Mehrheitsgesellschaft verstehen.

Dank meiner leiblichen Eltern, die Mitte der 1960er-Jahre aus dem westafrikanischen Nigeria für ihr Studium nach Deutschland kamen, habe ich ein äußeres Merkmal, das mich von dieser sogenannten Mehrheitsgesellschaft unterscheidet und mich in den Augen vieler *weißer* Menschen hier in Deutschland als Ausländerin, als Fremde, als Nicht-Dazugehörige kennzeichnet.

Innerlich deutsch, äußerlich afrikanisch – das ist ein Spagat, ein Zwiespalt, der sich bis zum heutigen Tag wie ein roter Faden durch mein Leben zieht.

Mit den Jahren stelle ich mir jedoch immer häufiger die Frage, was genau diesen Spagat ausmacht, den ich bisher gefühlt, gelebt und so oft schon beschrieben habe. Wie viel Einfluss hat ein äußeres, von der *weißen* Mehrheitsgesellschaft abweichendes Merkmal auf die persönliche Identitätsentwicklung, auf das innere Sein, auf das eigene Ich? Kann es tatsächlich eine Trennung zwischen dem inneren und dem äußeren Ich geben? Beeinflussen sich diese zwei Ichs nicht gegenseitig weit mehr, als ich in meiner Kindheit und Jugend wahrnehmen konnte und vielleicht auch wollte? Ist es richtig, von »Ichs«, also mehreren Ichs zu sprechen? Oder ist es nicht *ein* Ich, das jedoch viele Dimensionen hat?

Innerlich deutsch, äußerlich afrikanisch – dieser Zwiespalt zieht sich bis zum heutigen Tag wie ein roter Faden durch mein Leben.

Mit anderen Worten: Bin ich neben meinem Deutschsein, das bedingt durch meine Sozialisation und mein Aufwachsen für mich selbstverständlich erschien, nicht auch zu einem guten Teil Nigerianerin? Und wenn ja, welche Einflüsse, außer der seltenen Anwesenheit meiner leiblichen Eltern, waren es, die mein Sein nigerianisch beeinflusst haben könnten? Waren es die häufigen Fragen meiner *weißen* Gegenüber nach meiner vermeintlichen Herkunft? Oder das Lob meiner deutschen Sprachfähigkeiten, also Eigenschaften, die mich regelmäßig daran erinnerten, dass jemand, der so aussieht wie ich, eigentlich nicht fließend und akzentfrei Deutsch sprechen dürfte?

Oder waren es die Fragen Schwarzer[2] Erwachsener, wann ich denn wieder »nach Hause« gehen würde? Noch gut erinnere ich mich an eine Situation, ich muss dreizehn oder vierzehn gewesen sein. Ich hatte mir das Handgelenk gebrochen, der behandelnde Arzt im Krankenhaus war ebenfalls Schwarz und fragte mich, wann ich denn wieder in meine Heimat, zu meinen Leuten gehen würde. Meine Antwort, dass ich hier zu Hause sei und nicht vorhätte, nach Nigeria zu ziehen, stieß bei ihm auf ablehnendes Unverständnis, das mir zu dem Zeitpunkt sehr unangenehm war.

Ich frage mich deshalb: Haben mich solche Situationen zu einer Mischung aus inneren und äußeren Einflüssen, letztendlich zu dem Individuum gemacht, das ich heute bin? Ein Individuum, das sich nicht eindeutig als »typisch« deutsch oder »typisch« nigerianisch zu- und einordnen lässt?

Aber was genau ließe sich denn als »typisch« deutsch oder »typisch« nigerianisch kennzeichnen? Heute lässt sich selbst die Physiognomie einer Person aufgrund der weltweiten Wanderung und Vernetzung der Menschen nicht mehr eindeutig einer bestimmten Herkunft zuordnen.

Auch unsere deutsche Gesellschaft ist längst Teil einer zunehmend globalisierten Welt. Migration, kulturelle Vielfalt und Identitäten spielen eine zentrale Rolle. Sie werden in dieser Welt ein immer wichtigeres Thema, in der gesellschaftlichen Wahrnehmung wie im gesamten Lebensumfeld. Zwangsläufig entstehen Spannungen, die man nicht übersehen darf.

Für Schwarze Menschen in Deutschland entstehen oft komplexe Reibungen zwischen kulturellen Traditionen, Werten, gesellschaftlichen Erwartungen und persönlichen Erfahrungen. Manche dieser Schwarzen Menschen wurden in Deutschland geboren, andere kamen in jungen Jahren zum Beispiel für ein Studium oder aus beruflichen Gründen hierher. Die einen haben zwei Schwarze Elternteile, die anderen ein Schwarzes und ein *weißes*. Wiederum andere kennen möglicherweise ihre leiblichen Eltern gar nicht oder nur ein Elternteil und können sich mit der vollständigen Geschichte ihrer Herkunftsfamilie und damit ihrer biologischen Abstammung nur schwer verbinden und identifizieren. Es sind unterschiedliche Biografien, Lebensrealitäten, Wahrnehmungen sowie Spiegelungen durch die Mehrheitsgesellschaft, die diese Identitäten maßgeblich beeinflussen.

In diesem Essay betrachte ich das Thema »Deutschsein« aus unterschiedlichen Perspektiven. In erster Linie befasse ich mich mit der Wahrnehmung von Schwarzen Deutschen – sowohl innerhalb Deutschlands als auch im internationalen Kontext.

Die Spannung zwischen Identität und Wahrnehmung

Das Gefühl von Identität und damit von Zugehörigkeit ist dynamisch, es wird durch zahlreiche Faktoren geprägt und ist von ihnen abhängig. Die Geschichte der Eltern oder Erziehungsberechtigten hat großen Einfluss auf das sich entwickelnde Identitätsgefühl junger Menschen. Ebenso beeinflussen das gesellschaftliche Umfeld, die mediale Welt, Bildung, Sprache sowie soziale Werte und Normen das Werden eines jungen Menschen.

Personen mit vielfältigen kulturellen Wurzeln sind hier besonderen Herausforderungen ausgesetzt. Zum einen werden sie mit den Erwartungen deutscher Institutionen konfrontiert, wie etwa im Kindergarten, in der Schule und der beruflichen Ausbildungsstätte, in Universitäten oder am Arbeitsplatz. All diese Einrichtungen sind geprägt von der mehrheitlich *weißen*, westlich geformten Kultur, deren Denken und Handeln. Zum anderen begegnen diese Menschen – je nachdem, wie und wo sie aufwachsen – ebenso Erwartungen, die sich aus der besonderen Verbindung zur Kultur ihrer Eltern oder Erziehungsberechtigten ergeben, etwa zu afrikanischen oder afrodiasporischen Kulturen. Hier stoßen, ja prallen manchmal fast zwangsläufig unterschiedliche Wertesysteme, Sprachen, Religionen, Schönheitsideale, Lebensweisen und -vorstellungen aufeinander.

Mir selbst ist das vor allem in meiner Kindheit bewusst geworden. Der Alltag mit und bei meiner *weißen* deutschen Mama war ein anderer als der mit und bei meinen nigerianischen Eltern. Musste ich meine leiblichen Eltern über mehrere Tage oder gar Wochen besuchen, fiel mir dieser Wechsel der Lebensrealitäten nicht nur schwer, ich lehnte ihn ab. Denn die mir gewohnte und angenehme Lebensrealität, die eingeübten Rituale waren die bei meiner *weißen* Mama.

Gleichwohl war es meiner Mama wichtig, mir bereits in jungen Jahren nahezubringen, dass die zwei Lebenswelten, in denen ich mich bewegte, zwar höchst unterschiedlich waren, jedoch keine über der anderen stand, besser oder schlechter war. Der Respekt vor der Lebensrealität des Gegenübers, in diesem Fall meiner leiblichen Eltern, war meiner Mama ein wichtiger Wert.

Ich sollte früh lernen, dass diese doppelte Verankerung eine Bereicherung sein kann, wenngleich ich sie in jungen Jahren zunächst als große Belastung empfand. Erst mit zunehmendem Alter lernte ich diese unterschiedlichen Erfahrungen auch als einen Gewinn zu schätzen, wenngleich sie in meiner Wahrnehmung nicht alle positiv waren.

In Deutschland war ich das afrikanische Kind, das irgendwann »zurück nach Hause« gehen würde, in Nigeria wurde ich – deutsch sozialisiert – als »*Weiße*« betrachtet.

Als meine Eltern in ihr Heimatland Nigeria zurückkehrten und ich sie im Alter von knapp neun Jahren in die Hauptstadt Lagos begleiten musste, lernte ich auch hier, was es bedeutet, nicht dazuzugehören – ein Phänomen, das viele Deutsche mit anderen Wurzeln teilen. Lange hatte ich nicht begriffen, warum ich mitziehen und damit mein Zuhause bei meiner *weißen* Mama verlassen musste. War ich in Deutschland das Schwarze afrikanische Kind, das irgendwann »zurück nach Hause« gehen würde, sah die nigerianische Mehrheitsgesellschaft, zu der ich nun äußerlich gehörte, in mir aufgrund meiner deutschen Sozialisation und mangelnder Sprachkenntnisse die »*Weiße*«. Auch in Lagos war ich keine von ihnen, blieb eine Fremde.

Dank der Intervention einer *weißen* deutschen Lehrerin der Deutschen Schule Lagos, auf die ich damals ging, konnte und durfte ich Nigeria nach dreieinhalb Jahren wieder verlassen. Inzwischen zwölf Jahre alt, kehrte ich ohne meine leiblichen Eltern allein in meine gewohnte Lebensrealität zu meiner *weißen* Mama zurück. Denn ich hatte nicht nur diese deutsche Lebensrealität schmerzlich vermisst, sondern auch meine *weiße* Mama, die meine enge Bezugsperson war.

Für mein zweites Buch *Raus aus den Schubladen! – Meine Gespräche mit Schwarzen Deutschen* habe ich viele Interviews mit afrodeutschen Gesprächspartnerinnen und -partnern geführt. Sie alle sagten, dass sie sich oft die Frage gestellt haben, ob man sich immer für die eine oder andere Identität entscheiden müsse. Ob man nicht beides sein könne: deutsch *und* afrikanisch? Oder wie im Falle einiger Befragter: afroamerikanisch? Oder ist man immer nur halb und damit niemals an beiden Orten dazugehörig, also stets fremd?

Auch hier spielt wieder das Umfeld eine wichtige Rolle. Die Art und Weise, wie Schwarze Menschen in den Medien dargestellt werden, ihre geringe Präsenz sowie die allgemeine und politische Rhetorik können das Gefühl des Nichtdazugehörens oder zumindest die zwischen den Zeilen stets mitschwingende Frage, welchem Ort sie sich denn »wirklich« zugehörig fühlen, verstärken.

Das berüchtigte und von *Correctiv*-Journalisten im Januar 2024 publik gemachte Potsdamer Treffen vom November 2023, auf dem Rechtsextremisten, unter ihnen auch AfD-Politiker, einen Plan für eine »Remigration« entwarfen, hat dieses Gefühl des Nichtdazugehörens intensiviert.[3] Für viele Schwarze Menschen in Deutschland sind solche Ereignisse, Lebenssituationen und ständige Fragen nach ihrer Herkunft eine starke emotionale Herausforderung und Belastung. Denn dadurch werden sie – wie fast alle Menschen mit anderen Wurzeln – häufig gezwungen, sich für eine der beiden Welten zu entscheiden und sich selbst zu definieren. Aber egal, wie sie sich entscheiden (wollen) – wobei eine freie Entscheidung für die deutsche Lebenswelt jedenfalls gemäß des angesprochenen »Geheimplans für Deutschland« nicht vorgesehen war –, stets wird ihnen die jeweilige Zugehörigkeit und gar ihre Daseinsberechtigung von genau derjenigen Seite abgesprochen, zu der sie sich eigentlich orientieren wollen.

Während die Gesellschaft oft in Kategorien wie »Deutsch«, »Nicht-Deutsch« und neuerdings abwertend auch »Passdeutsch« denkt, nehmen Menschen, die in Deutschland leben und zugleich eine andere kulturelle Herkunft haben, ihre Identität häufig als hybrid, vielfältig oder fließend wahr. Diese Mehrdimensionalität kann zu vielfachen Spannungen führen – und zwar sowohl im eigenen privaten Leben als auch in der Gesellschaft insgesamt.

Weiter verstärkt wird das Problem durch Zuschreibungen und Stereotype, denen vor allem Menschen mit sehr spezifischen Migrationshintergründen ausgesetzt sind. Das sogenannte Racial Profiling, also verdachtsunabhängige Kontrollen von Personen allein aufgrund ihres äußeren Erscheinungsbildes, führt dabei nicht selten zu konfliktreichen, zunehmend gar lebensgefährlichen Auseinandersetzungen. Es entsteht ein Teufelskreis, dem kaum zu entrinnen ist.

Ich selbst fühlte mich in meinen jungen Jahren in einer Art »Transitbereich«, in einem Raum, der sich zwischen dem Hier und dem Dort befindet. Zum einen war ich stets darauf bedacht, weder im Hier noch im Dort irgendeinen Fehler zu machen, irgendwie negativ aufzufallen. Zum anderen setzte gerade das mich unter enormen Lebensstress und verstärkte meine Empfindung, nie und nirgends ganz authentisch sein zu dürfen. Warum? Weil Verhaltensweisen, die für *weiße* Menschen meiner Generation als richtig und altersadäquat erachtet wurden, für mich als Schwarze Deutsche offenbar nicht galten.

Auf den Punkt gebracht: Um als gut erzogen zu gelten, musste ich besonders höflich, besonders fleißig, besonders angepasst sein. Dieses Gefühl, das ich zunächst als defizitär empfand, wandelte sich im Laufe meines Erwachsenwerdens. Ich entwickelte eine Sichtweise, die in meinem ambivalenten Zustand zunehmend zur Stärke wurde. Eine Stärke, die mich zu unterschiedlichen und sehr hilfreichen Verhaltensweisen und Eigenschaften befähigte. Diese vermochte ich jederzeit vielfältig einzusetzen, weil ich sie in meiner Kindheit und Jugend ausgiebig trainieren musste und seither internalisiert habe. So kann ich mich zum Beispiel spielend leicht auf unterschiedliche Situationen einstellen und mich ihnen anpassen.

Die Kunst vieler Afrodeutscher, zwischen unterschiedlichen Kulturen problemlos zu navigieren, bringt oft ein hohes Maß an sozialer Intelligenz, Resilienz und interkultureller Kompetenz hervor, vielfach nutzbare Stärken also.

Diese besondere Stärke spürte ich auch bei meinen Interviewpartnerinnen und -partnern. Das Vermögen, zwischen unterschiedlichen Kulturen zu navigieren, kann ein hohes Maß an sozialer Intelligenz, Resilienz und interkultureller Kompetenz erzeugen, ein Gut, das vielfach nutzbar ist.

Wie aber nehmen Schwarze Deutsche ihr Land aufgrund dieser unterschiedlichen inneren und äußeren Perspektiven selbst wahr?

Der Blick von innen – Deutschland als Heimat und Herausforderung

Nach Angaben des Statistischen Bundesamtes aus dem Jahr 2024 leben hierzulande etwa 1,27 Millionen Afrodeutsche. Sie sind privat und familiär eingebunden, studieren, arbeiten oder gehen, wenn sie noch Kinder sind, in den Kindergarten oder zur Schule. Deutschland ist ihr Zuhause, viele besitzen die deutsche Staatsbürgerschaft. Dennoch blicken etliche auf dieses Land, auf ihre Heimat mit ambivalenten Gefühlen: Dazu zählen sowohl das innere Erleben, also die ganz persönliche Erfahrung damit, Teil dieser deutschen Gesellschaft zu sein, als auch die äußere Sicht, der Blick von außen auf Deutschland und dessen eigene kulturelle Dynamiken.

Seien es die Hautfarbe, der ungewohnte Name, möglicherweise auch kulturelle Bezüge – als Schwarzer Mensch wird man von der *weißen* Mehrheitsgesellschaft als »anders« wahrgenommen, wird die Zugehörigkeit zum Gemeinwesen in Zweifel gezogen. Daraus folgt zwangsläufig die Frage: Wie deutsch darf sich ein Schwarzer Mensch fühlen? Kann es ihm überhaupt gelingen, sich so deutsch zu verhalten und zu geben, um nicht mehr als »anders« angesehen zu werden? Wie oft muss sich ein Schwarzer Mensch besonders rechtfertigen, beweisen und erklären, um als gleichwertiges Mitglied der deutschen Gesellschaft akzeptiert zu werden?

Wie deutsch darf sich ein Schwarzer Mensch fühlen?

Damit nicht genug: Schwarze Menschen müssen jeden Tag aufs Neue spürbare strukturelle Barrieren überwinden, sei es die Diskriminierung bei der Wohnungssuche, Vorurteile bei der Jobbewerbung oder Racial Profiling bei Polizeikontrollen. Deutschland, das eigene Zuhause, die Heimat, ein Land, das Lebenschancen bietet, hält für Menschen mit anderen Wurzeln zugleich große soziale Hürden aufrecht. Vor allem wird die Zugehörigkeit infrage gestellt und stets an weitere Bedingungen geknüpft.

Im Alltag schaut das häufig so aus: Vorurteilen und Stereotypen begegnet man schon in der frühen Kindheit. Schwarze Kinder machen bereits im Kindergarten und in der Schule die Erfahrung, als »exotisch« zu gelten, ihr Haar wird angefasst, ihre Haut berührt und als irgendwie »anders« bezeichnet und kommentiert. Um es deutlich zu sagen: Ich meine damit nicht die normale kindliche Neugier *weißer* Spielgefährtinnen und -gefährten, die in diesem jungen Alter noch nichts oder nur höchst selten etwas mit Diskriminierung oder gar mit Rassismus zu tun hat. Ich beziehe mich hier auf das Verhalten von *weißen* Erwachsenen, die diese Schwarzen Kinder »besonders niedlich« oder eben »anders« finden.

Auch wenn viele *weiße* Erwachsene es nicht wahrhaben wollen und ihr Verhalten als Ausdruck von Interesse oder gar einer besonderen Wertschätzung rechtfertigen: Das eigenmächtige Berühren der Haut und des Haares ist eine rassistische und diskriminierende Grenzüberschreitung. Kinder können sich dieses Übergriffes nicht erwehren, spüren aber meist instinktiv, dass darin eine Stigmatisierung liegt, dass sie als Schwarze eben »anders als die anderen« sind. Wird im Kindergarten oder in der Schule nicht auf den problematischen Kern dieses Verhaltens hingewiesen, unterbleibt die hierfür notwendige Sensibilisierung. Den Kindern bleibt also zunächst nichts anderes übrig, als dieses Anfassen über sich ergehen zu lassen, selbst wenn sie innerlich spüren, dass es ihnen nicht angenehm ist.

Schwarze Schülerinnen und Schüler berichten immer wieder von *weißen* Lehrkräften, die ihre deutsche Herkunft infrage stellen oder ihnen grundsätzlich geringere Bildungschancen zutrauen. Jemand erzählte mir von einer Lehrkraft, die von ihren Schülerinnen und Schülern verlangt habe, das Wort »Regen« rückwärts aufzusagen, um damit einem Schwarzen Schüler zu »zeigen«, dass das N-Wort (diese Lehrkraft soll es vor dem Schüler auch ausgesprochen haben) doch ein ganz »normales« Wort sei. Dieses Beispiel zeigt, dass rassistische Diskriminierung auch im pädagogischen Umfeld existiert und hier dringend gegengesteuert werden muss.

Eine weitere Schwierigkeit: Ist die häusliche Alltagssprache von Kindern und Jugendlichen nicht Deutsch, wird sie je nach Herkunftsland oft als defizitär angesehen. Nur sehr, sehr langsam setzt sich im Bildungsbereich durch, andere Alltagssprachen zu respektieren oder in ihnen gar eine Bereicherung zu erkennen. Je fremder die Sprache und je weniger sie der sogenannten »First World« entstammt, desto länger braucht die Akzeptanz.

Es sollte ein Grundsatz sein: Ob in der frühkindlichen Bildung oder in der Schule, überall müsste nicht *weißen* Kindern und Jugendlichen vermittelt werden, dass sie sich ihrer nicht *weißen* Wurzeln nicht schämen müssen. Im Gegenteil, dass sie stolz auf ihre unterschiedlichen Herkünfte sein können. Das ist aber nur zu erzielen, wenn Vielfalt als etwas Positives angesehen wird.

Doch dafür braucht es gemeinschaftliche Anstrengungen. So müssen sich sowohl Bildungsinstitutionen und die dazugehörigen Behörden als auch Unternehmen darüber im Klaren sein, dass sie Verantwortung dafür tragen, Diskriminierungen frühzeitig zu erkennen und ihnen sofort entgegenzuwirken. Das heißt: Man darf sich nicht mit bloßen Absichtserklärungen in Leitbildern und dem Prinzip der Freiwilligkeit begnügen, sondern muss das Bewusstsein dafür schärfen, die Verantwortung institutionell verankern und Zuwiderhandlungen ahnden.

Alle sollten wissen: Die schon frühen gesellschaftlichen Erlebnisse von Diskriminierung und Rassismus verdichten sich im Laufe der

Zeit zu einer tief verwurzelten Erfahrung, die sich prägend auf die Identitätsbildung und das eigene Selbstverständnis auswirkt.

Frühe Erlebnisse von Rassismus und gesellschaftlicher Diskriminierung verdichten sich zu einer tief verwurzelten, Identitätsbildung und Selbstverständnis prägenden Erfahrung.

Die Belastungen nehmen zu, wenn aus Kindern Erwachsene werden, wenn Schwarze junge Menschen eine Ausbildung, ihr Studierenden- oder Arbeitsleben beginnen. Möchten sie zum Beispiel einen Beruf ausüben, in dem die *weiße* Mehrheitsgesellschaft Schwarze Menschen nicht erwartet, müssen sie ihre Eignung meist doppelt und dreifach beweisen, um mit *weißen* Kolleginnen und Kollegen mithalten zu können. Denn entweder gelten sie quasi automatisch als weniger fähig, oder man sieht in ihnen lediglich eine sogenannte »Quotenbesetzung«, Menschen, die es allein aufgrund ihrer Hautfarbe in diesen Job geschafft haben. Nicht selten geht diese Geringschätzung und Respektlosigkeit von Leuten aus, die eher selbst einen Mangel an Fach- und Sozialkompetenz aufweisen. Für sie sind Schwarze Menschen eine Art Blitzableiter, an denen sie sich emotional abarbeiten können.

Manche Schwarze Menschen erfahren aufgrund weiterer persönlicher Merkmale sogar zusätzliche Diskriminierungen, etwa aufgrund von Sexismus, Ableismus[4], Klassismus[5], der Zugehörigkeit zur LGTBQ-Community und so weiter. Diese Dimensionen verkomplizieren ihren Alltag nochmals mehr.

Es gibt jedoch Möglichkeiten, sich aus diesem verhängnisvollen Dilemma zu befreien. In der Rolle des »Opfers« zu verharren, ist kein Ausweg, ebenso wenig, sich selbst einem Gefühl der »Lebensempörung« auszuliefern, von dem ich in meinem Buch *Raus aus den Schubladen! – Meine Gespräche mit Schwarzen Deutschen* spreche. Um sich daraus zu befreien, entwickeln viele Betroffene ein hohes Maß an Resilienzstrategien. Sie finden zum Beispiel Halt in ihren Familienverbänden, gründen Netzwerke und schaffen sich so einen eigenen »Safe Space«, einen Schutzraum. Nicht selten treffen sie auch innerhalb der *weißen* Gesellschaft auf Verbündete.

Viele Schwarze Deutsche engagieren sich politisch und kulturell, werden dadurch sichtbar, werden zu Quellen der Inspiration und zu Vorbildern, die ihnen selbst in ihrer Jugend oft fehlten. Sie nutzen Musik, Literatur, Mode und soziale Medien, um alternative Narrative vom Schwarz- und Deutschsein zu verbreiten. So erlangen zunehmend auch Schwarze Autorinnen und Autoren, Künstlerinnen und Künstler, Wissenschaftlerinnen und Wissenschaftler Bekanntheit. Das ist nicht nur ein großer Gewinn für sie selbst, sondern auch für die gesamte Gesellschaft. Denn diese Schwarzen Menschen sehen und verstehen sich nicht allein als Repräsentantinnen und Repräsentanten ihrer Hautfarbe, sondern ebenso als Expertinnen und Experten einer bestimmten Kunstrichtung, eines Genres oder Fachgebiets – und damit als selbstbewusste Stimmen in einem öffentlichen Diskurs.

In vielen Städten engagieren sich heutzutage Initiativen für Empowerment, Bildung, kulturelle Teilhabe und Solidarität, prangern Diskriminierungen und Missstände an. Behördliche, politische und mediale Strukturen, die diese Diskriminierungen hervorrufen, weitertragen oder verstärken, werden öffentlich gemacht und die Verantwortlichen, wenn notwendig, zur Rechenschaft gezogen. Dank der sozialen Medien findet eine Vernetzung mit anderen Schwarzen Communitys in aller Welt statt.

Diese Bewegungen machen deutlich, dass Schwarze Menschen sich schon lange nicht mehr als bloße Opfer struktureller Diskriminierung sehen. Im Gegenteil, sie begreifen sich als aktive Mitgestalterinnen und -gestalter einer vielfältig gewordenen deutschen Realität.

Und Schritt für Schritt haben sie sich auch einen selbstverständlicheren Zugang erarbeitet zu Alltagsdingen wie Kosmetika, medizinischen Produkten, Wundpflastern in dunkleren Hauttönen, Malstifte mit verschiedenen Hautfarben, zu *weißen* Friseurinnen und Friseuren, die sich in der Pflege von afrikanischem Haar weiterbilden.

Der Blick von außen – Deutschland im Spiegel afrodeutscher Menschen

Von außen wird Deutschland nach wie vor oft als Land der Dichter und Denker, der Ingenieurskunst, der intensiven historischen Aufarbeitung der Verbrechen des Zweiten Weltkriegs und des Holocaust, des sozialen Ausgleichs und der politischen Verlässlichkeit betrachtet. Das höre ich immer wieder in meinen Gesprächen. In zahlreichen Staaten Afrikas gilt Deutschland darüber hinaus noch immer als erstrebenswertes Ziel für eine Ausbildung, eine berufliche (Weiter-) Entwicklung und eine gute medizinische Versorgung. Kurzum, das deutsche Bildungssystem und die starke Wirtschaft genießen unverändert großes Ansehen.

Dennoch hat dieses Bild, wenn man als Afrodeutscher von außen darauf schaut, inzwischen deutliche Risse. Berichte über rassistische Diskriminierungen und rassistisch motivierte Übergriffe sowie die aufgerauten politischen Debatten über Migration und Integration und der Gebrauch von Begriffen wie »Remigration« und »Passdeutsche« werfen einen Schatten und lassen die oft gepriesene Offenheit deutscher Bürgerinnen und Bürger in einem fahleren Licht erscheinen.

Meine Gespräche mit Schwarzen Menschen in afrikanischen Ländern zeigen, dass die deutsche Gesellschaft in anderen Teilen der Welt als zunehmend widersprüchlich empfunden wird. Deutschland wird als ein Land gesehen, das zwischen Willkommenskultur und Abschottung hin und her schwankt. Allerdings scheint die Abschottung in der Wahrnehmung zu überwiegen, was zum Teil auch daran liegt, dass sich die oft selektive Berichterstattung im Ausland vor allem der negativen Seite widmet.

Interessant ist jedoch ebenso der umgekehrte Blick, wie man in Afrika auf Schwarze Deutsche schaut, insbesondere auf jene, die in Deutschland geboren wurden oder als Säuglinge nach Deutschland kamen und ein *weißes* Elternteil haben. Meine Gespräche wie auch eine genauere Betrachtung der Medienberichterstattung lassen zwei Schlüsse zu: Einerseits werden diese Schwarzen Deutschen als privilegiert empfunden, weil sie Zugang zu der europäischen Infrastruktur, zu Bildung und sozialer Sicherheit haben. Andererseits gelten sie als nicht »richtige« Schwarze, was man auch immer wieder in Deutschland zu hören bekommt.

Aus afrikanischer Sicht wird Afrodeutschen ihr »Schwarzsein im *Weißsein*« vorgeworfen und das »Schwarzsein« abgesprochen, sie gelten nur mehr als Repräsentantinnen und Repräsentanten der *weißen* Welt.

Es wird behauptet, Schwarz sei nur ihr Äußeres, ihr Inneres hingegen sei *weiß*. Mit anderen Worten: Ihnen wird »Schwarzsein im *Weißsein*« vorgeworfen und das »Schwarzsein« abgesprochen. Sie gelten als entfremdet, als Repräsentantinnen und Repräsentanten der westlichen, der *weißen* Welt, die nur bedingt im Einklang mit afrikanischen oder afroamerikanischen Wertvorstellungen stehe. Meine eigenen Erfahrungen sowie die vielen von mir geführten Interviews zeigen: Diese komplexen und widersprüchlichen Wahrnehmungen Schwarzer Deutscher führen zwangsläufig zu Spannungen, insbesondere bei Menschen, die familiär und emotional beiden Welten verbunden sind.

Verkompliziert wird das Ganze durch die deutsche Kolonialgeschichte. Sie ist in vielen afrikanischen Ländern immer noch sehr gegenwärtig, sei es durch die Erinnerung an den Völkermord durch deutsche Kolonialtruppen an den Herero und Nama im ehemaligen Deutsch-Südwestafrika, dem heutigen Namibia, oder durch ökonomische Verflechtungen postkolonialer Art.

Viele Schwarze Menschen in Afrika stellen sich die Frage, ob Deutschland seine koloniale Vergangenheit mit all den Verbrechen lediglich historisch »aufarbeitet« oder auch die »strukturelle Verantwortung« dafür übernimmt, also die Verbrechen der Kolonialzeit nicht nur geschichtlich benennt und anerkennt, sondern die bis zum heutigen Tag wirkenden Folgen und Machtverhältnisse ernst nimmt und aktiv angeht.

Im Vordergrund stehen dabei Fragen wie: In welchem Ausmaß prägt koloniales Denken bis heute Institutionen, Bildung, Sprache, Medien und Politik? Ist verstanden worden, dass viele Diskriminierungen, ungleiche globale Beziehungen und Sichtweisen sowie rassistische Narrative strukturelle Nachwirkungen des Kolonialismus sind? Gibt es eine sowohl juristisch als auch gesellschaftlich eindeutige Anerkennung der Schuld, die in klarer Sprache und politischen Handlungen deutlich zum Ausdruck gebracht wird? Gibt es finanzielle Entschädigungen, fairere Handelsbedingungen? Wie sieht es mit der Förderung von Bildungsprojekten, der Rückgabe von Raubkunst oder Investitionen in die Diaspora-Communitys aus? Wird der Kolonialismus nicht nur als ein geschichtliches Ereignis gesehen, sondern dessen Aufarbeitung als fortdauernde Aufgabe begriffen?

Diese Debatte und die sich daraus ergebenden Erwartungen beeinflussen selbstverständlich auch das Denken und Empfinden der in Deutschland lebenden Schwarzen Menschen mit afrikanischen Wurzeln. In bilateralen Begegnungen werden Schwarze Deutsche im Ausland oft nur als eine Projektionsfläche dieser oben beschriebenen politischen, kulturellen und historischen Beziehungen gesehen, was die emotionale Belastung vertieft und das Spannungsfeld weiter vergrößert. Ich selbst wurde einmal von einer in Nigeria lebenden Person gefragt, wie ich mich mit einem Land, das koloniale Schuld auf sich geladen habe, identifizieren und damit solidarisieren könne.

Zum Glück wird der Blick auf Schwarze Deutsche mittlerweile immer differenzierter, weitet sich und schaut hinter die Kulissen. Unterschiedliche Plattformen, Podcasts, Blogs und Kanäle in den sozialen Medien machen die Perspektive Schwarzer Deutscher auf ihr Leben in Deutschland, auf Rassismus, auf Chancen, Barrieren und Herausforderungen hör- und sichtbar. Diskriminierungen werden nicht nur kritisiert, sondern auch professionell analysiert, kontextualisiert – und breit diskutiert.

Ergänzt wird diese neue Sichtweise durch Literatur Schwarzer Autorinnen und Autoren, die über internationale Verknüpfungen von Identitäten, Zugehörigkeiten und Migration schreiben. Westliche Gesellschaften wie etwa Deutschland werden dabei kritisch in den Blick genommen.

Zwischen den Blicken – ein Perspektivwechsel als Herausforderung

»Äußerlich afrikanisch, innerlich deutsch« – diese ewige Ambivalenz bleibt allerdings für viele Schwarze Menschen in Deutschland ein ständiger Drahtseilakt, der ihr Leben bestimmt. Das Gefühl, in Deutschland zu Hause zu sein und Chancen zu haben, wird ständig durch Erfahrungen von Desillusionierung und Diskriminierung, durch Vorurteile und Geringschätzung gebrochen. Es ist ein Leben, das sich permanent zwischen Stolz und Unsicherheit, zwischen Heimatgefühl und gesellschaftlicher Entfremdung hin und her bewegt.

Diese unterschiedlichen Lebenswirklichkeiten wahrzunehmen, in ihrer Dimension zu erfassen und zu versuchen, sie zu überwinden, ist nicht nur Aufgabe jedes und jeder Einzelnen, gleich ob selbst betroffen oder »nur« mitbetroffen. Das zu schaffen, ist und bleibt außerdem eine gesellschaftliche Notwendigkeit.

»Äußerlich afrikanisch, innerlich deutsch« – diese ewige Ambivalenz erzeugt ein Leben, das sich permanent zwischen Heimatgefühl und gesellschaftlicher Entfremdung hin und her bewegt.

Ein respektvolles und friedliches Miteinander, die Wertschätzung von Vielfalt und unterschiedlichen Leben, kann nur funktionieren, wenn auch die Mehrheitsgesellschaft bereit ist, sich in dem Spiegel all jener Menschen zu sehen, die ebenso zu diesem Land gehören, aber aufgrund ihres Äußeren nicht den gängigen Bildern vom »Deutschsein« entsprechen. Nur dieser Perspektivwechsel kann eine inklusive Identität erschaffen, die über Hautfarbe, Herkunft und kulturelle Zuschreibungen hinausgeht. Nur so kann ein gemeinsames Wir entstehen.

Ebenso wichtig ist, dass sich der Blick auf den afrikanischen Kontinent verändert und weitet. Afrika ist mit seinen 54 Ländern und ungezählten Sprachen und Völkern kein homogener Raum, kein »Land«, wie es fälschlicherweise oft heißt, sondern ein Kontinent, ein riesiges Gebiet mit maximaler Vielfalt. Dafür braucht es ebenso ein neues, ein anderes, ein aufgeschlosseneres Verständnis der Kolonialgeschichte, der Diaspora-Erfahrungen und postkolonialen Machtstrukturen. Über diese Themen sollte nicht nur hin und wieder in Talkshows diskutiert werden. Sie müssen allgegenwärtig sein, müssen Teil des Bildungskanons werden – nicht nur als »nice to have«, sondern als »must be«. Nur so kann ein tieferes Verständnis für die Komplexität kultureller Identitäten entstehen.

Wie diese Beschreibung innerer und äußerer Perspektiven zeigt, sind diese zwei unterschiedlichen Wahrnehmungen Deutschlands mehr als ein bloßer Vergleich. Sie spiegeln zugleich Herausforderungen wie Chancen einer postmigrantischen Gesellschaft.

Die Erfahrungen und Sichtweisen Schwarzer Menschen in Deutschland sind nur ein Beispiel für die neue Lebensrealität hierzulande, nur ein Beispiel für die vielen Menschen, die deutsch sind und zugleich andere Wurzeln haben, für unterschiedliche Herkünfte, die – neben dem Deutschsein – ein nicht wegzudenkender und gleichberechtigter Teil ihrer Identität sind.

Diese Menschen sind nicht das eine oder andere, sondern alles zusammen, ihre unterschiedlichen Facetten und Herkünfte schaffen ein Gesamtgemälde. Was wir alle begreifen sollten: In der Wahrnehmung und Akzeptanz dieser Vielschichtigkeit liegt die riesengroße Chance, ein erweitertes, diverseres, zugewandtes und damit auch menschlicheres Bild von Deutschland zu zeichnen.

Was bedeutet Deutschsein für Schwarze Menschen?

Wie erläutert, bedeutet Deutschsein für Schwarze Menschen ständige Ambivalenz. Sie bewegen sich von morgens bis abends in einem Spannungsfeld zwischen rechtlicher Zugehörigkeit, gesellschaftlicher Wahrnehmung und gelebter Realität – und zwar völlig ungeachtet der Tatsache, dass Deutschland ihr Geburtsland, Deutsch ihre Muttersprache und ihre Nationalität ist. Deshalb sind zweifelnde Fragen wie: »Woher kommen Sie wirklich?« oder selbst ein angebliches Lob wie: »Sie sprechen aber gut Deutsch!« stets Ausdruck eines sogenannten »Otherings«. Kurzum, sie bedeuten Ausgrenzung, weil sie die deutsche Identität des Schwarzen Gegenübers in Zweifel ziehen. Weil damit im Grunde insinuiert wird, dass sich Schwarz- und Deutschsein ausschließen.

Dieser ständige Spagat ist für Schwarze eine gewaltige Herausforderung, die ihnen viel Resilienz abverlangt und gar zu einer kulturellen

Selbstverleugnung führen könnte. Das wäre fatal. Heute ist vielen Schwarzen Menschen diese Gefahr zum Glück bewusst, und sie entwickeln neue, kreative Formen der kulturellen Selbstvergewisserung. So machen sie ihre eigene Geschichte gezielt sichtbar, pflegen die Sprache ihrer leiblichen Eltern und feiern ihre kulturellen Wurzeln. Bewusst definieren sie ihre Identität nicht als mono-, sondern als mehrfachkulturell.

Die Gefahr kultureller Selbstverleugnung ist heute vielen Schwarzen Deutschen bewusst, sie entwickeln dagegen neue Formen der kulturellen Selbstvergewisserung und machen ihre Geschichte sichtbar.

Es ist darum höchste Zeit, dass Deutschland sich als ein Land mit Einwanderungsgeschichte begreift und diese auch gesellschaftlich anerkennt. Es muss ein neues gesellschaftliches Narrativ geben, in dem Menschen wie Schwarze Deutsche nicht mehr Ausnahmen, sondern ein selbstverständlicher Teil der Gemeinschaft sind.

Wenn ich das erwähne, wird mir selbst oft die kritische Frage gestellt, ob meine Bezeichnung als »erste Schwarze Lehrerin, Schulleitung, Schulamtsdirektorin Deutschlands« nicht eher die Ausnahme betone und darum ebenso ausgrenzend sei. Für mich persönlich kann ich das verneinen, denn ich sehe in dieser Bezeichnung in erster Linie einen für andere Schwarze Personen inspirierenden Ansporn, eine Vorbildfunktion. Denn immer wieder schreiben mir junge Schwarze Menschen, dass sie es sich niemals hätten vorstellen können, so wie ich beruflich in das deutsche Bildungssystem einzutauchen. Vor nicht allzu langer Zeit sagte mir zum Beispiel eine junge Schwarze Frau: »Ich wollte schon immer Lehrerin werden, habe mich aber nie getraut, das Studium zu beginnen, weil ich dachte, dass ich als Schwarze doch nicht *weiße* Kinder unterrichten kann. Jetzt, wo ich Sie sehe, werde ich mich für das Studium einschreiben.«

Aber selbstverständlich ist auch für mich mein Deutschsein ein fortlaufender Prozess, ein tagtägliches Bewusstwerden meiner Identität, die das Ergebnis vieler höchst unterschiedlicher Einflüsse ist. Auch für mich bedeutet Deutschsein eine Zugehörigkeit jenseits meiner biologischen Wurzeln.

Ganz klar: Als Schwarze Deutsche von der mehrheitlich *weißen* Gesellschaft akzeptiert und nicht infrage gestellt zu werden, steigert das Empfinden der Zugehörigkeit, von Solidarität, es schafft ein Gefühl wärmender Freude und innerer Ruhe. Solche Erfahrungen des Dazugehörens können durch vermeintliche Kleinigkeiten wie etwa ein Pflaster in der Farbe meiner Haut ausgelöst werden. Als ich dieses Pflaster zum ersten Mal entdeckte, postete ich es sofort auf Instagram mit den Worten: »Some people may now laugh, but I feel tears of joy and belonging!«

Innerhalb kürzester Zeit bekam ich 6200 Likes, 135 Kommentare, mein Post wurde 123-mal geteilt und hatte 114 000 Views. Nicht nur Schwarze Menschen waren beglückt, auch *weiße* Menschen zeigten sich solidarisch, teilten ihre Freude und wurden zu Verbündeten. Ein kleines Pflaster mit schützender Wirkung verschaffte zugleich ein Gefühl von selbstverständlicher Teilhabe.

Wichtig ist aber nicht nur, wie Schwarze Deutsche hierzulande gesehen werden, sondern ebenso, wie man im Ausland auf sie blickt.

Wie werden Schwarze Deutsche im Ausland wahrgenommen?

Aus eigener Erfahrung kann ich berichten, dass Schwarze Deutsche im Ausland oftmals verblüfftes Erstaunen auslösen, geprägt von Neugier wie einer gewissen Irritation. Ob bei meinen Reisen durch China, in meinen Jahren in Nigeria, aber auch in meinen Gesprächen mit Schwarzen Menschen in Afrika ruft diese Kombination aus Schwarz- und Deutschsein immer wieder große Verwunderung hervor. Ich habe den Eindruck, dass Schwarz- und Britischsein, wohl historisch bedingt, nicht dasselbe Stirnrunzeln verursachen. Ich hingegen bekomme oft zu hören: »Sie sehen aber nicht deutsch aus!« Oder: »Wie können Sie deutsch sein?«

Verwundert haben mich diese Reaktionen nie, sind sie doch der eingeübten Vorstellung geschuldet, dass »typisch deutsch« alles Mögliche ist, nur halt nicht Schwarz. Darum bezeichne ich mich selbst gerne als wandelndes »Cultural awareness«-Seminar, als Lehrbeispiel für kulturelle Bewusstseinsbildung, die *weißen* Deutschen wie Menschen im Ausland erlaubt, ihr Deutschlandbild zu erweitern, zu verändern und der Wirklichkeit anzupassen. Denn Schwarze Deutsche konfrontieren ihr Gegenüber mit einer Realität, die vielen noch immer nicht bewusst ist: Schon lange ist Deutschsein nicht mehr an eine bestimmte Hautfarbe, an bestimmte Wurzeln und Herkünfte gebunden. Darum bieten solche Begegnungen die Chance, überkommene Bilder zu korrigieren und Irritationen auszuräumen. Es ist mir allerdings auch wichtig zu betonen, dass solche Begegnungen und Gelegenheiten bei Schwarzen Deutschen oft das Gefühl hervorrufen, sich und ihre Identität permanent erläutern zu müssen, eine Erklärungspflicht, der nicht alle nachkommen möchten und auch nicht müssen.

Wie hierzulande, so fungieren Schwarze Deutsche auch im Ausland oft als Botschafterinnen und Botschafter eines anderen, eines diversen Deutschlands. Das fällt uns nicht immer leicht. So wurde mir im Ausland zum Beispiel die Frage gestellt, wie ich als Schwarze überhaupt noch mit »den *Weißen*« kommunizieren könne. Das war aufgrund der deutschen Kolonialgeschichte als klare Kritik an meinem Schwarz- und Deutschsein gemeint und klang fast so, als verübte ich Verrat an meiner afrikanischen Herkunft.

Es geht darum, ein neues Bild, eine neue Deutung von Herkunft, Zugehörigkeit und Identitätsstiftung zu schaffen, nicht nur in Deutschland, sondern überall auf der Welt.

Einige Schwarze Deutsche, die ich für meine Bücher interviewte, erzählten mir allerdings auch, dass sie ihre Reisen auf den afrikanischen Kontinent im ersten Moment als eine Art Befreiung erlebten, waren sie doch nun zunächst einmal rein äußerlich Teil der Mehrheitsgesellschaft. Dennoch sollte man sich von diesem Gefühl der Erleichterung und »Befreiung« nicht irreführen lassen. Denn auch im Ausland begegnet man immer wieder Diskriminierungen, zum Beispiel, wenn man, wie bereits erwähnt, als Schwarze Person für sich in Anspruch nimmt, deutsch zu sein. Ein neues Bild, eine neue Deutung von Herkunft, Zugehörigkeit und Identitätsstiftung muss darum nicht nur innerhalb der deutschen Grenzen, sondern überall auf der Welt entstehen.

Welche Akzeptanz erfahren Schwarze Deutsche in Deutschland?

Zurück nach Deutschland: Obwohl Schwarze Menschen auch hierzulande im öffentlichen Leben immer häufiger vorkommen, sind sie noch lange kein selbstverständlicher Teil der Gesellschaft. Nach wie vor herrscht ihnen gegenüber eine ambivalente und widersprüchliche Haltung. Umso wichtiger ist es, bereits Mikroaggressionen wie das sogenannte »Othering« oder »nicht so gemeinte« Bemerkungen sichtbar und sprechbar zu machen. Denn bereits sie können große emotionale Verletzungen hervorrufen.

Es ist darum essenziell, im Bildungsbereich und Arbeitsumfeld auf institutionellen Rassismus hinzuweisen und für eine größere Sensibilisierung und Achtsamkeit für die Belange nicht *weißer* Deutscher zu sorgen. Wie ich aus eigener Erfahrung bestätigen kann, ist institutioneller Rassismus leider noch immer keine Ausnahme, sondern Teil einer gesellschaftlichen Struktur, die nach wie vor von *weißen* Normen geprägt ist.

Beispiele gibt es viele, etwa in den Medien, in der Politik und in staatlichen Führungspositionen, in der Wissenschaft und in Unternehmen. Geht es um gesamtgesellschaftliche Anliegen, sind Schwarze Menschen als Gestalterinnen und Gestalter oder Kommunikatorinnen und Kommunikatoren völlig unterrepräsentiert. Das ist ein großer Fehler, denn etliche von ihnen könnten als Vorbilder dienen, verfügen sie doch oft über wichtige Kompetenzen, die allerdings meist übersehen oder bewusst ignoriert werden.

Schwarze Menschen stoßen hierzulande immer wieder an die sogenannte gläserne Decke, die ihnen den Aufstieg, die berufliche Karriere verwehrt. So musste sich zum Beispiel ein von mir interviewter Schwarzer Arzt, der gerne weiterkommen wollte, von seinem Vorgesetzten entgegenhalten lassen: »Diese mittlere Position, die Sie jetzt innehaben, reicht für jemanden wie Sie aus. Sie können dankbar sein.«

Schwarze Deutsche erfahren aber nicht nur offene Geringschätzung und Missachtung. Ebenso fatal sind ein vergiftetes Lob und eine nur scheinbare »Anerkennung«. Gerade im Sport und in der Musik werden Schwarze oft besonders herausgestellt und damit »exotisiert«. Dieses angebliche »Lob« basiert aber nicht auf ihrer gleichwertigen

Teilhabe, sondern auf der bloßen Funktionalisierung des Schwarzseins: Gerade Schwarze Menschen müssen in diesen Bereichen als Symbol für besondere Sportlichkeit, Leistungsstärke, Multikulturalität und Weltoffenheit »herhalten«.

Diese Anerkennung ist jedoch meist trügerisch – und wird auch so empfunden. So beklagen Schwarze deutsche Schauspielerinnen und Schauspieler, dass sie aufgrund ihrer Hautfarbe in stereotype Rollen schlüpfen müssen, etwa in die einer anpassungsbereiten migrantischen Person, eines integrationswilligen Talents oder des fröhlichen, unkomplizierten »anderen Deutschen«. Eine Ablehnung solcher Rollen wird sofort als Undankbarkeit gedeutet.

Ich selbst wurde unlängst als ein Beispiel »gelungener Integration« gepriesen, gepaart mit der Erwartung, dass ich mich artig für dieses Lob bedanke. Als mein Dank ausblieb, reagierte der Lobredner mit eisigem Unverständnis.

Die Zerrissenheit Schwarzer Deutscher steht exemplarisch für das Ringen der deutschen Gesellschaft um ihr Selbstbild.

Diese Ambivalenz, diese Zerrissenheit Schwarzer Deutscher steht exemplarisch für das Ringen der deutschen Gesellschaft um ihr Selbstbild. Einerseits gibt es den Wunsch nach Diversität, andererseits herrscht die Angst, der Gesellschaft würde mit der Vielfältigkeit etwas von ihrer angeblichen »Ursprünglichkeit« genommen. Einerseits stehen Schwarze Deutsche noch immer vor allerlei institutionellen Schranken, andererseits begegnen wir großer individueller Solidarität.

Eines ist gewiss: Schwarze Deutsche möchten nicht nur irgendwie toleriert werden, sondern wollen fester und integraler Teil der deutschen Gesellschaft sein. Sie möchten anerkannt werden und Ansehen genießen, gehört, gesehen, wahrgenommen werden. Sie möchten bei ihrer Selbstverwirklichung nicht die anderen um Erlaubnis bitten müssen, sondern wollen sich aus eigener Kraft entfalten können. Sie möchten nicht für das Wenige dankbar sein müssen, sondern wollen an allem Großen teilhaben dürfen, ohne dass jedes Mal ihre Identität infrage gestellt wird. Schwarze Deutsche wünschen, dass Schwarzsein und Deutschsein wie eine Selbstverständlichkeit zusammengehören.

Fazit: Was bedeutet es also heute, deutsch zu sein?

Deutschsein ist im 21. Jahrhundert ein sich stark wandelnder Begriff. Er hat seine homogene Zuschreibung verlassen und umarmt Schritt für Schritt eine plurale, dynamische Identität. Diese Veränderung braucht Zeit, sie ist ein fortlaufender Prozess, der in öffentlichen Debatten, in Schulbüchern, auf politischer Bühne und in den alltäglichen Auseinandersetzungen um Worte wie Zugehörigkeit, Heimat und Identität widerhallt.

»Deutschsein« ist eine komplexe, vielschichtige Frage, die weit über den Besitz eines deutschen Passes hinausgeht. Es umschließt die kulturelle Zugehörigkeit zu einem Land, dessen Werte, Traditionen und Geschichte von unterschiedlichen Einflüssen und Herkünften geprägt sind. Die deutsche Gesellschaft ist längst das Produkt von Migration und Vielfalt.

Deutschsein ist kein statischer Zustand – und war es eigentlich noch nie. Aber heute gilt mehr denn je: Mit jeder weiteren Generation und jeder gesellschaftlichen Veränderung wird Deutschsein neu definiert werden müssen. Wir sollten also nicht stereotyp fragen: »Wo kommen Sie wirklich her?«, sondern mit echtem Interesse erkunden, wer die jeweilige Person ist und was sie ausmacht.

In einem von Globalisierung und weltweiter Wanderung geprägten Deutschland sollte es also nicht mehr heißen: Wer ist »wirklich«

deutsch?, sondern: Wie können wir Deutschsein so denken und definieren, dass alle, die hier leben und arbeiten und das Land mit seinen demokratischen Werten und Normen mittragen und mitgestalten, darin Platz finden?

Anmerkungen

1 Die in diesem Essay verwendeten Begriffe »Schwarz« und »*weiß*« haben einen gesellschaftspolitischen Sinn, der durch die Schreibweise hervorgehoben werden soll. »Schwarz« wird großgeschrieben, um auf die politische und soziale Dimension der Fremdzuschreibung und der gemeinsamen Erfahrungen von Menschen mit nicht heller Hautfarbe hinzuweisen, die rassistische Diskriminierung erleben. »*Weiß*« schreibe ich kursiv, um zu verdeutlichen, dass auch Weißsein keine neutrale, sondern eine soziale Konstruktion ist – oft unsichtbar gemacht, aber wirkmächtig im Alltag. Diese Schreibweise soll zur kritischen Selbstreflexion anregen und verdeutlichen, dass die rassische Zuordnung von Gruppen kein biologisches Merkmal ist, sondern gesellschaftliche Machtverhältnisse widerspiegelt.

2 Siehe Fußnote 1.

3 https://correctiv.org/

4 Diskriminierung von Menschen mit Behinderung.

5 Diskriminierung von Menschen aufgrund ihrer sozialen Herkunft.

Deutschland und Italien – Wenn nicht jetzt, wann dann?

Von Paolo Valentino und Giuseppe Vita

Italiener und Deutsche verbindet eine lange, wechselvolle Geschichte. Ihr Blick aufeinander ist seit jeher ambivalent, geprägt von großer Neugier, aber auch Skepsis, von Rivalität, aber auch enormer Wertschätzung und Zuneigung. Italiener haben schon immer die deutsche Zielstrebigkeit bewundert, Deutsche die italienische Kunst und Lebensart. Johann Wolfgang von Goethe flüchtete 1786, geplagt von einer Schaffenskrise, für zwei Jahre in das Land, in dem Zitronen blühen. Gerade in Italien erhoffte sich der Dichterfürst neue Kraft und Inspiration, wie er in seinem Reisebericht *Italienische Reise* schrieb.

Die deutsch-italienische Geschichte kennt auch dramatische Momente und bittere Einschnitte, der schwerwiegendste ereignete sich in der ersten Hälfte des 20. Jahrhunderts. Zunächst setzte sich der Faschismus in Italien durch, dann, in einer besonders grausamen Prägung, in Deutschland. Der »Duce« Benito Mussolini paktierte und kollaborierte mit Hitler und seinen Nationalsozialisten. Im Mai 1939 unterzeichneten beide Länder den sogenannten »Stahlpakt«, den Patto d'Acciaio, eine Wortschöpfung Mussolinis. Im Juni 1940 trat Italien dem von Deutschland entfachten Zweiten Weltkrieg bei, Hunderttausende italienische Soldaten kämpften in den Folgejahren an der Seite der Wehrmacht. Italien wurde zum »Satelliten« des übermächtigen Deutschlands.

1943 stürzten die Italiener Mussolini, deutsche Truppen besetzten Italien und begingen bis zum Ende des Kriegs schwerste Verbrechen. Im September 2024 reiste Bundespräsident Frank-Walter Steinmeier zum 80. Jahrestag des Massakers von Marzabotto nach Italien und gedachte gemeinsam mit Staatspräsident Sergio Mattarella der Opfer. SS und Wehrmacht hatten im Herbst 1944 an mehr als 100 Orten rund 770 Menschen, darunter über 300 Frauen und 200 Kinder, ermordet. Steinmeier nannte diesen Blutrausch »Tage in der Hölle« und »das grausamste aller Verbrechen, die deutsche Truppen in Italien während des Zweiten Weltkrieges begangen haben«.

Die Lehre aus diesen Verheerungen: ein gemeinsames Europa der Freiheit, des Friedens und des Rechts. Italien und die Bundesrepublik gehörten 1952 zu den sechs Gründungsmitgliedern der Europäischen Gemeinschaft, der späteren EU. Beide Staaten sind verlässliche Partner im westlichen Verteidigungsbündnis NATO.

Die Bande wurden immer enger. Westdeutschland prosperierte und suchte händeringend Arbeitskräfte, die beim Wirtschaftswunder mit anpacken konnten. Es waren Italiener, die im April 1956 als erste »Gastarbeiter« nach Deutschland zogen. Im ersten Jahr kamen 12 000, in den folgenden Jahren jeweils 20 000. Heute leben in der Bundesrepublik ungefähr 800 000 Menschen mit italienischen Wurzeln. Weit über 300 000 von ihnen wurden in Deutschland geboren.

Auch unsere gemeinsame Nachkriegsgeschichte verlief wechselhaft. Mit dem wachsenden Wohlstand entdeckten immer mehr Deutsche Italien als Reiseziel, manche sprachen bereits vom »Sehnsuchtsland«. Zugleich aber nahmen die Vorurteile zu, wurden Italiener oft als »unordentlich«, »infantil« und »heißblütig« diffamiert. Der fast einzige Ort, an dem sich damals italienische »Gastarbeiter« in ihrer neuen Heimat ungestört treffen konnten, war die Italienische Katholische Mission. Gemeinsam mit der deutschen Caritas gewährte sie den Zugewanderten Unterstützung.

Wie anders ist es heute: Die Zusammenarbeit zwischen der deutschen und italienischen Regierung ist sowohl auf der politischen als auch auf der institutionellen Ebene gut. Ebenso sind unsere beiden Länder wirtschaftlich eng miteinander verknüpft, wenngleich ein gewisses Ungleichgewicht besteht. Für Italien ist Deutschland der wichtigste Handelspartner: als Absatzmarkt und als Herkunftsland vieler Importe. Für Deutschland hingegen rangiert Italien als Exportmarkt auf dem sechsten, als Herkunftsland von Importen auf dem fünften Platz.

Das Ergebnis der Bundestagswahl im Februar 2025 hat neue Hoffnungen geweckt, in Italien wie in ganz Europa. Überall wird erwartet, dass Deutschland jetzt endlich wirtschaftliche Dynamik entfaltet und wieder eine Führungsrolle in Europa übernimmt. Gerade in einer Zeit, in der die US-Regierung unter Präsident Donald Trump die transatlantischen Beziehungen und das gesamte westliche Werteverständnis erschüttert, ist ein starkes Deutschland für die EU von existenzieller Bedeutung.

Aus italienischer Sicht hat der Bundestag mit seiner Entscheidung, die verfassungsrechtliche Schuldenbremse für den Bereich der Militärausgaben auszusetzen und zusätzlich einen Sonderfonds in Höhe von 500 Milliarden Euro für Investitionen in Infrastruktur und Klimaschutz einzurichten, zweifellos Geschichte geschrieben und die richtigen Weichen gestellt. Doch die wohl schwierigste Aufgabe der neuen Bundesregierung liegt darin, jetzt auch das lange Zeit erfolgreiche, aber inzwischen erlahmte deutsche Wirtschaftsmodell so grundlegend zu reformieren, dass es für Deutschland und damit auch für Europa neue Kraft entfalten kann.

Vor allem eine Zahl beunruhigt Deutschlands Partner: Obwohl die Bundesrepublik immer noch die stärkste Volkswirtschaft in Europa ist, sank ihre Industrieproduktion zwischen 2019 und 2024 um sage und schreibe zwölf Prozent. Es wird nicht leichtfallen, diesen Abwärtstrend kurzfristig umzukehren. Das liegt vor allem an China. Die schwächere Konjunktur im Reich der Mitte geht einher mit dem drastischen Rückgang chinesischer Nachfragen nach deutschen Produkten. Dabei haben sowohl diese Nachfrage als auch das chinesische Wachstum mehr als 15 Jahre lang maßgeblich zum Erfolg des exportorientierten deutschen Wirtschaftsmodells beigetragen. Das war einmal. Seit sich das chinesische Wachstum verlangsamt und zugleich das Angebot von Waren »Made in China« steigt und steigt, sinken deutsche Exporte ins Reich der Mitte.

Die schlimmste Krise für das deutsche Wirtschaftsmodell verursachte jedoch Wladimir Putins Angriffskrieg auf die Ukraine. Der 24. Februar 2022 bedeutete eine tiefe Zäsur und führte zum abrupten Ende preiswerter russischer Energielieferungen, insbesondere von Erdgas. Vor allem Deutschland hatte stark vom billigen Gas und Öl aus Russland profitiert und darum seinen Energiebedarf darauf ausgerichtet mit einer gewaltigen Abhängigkeit von Moskau als fataler Folge. Zwar gelang Deutschland die rasche Umstellung und Diversifizierung seines Energiesektors, doch die Kosten dafür sind nach wie vor hoch und belasten den deutschen Wettbewerb.

Der Ukraine-Krieg hat für Deutschlands Finanzen noch eine zweite schwerwiegende Folge: die Notwendigkeit, die Verteidigungsausgaben drastisch zu erhöhen. Allerdings kann das Land dank einer Lockerung der Schuldenbremse für Militärausgaben nun zum ersten Mal seit langem substanziell seine eigene Verteidigungs- und Abschreckungsfähigkeit ausbauen.

Die neue Bedeutung des italienisch-deutschen Verhältnisses

Es ist aber längst nicht alles grau. Aus italienischer Sicht gibt es gute Gründe, um zuversichtlich auf Deutschlands Wirtschaft zu schauen, jedenfalls langfristig. Laut der Wirtschaftszeitung *Financial Times* sind die Fundamente der deutschen Wirtschaft immer noch stabil und robust und ist die Industrie weit widerstandsfähiger und agiler als oft behauptet. So sind zum Beispiel deutsche Exporte in den Bereichen Elektromobilität, Elektronik, Optik und Luftfahrt gestiegen. Vor allem wächst die Nachfrage nach militärischer Ausrüstung und grüner Technologie – und in beiden Bereichen ist Deutschland stark. Und selbst wenn Exporte in die USA oder nach China dauerhaft zurückgehen sollten, so die *Financial Times*, bleibe Deutschland die führende Industrienation in Europa.

Auch die folgenden Daten sind ein Beleg für die Robustheit und Widerstandskraft des deutschen Wirtschaftssystems: Im Jahr 2024 entwickelte sich der DAX deutlich besser als andere internationale Aktienindizes, einschließlich des S&P 500 aus den Vereinigten Staaten. Wesentlichen Anteil daran hatten Deutschlands »große Sieben«: SAP, Siemens, Siemens Energy, Allianz, Deutsche Telekom, Rheinmetall und Münchener Rück. Sollten diese Schlüsselunternehmen ihre Stärke langfristig erhalten, werden sie für Investoren auch weiterhin eine begehrte Anlage sein.

Die Bedeutung der deutschen Industrie geht jedoch weit über die Macht großer und international renommierter Konzerne hinaus. Im Kern wird die deutsche Wirtschaftslandschaft maßgeblich vom sogenannten Mittelstand geprägt, von jenen vielen kleinen und mittleren Unternehmen, meist Familienbetrieben, die dank ihrer Innovationsstärke, ihrer Agilität und Spezialisierung eine einzigartige Quelle unternehmerischer Dynamik sind und viele sogenannte »heimliche Weltmarktführer« (Hidden Champions) hervorgebracht haben.

Natürlich ist Deutschlands Wirtschaft vor allem exportabhängig. Die fragile Weltlage enthält darum gerade für sie viele Risiken. Doch nicht nur der Weltmarkt, auch der europäische Markt bietet Wachstumschancen. Und diese Chancen werden umso größer, je schneller die Blockaden im EU-Binnenmarkt beseitigt werden. Das gilt insbesondere für Technologien im Verteidigungssektor und Innovationen im Klima- und Umweltschutzbereich. Die Erhöhung und Beschleunigung öffentlicher Investitionen könnte der Wirtschaft einen weiteren wichtigen Wachstumsschub verleihen. Davon würde nicht nur Deutschland, sondern ganz Europa profitieren. Dank der im März 2025 vom Bundestag beschlossenen Reform der im Grundgesetz festgeschriebenen Schuldenbremse wurden die fiskalischen Spielräume für solche Investitionen erweitert.

Deutschland und Italien sind sich in vielerlei Hinsicht immer ähnlicher geworden.

In diesem Kontext gewinnen auch die deutsch-italienischen Beziehungen neue Relevanz. Denn schaut man genauer auf beide Länder, wird schnell deutlich: Deutschland und Italien sind sich in vielerlei Hinsicht immer ähnlicher geworden – im positiven wie im negativen Sinn.

Zum Beispiel erinnert die ökonomische Kluft zwischen Ost- und Westdeutschland stark an das Nord-Süd-Gefälle in Italien. Auch 36 Jahre nach der deutschen Wiedervereinigung liegt das Bruttoinlandsprodukt pro Kopf in den ostdeutschen Bundesländern immer noch etwa 30 Prozent unter dem in Westdeutschland – und das trotz enormer finanzieller Zuwendungen des Bundes (insgesamt über zwei Billionen Euro). Zum Vergleich: Im Nordwesten Italiens war 2023 das Bruttoinlandsprodukt pro Kopf mit 44 700 Euro laut ISTAT-Daten fast doppelt so hoch wie im Süden. Im selben Jahr war das verfügbare Pro-Kopf-Einkommen der Haushalte im Süden mit 17 000 Euro um 30 Prozent geringer als im zentralen Norden. Dort betrug es 25 000 Euro. Besonders besorgniserregend und krass ist der Unterschied in der Arbeitslosigkeit. 2023 betrug die Arbeitslosenquote im Norden 4,6, im Süden hingegen 14 Prozent. Und schließlich: Wie Ostdeutschland leidet auch das südliche Italien seit Jahren unter dem Exodus junger Menschen, vor allem der gut ausgebildeten.

Für viele Ostdeutsche offenbart dieses Gefälle in gewisser Weise immer noch eine kulturelle »Annexionshaltung« westdeutscher Eliten, insbesondere der politischen, wirtschaftlichen und akademischen. Und weil insbesondere viele Ostdeutsche das Gefühl haben, durch Zuwanderung aus allen Teilen der Welt kulturell »überfremdet« zu werden, glauben sie, im eigenen Land nur noch »Bürger zweiter Klasse« zu sein. Politisch profitiert davon vor allem die rechtspopulistische AfD – insbesondere im Osten Deutschlands. Auch darin ähneln sich Italien und Deutschland.

Eine weitere Parallele ist die zunehmende Fragmentierung der politischen Landschaft. Vorbei ist die Zeit, in der Deutschland in Europa der Maßstab politischer Stabilität war. Wie schon vor geraumer Zeit in Italien erodieren auch in Deutschland die beiden großen traditionellen Volksparteien, die Christ- und die Sozialdemokraten. Es ist durchaus besorgniserregend, dass Union und SPD seit mindestens 15 Jahren kontinuierlich an Zustimmung verlieren, während extreme Parteien enormen Zulauf erhalten.

Da alle etablierten Parteien in Deutschland eine Koalition mit der AfD ausgeschlossen haben, ließ das Ergebnis der Bundestagswahl 2025 nur eine mögliche regierungsfähige Mehrheit zu: eine Koalition aus CDU/CSU und SPD. Doch verfügt sie im Bundestag nur über eine knappe Mehrheit von gerade einmal zwölf Stimmen. Außerdem haben

AfD und Linke zusammengerechnet eine sogenannte Sperrminorität, könnten damit also Verfassungsänderungen blockieren. Das alles spricht für unsichere Zeiten – und offenbart ein Paradox: Während Deutschland, jahrzehntelang Inbegriff politischer Stabilität, fragiler zu werden droht, erlebt das früher oft so unberechenbare Italien seit 2022 überraschenderweise eine Zeit stabiler politischer Verhältnisse.

Während Deutschland fragiler zu werden droht, erlebt das früher oft so unberechenbare Italien überraschenderweise eine Zeit stabiler politischer Verhältnisse.

Auch in puncto Skandalfreudigkeit sind sich Italiener und Deutsche ähnlicher geworden, ein eher unerfreulicher Aspekt der gegenseitigen Annäherung. Einige Beispiele: die schwarzen Kassen in der Ära von Bundeskanzler Helmut Kohl oder die deutschen Industriekonzerne, die jahrzehntelang zur Sicherung ihrer Auslandsgeschäfte Bestechungsgelder zahlten und diese steuerlich als »nützliche Ausgaben« absetzen konnten. Oder die berüchtigte »Dieselgate«-Affäre, die 2015 den VW-Konzern erschütterte, oder die Cum-Ex-Geschäfte, in denen auch der damalige Hamburger Bürgermeister Olaf Scholz eine Rolle spielte. Oder der Zusammenbruch von Wirecard, der wohl größte Finanzskandal in der Geschichte der Bundesrepublik.

Und wie in Italien werden inzwischen auch in Deutschland Bauvorhaben um ein Vielfaches teurer als geplant, sei es die Hamburger Elbphilharmonie oder der Berliner Hauptstadtflughafen BER, der nicht nur dreimal so viel kostete wie ursprünglich veranschlagt, sondern auch für seine Fertigstellung neun Jahre länger brauchte als vorgesehen.

Genug der schlechten Beispiele, das Zusammenwachsen unserer beiden Länder hat auch gute Seiten, und sie überwiegen. Die kulturellen und zivilgesellschaftlichen Beziehungen sind ungewöhnlich eng.

Seit Jahrzehnten findet ein reger Austausch statt, ermöglicht unter anderem durch die vielen deutschen Kultur- und Wissenschaftseinrichtungen in Italien, durch die große italienischstämmige Gemeinschaft in Deutschland, durch fast 400 Städtepartnerschaften und ungezählte Kooperationsprogramme deutscher und italienischer Universitäten. Herausragende Symbole dieser engen Verbindung sind die Deutsche Akademie Rom Villa Massimo sowie die am Comer See gelegene Villa Vigoni, das Deutsch-Italienische Zentrum für den Europäischen Dialog.

Auch im normalen Alltag gibt es viele Zeichen deutsch-italienischer Annäherung. Vor allem lässt sich in der Bundesrepublik, zwischen Flensburg, Dresden und München, eine fortschreitende »Italienisierung« beobachten. War es in den 1990er-Jahren noch außerordentlich schwierig bis unmöglich, in deutschen Städten einen guten Espresso zu trinken, so findet man ihn heute an fast jeder Ecke – auch dank der ungezählten italienischen Cafés und Restaurants. Und diese »deutschen« Espressi, so sei nebenbei bemerkt, können es durchaus mit den italienischen aufnehmen. Auch hat fast jede deutsche Familie in ihrer Nähe einen »Lieblingsitaliener«, bei dem sie jene Köstlichkeiten genießt, die jährlich elf Millionen deutsche Touristen im Italienurlaub kennen- und lieben lernen.

Übrigens ist diese kulturelle und kulinarische Wiederentdeckung Italiens nicht ohne politische Folgen geblieben. In den 1980er-Jahren entstand die sogenannte »Toskana-Fraktion«, eine informelle Gruppe aus deutschen Politikern, Journalisten und Schriftstellern. Diese überparteiliche Gemeinschaft zeichnete sich nicht nur durch die gemeinsame Begeisterung für die italienische Toskana aus, sondern auch durch ihr Werben für eine positive Grundeinstellung gegenüber Italien. Prominente Vertreter waren unter anderem der ehemalige SPD-Innenminister Otto Schily, der grüne Ex-Außenminister Joschka Fischer ebenso wie Oskar Lafontaine und der 2005 verstorbene SPD-Politiker und Publizist Peter Glotz und der Schriftsteller Peter Schneider.

Es war also kein Zufall, dass Fischer, Schily und Glotz Anfang der 1990er-Jahre zu jener Politikerriege gehörten, die sich besonders vehement für Italiens frühzeitige Aufnahme in die Europäische Währungsunion einsetzte, während sowohl die Bundesbank als auch Bundeskanzler Helmut Kohl starke Vorbehalte hatten. Aber es sind nicht nur die italienbegeisterten Deutschen, die die gegenseitigen Beziehungen beflügeln, auch die wachsende und blühende italienische Gemeinschaft in Deutschland trägt ihren Teil dazu bei.

In letzter Zeit zieht es besonders viele junge Italienerinnen und Italiener in die Bundesrepublik. Meist gut ausgebildet, kommen sie zum Studium oder gleich zur Aufnahme einer Arbeit, die in der Regel weit besser entlohnt wird als bei ihnen daheim. Doch wo Licht ist, ist auch Schatten. Demografie-Experten sehen nicht nur in Italiens geringer Geburtenrate, sondern auch in der Abwanderung junger Menschen einen entscheidenden Grund für die dramatische Überalterung der italienischen Gesellschaft.

Zu den Schattenseiten zählen auch die folgenden Ereignisse: In der Finanz- und Eurokrise kam es immer wieder zu deutlichen Verstimmungen zwischen Rom und Berlin. Deutschland gerierte sich gerne als gestrenger Mahner und forderte eine rigorose Haushaltsdisziplin, ließ es aber an substanzieller finanzieller Solidarität für die notleidenden EU-Staaten fehlen. Allerdings war Italien mit seiner Neigung zu »unkontrollierten Ausgaben« und dem Mangel an Strukturreformen nicht schuldlos am deutschen Misstrauen.

Insieme è meglio – *ein gemeinsamer Aktionsplan* für bessere Beziehungen

Verstärkt wurde die gegenseitige Irritation durch die schlechte Kommunikation zwischen Berlin und Rom. Leider haben nur wenige Abgeordnete des Bundestags und der Camera dei Deputati, der größeren Kammer des italienischen Parlaments, tiefere Kenntnisse über das jeweils andere Land, und kaum jemand spricht die andere Sprache. Und obwohl Deutschland gerade junge arbeitsuchende Italienerinnen und Italiener anzieht, zeigen die jüngeren Generationen beider Länder wenig Neigung, Deutsch oder Italienisch zu lernen. Als Lingua franca genießt Englisch überall den Vorzug.

Budgetkürzungen in den Außenministerien beider Länder fördern diesen Trend: Italien hat in Deutschland mehrere Konsulate geschlossen, und das Auswärtige Amt in Berlin machte in den Jahren der Ampelkoalition etliche Goethe-Institute dicht, zum Beispiel in so wichtigen Städten wie Genua, Turin und vor allem Triest. Gerade das Aus für Triest schmerzt besonders, ist diese Stadt doch stark von der habsburgischen Geschichte geprägt und hat enge Verbindungen zur deutschsprachigen Kultur.

Gelitten hat unter dem Rotstift auch der intellektuelle Austausch. Er ist heute weit schwächer als noch vor 20, 30 Jahren. Damals gaben sich so bedeutende deutsche Philosophen wie Hans-Georg Gadamer oder Jürgen Habermas regelmäßig als Gastreferenten an italienischen Universitäten die Klinke in die Hand. Renommierte Historiker wie Joachim Fest oder Hans Mommsen besuchten die jährliche Il-Mulino-Lesung, italienische Soziologen tauschten sich mit namhaften deutschen Kollegen wie Claus Offe, Niklas Luhmann oder Norbert Elias aus, Intellektuelle wie Claudio Magris oder Angelo Bolaffi leiteten das italienische Kulturinstitut in Berlin. Das war einmal. Der kulturelle Austausch hat bei weitem nicht mehr die frühere Lebendigkeit und Tiefe.

Diese Veränderungen machen auch nicht vor den Medien halt. Bis Anfang des Jahrtausends hatten alle namhaften italienischen Zeitungen, egal ob groß oder klein, mindestens einen festen Korrespondenten in Deutschland, erst in der Hauptstadt Bonn, dann in Berlin. Doch die Medienkrise und der allmähliche Niedergang der gedruckten Zeitung führten zu drastischen Stellenkürzungen, die ersten Opfer waren häufig italienische Korrespondenten. Der Trend ist in Deutschland zwar nicht ganz so dramatisch, aber die Umwälzungen verschonen auch deutsche Medien nicht.

Die fatale Folge ist, dass nur noch eine sporadische, meist lückenhafte und selektive Berichterstattung erfolgt. Politik, Wirtschaft und spektakuläre Kriminalfälle kommen noch vor, aber gesellschaftliche und kulturelle Themen fallen in der Regel hinten runter. Diese Themenverengung ist mitverantwortlich für gegenseitige Wahrnehmungsverzerrungen. Mehr noch: Aufgrund des finanziellen Drucks erliegen italienische wie deutsche Korrespondenten häufig der Versuchung, Schlagzeilen zu produzieren und dafür nationale Stereotype zu bedienen.

Aufgrund des finanziellen Drucks erliegen italienische wie deutsche Korrespondenten häufig der Versuchung, Schlagzeilen zu produzieren und dafür nationale Stereotype zu bedienen.

Das war besonders krass während der Finanz- und Eurokrise. Italienische Medien neigten dazu, Deutschland als starr, arrogant und unfähig zu solidarischem Verhalten zu charakterisieren. Deutsche Medien zeichneten Italien als ein Land, das wirtschaftlich unverantwortlich handelt, ständig über seine Verhältnisse lebt, dessen Menschen ewig Urlaub machen und sich für die Fortführung ihres Lebensstils vom deutschen Steuerzahler aushalten lassen. Als der damalige Präsident der Europäischen Zentralbank, der Italiener Mario Draghi, 2012 ankündigte, die EZB werde alles in ihrer Macht Stehende tun, um den Euro zu erhalten, und dies mit den Worten »Whatever it takes!« unterstrich, kanzelte ihn die auflagenstarke deutsche Boulevardzeitung *Bild* als »Graf Draghila« ab.

Und umgekehrt: Als Friedrich Merz Anfang 2025 verkündete, im Falle seiner Wahl die deutschen Verteidigungsausgaben zum Zwecke einer stärkeren europäischen Abschreckung drastisch zu erhöhen, fielen prompt die italienischen Medien über ihn her. Mehrere Zeitungen, Fernsehsender und einflussreiche Kommentatoren – sowohl im Umfeld der rechten Regierung unter Ministerpräsidentin Giorgia Meloni als auch aufseiten der pazifistischen Linken – holten das alte Klischees des deutschen preußischen Militarismus aus der Klamottenkiste. Manche malten sogar das Schreckgespenst der alten deutschen Wehrmachtslogik. Kein Wort über die seit mehr als sieben Jahrzehnten bestehende Westbindung Deutschlands, seine tiefe Verankerung in der NATO und der Europäischen Union. Hauptsache, man konnte mit alten Ängsten spielen und Stimmung machen.

Zum Glück blieben die Regierungen in Rom und Berlin in den vergangenen Jahren nicht tatenlos. Um gerade solchen Vorurteilen entgegenzutreten und die gegenseitigen Beziehungen mit neuem Leben zu füllen, unterzeichneten sie Ende 2023 den Deutsch-Italienischen Aktionsplan zur strategischen Partnerschaft. Dieser Plan soll die bilaterale Zusammenarbeit vertiefen und klarer strukturieren sowie beide Volkswirtschaften noch enger miteinander verzahnen und in den europäischen Gesamtkontext einbetten. Der Aktionsplan ist zwar kein völkerrechtlich bindendes Abkommen wie etwa der 1963 zwischen Deutschland und Frankreich geschlossene Élysée-Vertrag, aber immerhin gibt er der deutsch-italienischen Zusammenarbeit einen festen Rahmen und bestimmt Formen und Wege der Kooperation.

Es muss jedoch weit mehr geschehen, denn die Bilanz dieses Plans fällt anderthalb Jahre nach seiner Unterzeichnung gemischt aus. Eine besonders innovative Idee sollte die Einführung eines sogenannten 2+2-Formats sein. Doch zu solchen Treffen zwischen den jeweiligen Außen- und Verteidigungsministern kam es bislang nicht, es kamen lediglich deren Beamte zusammen. Auch das ist nicht unwichtig, denn selbst regelmäßige Zusammenkünfte auf der Fachebene, sei es in Fragen der Außen- und Verteidigungspolitik, der inneren Sicherheit oder der Migration, stärken die bilaterale Zusammenarbeit. Allerdings finden solche Begegnungen meist unterhalb des Radarschirms statt, persönliche Treffen der Minister haben eine weit höhere Strahlwirkung. Es ist jedoch ein offenes Geheimnis, dass die Beziehungen zwischen der Ampelkoalition unter dem ehemaligen Bundeskanzler Olaf Scholz und der italienischen Regierung nach dem Rücktritt von Ministerpräsident Mario Draghi im Oktober 2022 nicht ganz einfach waren.

Vereinbart wurde ein Aktionsplan zur strategischen Partnerschaft, der auf eine Intensivierung der bilateralen Zusammenarbeit und eine engere Verzahnung beider Volkswirtschaften zielte.

Konsultationen auf Fachebene gab es außerdem immer wieder in Wirtschaftsfragen, an denen auch Vertreter wichtiger Industrie- und Bankenverbände teilnahmen. Mitunter traten dabei auch widersprüchliche Positionen zutage. So versprachen zwar beide Seiten einander, gemeinsame europäische Leuchttürme zu errichten, verteidigten dann aber jeder für sich nationale Unternehmensinteressen. Zu sehen unter anderem an dem Beispiel der überraschenden Ankündigung der italienischen Unicredit vom September 2020, die deutsche Commerzbank zu übernehmen. In Deutschland wurde diese italienische Offerte sowohl auf der politischen Ebene als auch von den Gewerkschaften sehr kritisch bewertet. Manche erblickten darin gar eine »feindliche Aktion«, was in der Folge dazu führte, dass die deutsche Bundesregierung nun regulatorische Maßnahmen plant, um derartige Übernahmen künftig zu erschweren.

Was es bräuchte, sind »entscheidende Testfälle für eine stärkere europäische Marktintegration«.

Sollte der Zusammenschluss gleichwohl zustande kommen, entstünde damit die größte Bankengruppe innerhalb der Europäischen Union, gleich hinter den Giganten HSBC im Vereinigten Königreich und UBS in der Schweiz. Anders als für die Deutschen liegt für den Italiener Andrea Orcel, Vorstandsvorsitzender von Unicredit, der Vorteil einer Fusion auf der Hand, zumal er im gleichen Atemzug auch die italienische Banco BPM übernehmen will und dabei auf den Widerstand der Regierung in Rom stößt. In einem offenen Brief an die *Financial Times* bezeichnete Orcel beide Übernahmen als »entscheidende Testfälle für eine stärkere europäische Marktintegration«.

Wenngleich dem deutsch-italienischen Aktionsplan der ganz große Schwung fehlt, sind zumindest kleine Fortschritte zu verzeichnen, auch auf wissenschaftlicher Ebene. So wurden drei Ausschreibungen auf den Weg gebracht, mit denen Millionen von Euro für gemeinsame Forschungsprojekte zur Nutzung von Wasserstoff, für die Ansiedlung italienischer Start-ups in Deutschland und für die Grundlagenforschung bereitgestellt werden sollen.

Auch im Energiebereich wird an gemeinsamen Vorhaben gebastelt mit dem Ziel, grünen Wasserstoff in Nordafrika, insbesondere in Algerien und Tunesien, zu produzieren und ihn anschließend über eine Leitung nach Italien und Deutschland zu transportieren. Außerdem wurden 2024 Abkommen über solidarische Maßnahmen zur Gewährleistung einer sicheren Gasversorgung sowie zu einer verstärkten Zusammenarbeit in den Bereichen Meteorologie und Klimatologie unterzeichnet. Auch vereinbarten beide Länder eine engere Zusammenarbeit in der beruflichen Ausbildung.

Die Kultur blieb zum Glück ebenfalls nicht außer Acht: 2024 war Italien Ehrengast auf der Frankfurter Buchmesse. Gleichwohl sind derartige Veranstaltungen nur schwache Pflänzchen, wenn man sie mit der prachtvollen Fülle deutsch-italienischer Kulturevents in früheren Zeiten vergleicht. Ausbaufähig wären ebenso die Partnerstadt-Projekte. Immerhin wird in diesem Jahr zum dritten Mal der sogenannte »Präsidentenpreis« vergeben, eine Initiative der Staatsoberhäupter Steinmeier und Mattarella, die abwechselnd deutsch-italienische Städtepartnerschaften für besonders überzeugende Projekte mit 200 000 Euro belohnt. Diese Vorhaben widmen sich unter anderem der Förderung europäischer Integration, einer stärkeren Jugendbeteiligung am Austausch, dem generationenübergreifenden Dialog, bürgerschaftlichem Engagement und Nachhaltigkeit sowie einzelnen Vorhaben gegen das Vergessen und zur Schaffung sowohl realer als auch virtueller öffentlicher Räume der interkulturellen Begegnung. Von der einstigen Blütezeit der Städtepartnerschaften in den 1960er- und 1970er-Jahren ist man allerdings noch weit entfernt.

Dennoch sollten wir trotz aller berechtigten Kritik den gemeinsamen Aktionsplan nicht kleinreden. Er hat für die deutsch-italienischen Beziehungen hohen Wert. Und in ihm steckt großes Potenzial, das genutzt werden sollte. Dafür bräuchte es einen starken politischen Willen und größere Anstrengungen. Auf beiden Seiten! Nutznießer einer vertieften Zusammenarbeit in Wirtschaft, Kultur, Politik, Forschung und Zivilgesellschaft wären nicht nur Italien und Deutschland, sondern die Europäische Union als Ganzes.

Europäische Interessen erneut ins Zentrum deutscher Politik zu rücken und Deutschland wieder eine Führungsrolle in der EU zu verschaffen – das hat Bundeskanzler Friedrich Merz versprochen. Zwar dachte er dabei zunächst an die traditionell privilegierte Partnerschaft mit Frankreich, eine essenzielle Säule deutscher Europapolitik. Merz scheint jedoch bewusst zu sein, dass eine Wiederbelebung des deutsch-französischen Motors angesichts der gewaltigen Herausforderungen allein nicht reicht, um Europa voranzubringen. Deshalb plant er eine Wiederbelebung des 1991 gegründeten Weimarer Dreiecks, ein Abstimmungsforum zwischen Deutschland, Frankreich und Polen. Er möchte dieses Dreieck um drei Länder erweitern zur sogenannten »Weimar+-Gruppe«, die auf Vorschlag des französischen Präsidenten Emmanuel Macron im Februar 2025 aus der Taufe gehoben wurde. Zu ihr gehören die EU-Staaten Spanien und Italien sowie das ehemalige EU-Mitglied Großbritannien.

Es gilt, das große Potenzial des gemeinsamen Aktionsplans noch mehr zu nutzen für die Zusammenarbeit in Wirtschaft, Kultur, Politik, Forschung und Zivilgesellschaft – dies nicht nur zum Vorteil für Italien und Deutschland, sondern für die Europäische Union als Ganzes.

Grund für diese Erweiterung ist die dringende Notwendigkeit, eine starke europäische Antwort auf Donald Trump zu finden, auf seine Kampfansage an den Multilateralismus, auf seine erratische Zoll- und Handelspolitik, auf sein Ausscheren aus der gemeinsamen Unterstützung für die Ukraine. Denn wie US-Vizepräsident JD Vance auf der Münchner Sicherheitskonferenz im Februar 2025 brutal verkündete: »Die Vereinigten Staaten und Europa teilen heute nicht mehr dieselben Werte.« Die Weimar+-Initiative soll als klares Ziel eine größere europäische Souveränität und mehr strategische Autonomie verfolgen, um zu verhindern, dass die EU in einer künftigen neuen globalen Ordnung nicht an den Rand gedrängt wird.

Die neue Ausrichtung der deutschen Politik ist für Italien eine große Herausforderung. Aber in ihr liegt zugleich eine große Chance. Im Oktober 2022 hatte Ministerpräsidentin Giorgia Meloni ihr Amt als entschiedene Europaskeptikerin angetreten. Doch Schritt für Schritt reihte sie sich in die pro-europäische und transatlantische Tradition ihrer Vorgänger ein, eine Politik, die Italiens Außenpolitik seit dem Zweiten Weltkrieg geprägt hat. So stellt sich Meloni auch im Ukraine-Konflikt loyal an die Seite der europäischen Verbündeten, unterstützt Kiew militärisch und setzt ebenso die EU-Sanktionen gegen Russland konsequent um. Gleichfalls bemerkenswert: Meloni respektiert all die wirtschaftspolitischen Vorgaben und Parameter, die mit Italiens Mitgliedschaft in der Eurozone verbunden sind – und das, obwohl sie eine Regierungskoalition mit dem EU-Gegner und Putin-Freund Matteo Salvini und dessen Lega eingegangen ist.

Giorgia Meloni versteht es zu lavieren und sieht sich in diesen für die EU schwierigen Zeiten wegen ihrer guten Beziehung zu Donald Trump als Vermittlerin, als Brückenbauerin zwischen dem Alten Kontinent und der Neuen Welt, zwischen Europa und den Vereinigten Staaten von Amerika. Ideologisch steht sie Trump nahe und nennt ihn einen Freund. Die Vorsitzende der rechten Partei Fratelli d'Italia nahm als einzige europäische Regierungschefin an der Amtseinführung von Donald Trump teil und war zuvor Gast in dessen Residenz Mar-a-Lago in Florida. Auch pflegt sie enge Kontakte zum Unternehmer und Trump-Vertrauten Elon Musk, mit dem sie bereits mehrfach in Rom zusammengetroffen ist und dessen Starlink-Satellitensystem die italienische Regierung gerne für ihre vertrauliche Kommunikation nutzen möchte.

Meloni ist in der EU sicherlich Trumps bevorzugte Gesprächspartnerin und rangiert noch vor dem ungarischen Premier Viktor Orbán. Doch selbst diesem besonderen Verhältnis sind Grenzen gesetzt. Trumps Zölle, seine Drohung, die USA aus der NATO zurückzuziehen, und seine unverhohlene Verachtung der EU zeigen, dass der 47. Präsident der Vereinigten Staaten im Grunde keine privilegierten Partnerschaften kennt. Jeder Gedanke, mit ihm eine besondere Beziehung etablieren oder gar Exklusivarrangements treffen zu können, droht schnell eine Illusion zu werden und in der bitteren Erkenntnis zu münden, dass die USA unter Trump kein strategischer Freund der Europäer – und damit auch nicht Italiens – sind.

Historisch war Italien wiederholt Vermittler zwischen Deutschland und Frankreich und hat zur Fortentwicklung der Europäischen Union beigetragen.

So gesehen könnte sich für Italien gerade dank der neuen deutschen Regierung eine ungeahnte historische Chance ergeben. Zwischen Meloni und Merz bestehen zweifellos weit größere Gemeinsamkeiten – etwa in der Migrationspolitik –, als sie je zwischen Meloni und Scholz existierten. Das könnte zum Ausgangspunkt einer umfassenden Verständigung und Zusammenarbeit auch in anderen sensiblen Politikbereichen werden. Und was oft vergessen wird: Historisch war Italien immer wieder Vermittler zwischen Deutschland und Frankreich und hat so entscheidend zur Fortentwicklung der Europäischen Union beigetragen.

Beide, Deutschland wie Italien, sollten begreifen, welch einmaliges Fenster der Gelegenheit sich für sie aufgetan hat, beide sollten jetzt über ihre Schatten springen. Für Italiens Regierung hieße das, die Putin-Versteher in ihren Reihen zu ignorieren und sich eindeutig hinter die europäische Initiative zur Stärkung einer gemeinsamen Verteidigungs- und Sicherheitspolitik zu stellen. Denn angesichts der russischen Gefahr und des amerikanischen Rückzugs wird die eigene europäische Wehrhaftigkeit wichtiger denn je. Eine klare Positionierung würde es Italien auch leichter machen, sich für eine gemeinsame europäische Verschuldungspolitik einzusetzen, ohne die es den tief in der Kreide stehenden Staaten wie Italien nicht möglich sein wird, ihre Verteidigungsfähigkeit massiv auszubauen.

Im Gegenzug sollte Deutschland Italiens Rolle und Gewicht in Europa größere Anerkennung zollen und jede Äußerung vermeiden, die schlimme Erinnerungen an die deutsche Überheblichkeit wecken könnte. Und wie es Bundeskanzlerin Angela Merkel während der Pandemie mit der Einführung des »NextGenerationEU«-Programms vorgemacht hat, sollte Deutschland wieder einen beherzten Schritt über die rote Linie gemeinsamer europäischer Schulden wagen – im Interesse der europäischen Zukunft.

Wir müssen uns bewusst machen, dass in dieser fragilen und fragmentierten Welt Italien und Deutschland besondere Verantwortung tragen. Beide Staaten sollten darum alles in ihrer Macht Stehende tun, um ihre Zusammenarbeit auf allen Ebenen zu vertiefen und auch künftige Generationen für die deutsch-italienischen Beziehungen zu begeistern. Immer getreu der alten Weisheit: insieme è meglio – zusammen ist es besser.

Über den Herausgeber und die Autoren und Autorinnen

Florence Brokowski-Shekete, geb. 1967, ist Autorin, Podcasterin und Pädagogin. Als Expertin für interkulturelle Kommunikation bietet sie seit 1997 Unternehmen und Institutionen Coachings an zur Förderung eines diversen und produktiven Dialogs. Sie ist die erste schwarze Schulamtsdirektorin Deutschlands und engagiert sich gegen jede Form von Alltagsrassismus. So moderiert sie seit 2021 den People Talk »Schwarzwälder & Butterkuchen«, initiierte 2022 den Podcast »schwarzweiss« und ist als Schulpatin im Rahmen von »Schule ohne Rassismus – Schule mit Courage« aktiv.

Olga Grjasnowa, geb. 1984, ist Schriftstellerin und Professorin am Institut für Sprachkunst der Universität für angewandte Kunst Wien. Sie studierte Kunstgeschichte, Slawistik und literarisches Schreiben in Göttingen und Leipzig sowie Tanzwissenschaft in Berlin. Ihr Romandebüt *Der Russe ist einer, der Birken liebt* (2012) stieß auf überaus positive Resonanz. Zu ihren weiteren Werken gehören *Die juristische Unschärfe einer Ehe* (2014) und *Gott ist nicht schüchtern* (2017).

Pascale Hugues, geb. 1959, ist Journalistin, Autorin und Filmemacherin. Nach Stationen als Korrespondentin der Tageszeitung *Libération* in London, Bonn und Berlin berichtet sie seit 1995 für das Magazin *Le Point* aus Deutschland. Bekannt wurde sie auch durch ihre Kolumne »Mon Berlin« im *Tagesspiegel* sowie durch mehrfach ausgezeichnete Filme für Arte. 2008 schrieb sie den Bestseller *Marthe und Mathilde*. Für ihr Buch *Ruhige Strasse in guter Wohnlage/La robe de Hannah* (2015) wurde sie mit dem europäischen Buchpreis und mit dem Prix Simone Veil ausgezeichnet.

Jarosław Kuisz, geb. 1976, hat eine Assistenzprofessur an der Fakultät für Rechtswissenschaften und Verwaltung der Universität Warschau inne und ist Senior Fellow am Zentrum Liberale Moderne in Berlin sowie Associate in Russian and East European Studies an der Universität Oxford. Er leitet außerdem zusammen mit Karolina Wigura das polnische Onlinemagazin *Kultura Liberalna* und publiziert regelmäßig in der internationalen Presse wie *The New York Times, The Guardian, Le Monde, Die Zeit* und *Foreign Affairs.* Seine jüngsten Bücher *The New Politics of Poland. A Case of Post-Traumatic Sovereignty* (2023) und *Posttraumatische Souveränität* (2023, gemeinsam mit Karolina Wigura) erzeugten viel Aufmerksamkeit.

Jörn Leonhard, geb. 1967, hat in Oxford sowie Heidelberg studiert und ist seit 2006 Inhaber des Lehrstuhls für Neuere und Neueste Geschichte Westeuropas am Historischen Seminar der Albert-Ludwigs-Universität Freiburg. Für seine Arbeiten, wie zum Beispiel sein Buch *Die Büchse der Pandora – Geschichte des Ersten Weltkriegs* (2014), erhielt er zahlreiche Wissenschaftspreise. Zuletzt erschien sein Buch *Über Kriege und wie man sie beendet* (2023). Er ist Mitglied im Senat der Deutschen Nationalstiftung.

Thomas Mirow, geb. 1953, aufgewachsen in Paris, promovierte in Bonn bei Karl Dietrich Bracher über Frankreichs Europapolitik (1975). Viele Jahre arbeitete er für Willy Brandt, bevor ihn Klaus von Dohnanyi nach Hamburg holte, wo er später ein Jahrzehnt als Senator wirkte. Nach einer Station im Kanzleramt als wirtschaftspolitischer Berater von Gerhard Schröder wechselte er als Staatssekretär ins Bundesfinanzministerium. Anschließend leitete er die Europäische Bank für Wiederaufbau und Entwicklung in London. Heute ist er Vorstandsvorsitzender der Deutschen Nationalstiftung.

Uğur Şahin, geb. 1965, ist seit 2000 an der Universitätsmedizin Mainz (Schwerpunkt Krebsforschung, Immunologie) tätig, zunächst in verschiedenen leitenden Funktionen, seit 2013 hat er eine Professur dort inne. Seit 2018 ist er zudem einer der Direktoren des Helmholtz-Instituts HI-TRON. Gemeinsam mit seiner Ehefrau Özlem Türeci und dem Onkologen Christoph Huber gründete er 2008 das Unternehmen BioNTech und entwickelte maßgeblich den COVID-19-Impfstoff BNT162b2. Im Juni 2025 wurde er gemeinsam mit seiner Ehefrau mit dem Deutschen Nationalpreis ausgezeichnet.

Özlem Türeci, geb. 1967, ist Immunologin, Krebsforscherin und Unternehmerin. Seit 2021 hat sie die Professur für personalisierte Immuntherapie an der Universitätsmedizin der Johannes Gutenberg-Universität Mainz und dem Helmholtz-Institut HI-TRON Mainz inne. Türeci ist Mitgründerin von BioNTech, das 2020 den ersten mRNA-basierten COVID-19-Impfstoff entwickelte. Seit 2018 ist sie medizinischer Vorstand von BioNTech. Gemeinsam mit ihrem Ehemann Uğur Şahin wurde sie im Juni 2025 mit dem Deutschen Nationalpreis ausgezeichnet.

Paolo Valentino, geb. 1956, ist als Journalist seit 1984 beim *Corriere della Sera* tätig und war als Korrespondent in Brüssel, Moskau, Berlin und Washington. Er absolvierte sein Studium der Politikwissenschaften an der Universität Florenz und war Schüler von Ezio Tarantelli und Mario Draghi. 1989 erhielt er das Nieman Fellowship an der Harvard University. Im Laufe seiner Karriere interviewte er Persönlichkeiten wie Helmut Schmidt, Helmut Kohl, Gerhard Schröder, Angela Merkel, Barack Obama, Joe Biden, Wladimir Putin und Hassan Rohani.

Giuseppe Vita, geb. 1935, ist Radiologe und Wirtschaftsmanager. 1964 ging er in die Forschungsabteilung der Schering AG in Berlin, rückte 1968 ins Management auf und wurde 1988 in den Vorstand berufen, in dem er 1989 den Vorsitz übernahm. Nach Beendigung des operativen Geschäfts übernahm Vita zahlreiche Aufsichtsrats- und Verwaltungsratsposten wie zum Beispiel den Vorsitz des Aufsichtsrats der Axel Springer SE (2002–2019) sowie der UniCredit SpA (2012–2018). Neben seiner beruflichen Laufbahn bekleidete er zahlreiche Ehrenämter, darunter im General Council des Aspen Institute Italia.

Karolina Wigura, geb. 1980, ist Ideenhistorikerin, Soziologin und Vorstandsmitglied der Stiftung Kultura Liberalna in Warschau. Derzeit ist sie als außerordentliche Professorin an der Fakultät für Soziologie der Universität Warschau sowie als Forschungsassistentin an der Freien Universität Berlin tätig. Zudem ist sie Senior Fellow am Zentrum Liberale Moderne in Berlin sowie Associate in Russian and East European Studies an der Universität Oxford. Als preisgekrönte Autorin schreibt sie regelmäßig für die internationale Tagespresse wie *The Guardian* und *The New York Times*.

Daniel Ziblatt, geb. 1972, ist Direktor des Minda de Gunzburg Center for European Studies der Harvard University und Eaton Professor of the Science of Government. In Deutschland leitet er die Forschungsabteilung Transformations of Democracy am Wissenschaftszentrum Berlin für Sozialforschung. Er ist Autor von Büchern wie *How Democracies Die* (2018) und *Tyranny of the Minority* (2023), beide in Zusammenarbeit mit Steven Levitsky und beide *New York Times*-Bestseller. Ziblatt schreibt regelmäßig für Printmedien wie die *New York Times, The Atlantic, The Washington Post* und *Die Zeit*. 2023 wurde er in die American Academy of Arts and Sciences gewählt.

Bisher erschienen:

ISBN 978-3-86774-657-1

ISBN 978-3-86774-707-3

ISBN 978-3-86774-738-7

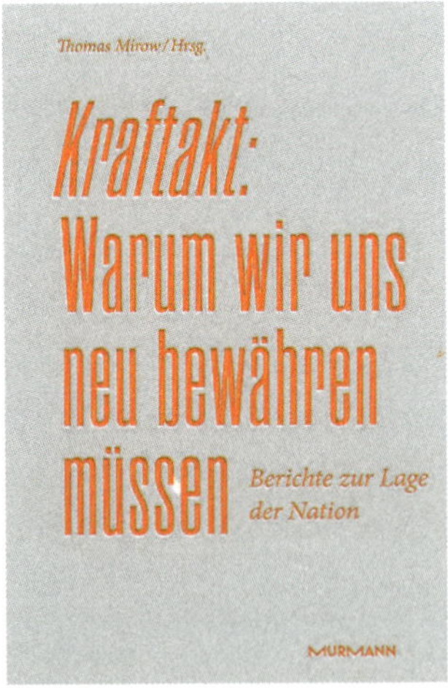

ISBN 978-3-86774-772-1

ISBN 978-3-86774-810-0